January 18, 1999

What do I consider my most important Contributions?

- That I early on—almost sixty years ago—realized that MANAGEMENT has become the constitutive organ and function of the <u>Society of Organizations</u>;

- That MANAGEMENT is not "Business Management- though it first attained attention in business- but the governing organ of ALL institutions of Modern Society;

- That I established the study of MANAGEMENT as a DISCIPLINE in its own right; and

- That I focused this discipline on People and Power; on Values; Structure and Constitution; AND ABOVE ALL ON RESPONSIBILITIES- that is focused the <u>Discipline of Management</u> on Management as a truly LIBERAL ART.

Peter F. Drucker

我认为我最重要的贡献是什么？

- 早在60年前，我就认识到管理已经成为组织社会的基本器官和功能；
- 管理不仅是"企业管理"，而且是所有现代社会机构的管理器官，尽管管理最初侧重于企业管理；
- 我创建了管理这门独立的学科；
- 我围绕着人与权力、价值观、结构和方式来研究这一学科，尤其是围绕着责任。管理学科是把管理当作一门真正的人文艺术。

彼得·德鲁克
1999年1月18日

注：资料原件打印在德鲁克先生的私人信笺上，并有德鲁克先生亲笔签名，现藏于美国德鲁克档案馆。为纪念德鲁克先生，本书特收录这一珍贵资料。本资料由德鲁克管理学专家那国毅教授提供。

彼得·德鲁克和妻子多丽丝·德鲁克

德鲁克妻子多丽丝寄语中国读者

在此谨向广大的中国读者致以我诚挚的问候。本书深入介绍了德鲁克在管理领域方面的多种理念和见解。我相信他的管理思想得以在中国广泛应用，将有赖出版及持续的教育工作，令更多人受惠于他的馈赠。

盼望本书可以激发各位对构建一个令人憧憬的美好社会的希望，并推动大家在这一过程中积极发挥领导作用，他的在天之灵定会备感欣慰。

本页照片和多丽丝寄语原文与亲笔签名由彼得·德鲁克管理学院提供

管 理

使命、责任、实践（实践篇）

[美] 彼得·德鲁克 著

陈驯 译

Management
Tasks, Responsibilities, Practices

彼得·德鲁克全集

机械工业出版社
CHINA MACHINE PRESS

图书在版编目（CIP）数据

管理：使命、责任、实践（实践篇）/（美）彼得·德鲁克（Peter F. Drucker）著；陈驯译 . —北京：机械工业出版社，2019.5（2024.5 重印）

（彼得·德鲁克全集）

书名原文：Management: Tasks, Responsibilities, Practices

ISBN 978-7-111-62404-2

I. 管… II. ①彼… ②陈… III. 企业管理 IV. F272

中国版本图书馆 CIP 数据核字（2019）第 058926 号

北京市版权局著作权合同登记　图字：01-2005-4159 号。

Peter F. Drucker. Management: Tasks, Responsibilities, Practices.

Copyright © 1973, 1974 by Peter F. Drucker.

Simplified Chinese Translation Copyright © 2019 by China Machine Press.

Simplified Chinese translation rights arranged with HarperBusiness, an imprint of HarperCollins Publishers through Bardon-Chinese Media Agency. This edition is authorized for sale in the Chinese mainland (excluding Hong Kong SAR, Macao SAR and Taiwan).

No part of this book may be reproduced or transmitted in any form or by any means, electronic or mechanical, including photocopying, recording or any information storage and retrieval system, without permission, in writing, from the publisher.

All rights reserved.

本书中文简体字版由 HarperBusiness（HarperCollins Publishers 的分支机构）通过 Bardon-Chinese Media Agency 授权机械工业出版社在中国大陆地区（不包括香港、澳门特别行政区及台湾地区）独家出版发行。未经出版者书面许可，不得以任何方式抄袭、复制或节录本书中的任何部分。

本书两面插页所用资料由彼得·德鲁克管理学院和那国毅教授提供。封面中签名摘自德鲁克先生为彼得·德鲁克管理学院的题词。

管理：使命、责任、实践（实践篇）

出版发行：机械工业出版社（北京市西城区百万庄大街 22 号　邮政编码：100037）	
责任编辑：冯小妹	责任校对：李秋荣
印　刷：北京铭成印刷有限公司	
版　次：2024 年 5 月第 1 版第 18 次印刷	
开　本：170mm×230mm　1/16	印　张：20.25
书　号：ISBN 978-7-111-62404-2	定　价：89.00 元

客服电话：(010) 88361066　68326294

版权所有·侵权必究
封底无防伪标均为盗版

如果您喜欢彼得·德鲁克（Peter F. Drucker）或者他的书籍，那么请您尊重德鲁克。不要购买盗版图书，以及以德鲁克名义编纂的伪书。

出版说明

彼得·德鲁克是管理学的一代宗师，现代组织理论的奠基者，由于他开创了管理这门学科，被尊称为"现代管理学之父"。他终身以教书、著书和咨询为业，著作等身，是名副其实的"大师中的大师"。德鲁克的著作思想博大深邃，往往在书中融合了跨学科的多方面智慧。本书是"彼得·德鲁克全集"系列著作之一，从初版到现在，历经沧桑、饱经岁月锤炼，尽管人类已经迈进了 21 世纪，经济形态由工业经济发展到了知识经济，但重温本书，读者仍能清晰地感觉到书中依旧非常贴近现实生活的一面，深刻体会到现今出版和阅读本书的意义和价值所在。书中大师许多精辟独到的见解，开理论认识之先河，跨时空岁月之局限，借鉴学习之意义不言而喻，但由于受当时时代背景、社会氛围、个人社会阅历、政治立场等方方面面的局限性，作者的某些观点仍不免过于体现个人主观认识，偏颇、囿困之处在所难免，请读者在阅读时仔细甄辨，批判接受、客观继承。

| 目 录 |

出版说明

推荐序一（邵明路）

推荐序二（赵曙明）

推荐序三（珍妮·达罗克）

译者序

德鲁克自序（1985年）

德鲁克自序（1973年）

致谢

中篇　管理者：工作、职务、技能、组织

第29章　为何需要管理者 / 2

第五部分　｜　管理者的工作与职务

第30章　何谓管理者 / 17

第31章　管理者及其工作 / 27

- 第32章　管理职务的内容与设计 / 33
- 第33章　管理能力提升与管理者培养 / 52
- 第34章　依靠目标与自我控制进行管理 / 64
- 第35章　从中层管理到知识型组织 / 80
- 第36章　绩效精神 / 94

第六部分 | 管理的技能

- 第37章　有效的决策 / 107
- 第38章　管理中的沟通 / 127
- 第39章　监查、控制与管理 / 143
- 第40章　管理者与管理科学 / 157

第七部分 | 管理的组织

- 第41章　新需求与新方法 / 173
- 第42章　组织的构建单元 / 186
- 第43章　单元的相互连接 / 202
- 第44章　设计逻辑与设计规范 / 212
- 第45章　"以工作为中心"的设计和"以任务为中心"的设计：职能结构与团队结构 / 220
- 第46章　"以成果为中心"的设计：联邦分权与模拟分权 / 237
- 第47章　"以关系为中心"的设计：系统结构 / 261
- 第48章　组织结构总结 / 269

| 推荐序一 |

功能正常的社会和博雅管理

为"彼得·德鲁克全集"作序

享誉世界的"现代管理学之父"彼得·德鲁克先生自认为,虽然他因为创建了现代管理学而广为人知,但他其实是一名社会生态学者,他真正关心的是个人在社会环境中的生存状况,管理则是新出现的用来改善社会和人生的工具。他一生写了 39 本书,只有 15 本书是讲管理的,其他都是有关社群(社区)、社会和政体的,而其中写工商企业管理的只有两本书(《为成果而管理》和《创新与企业家精神》)。

德鲁克深知人性是不完美的,因此人所创造的一切事物,包括人设计的社会也不可能完美。他对社会的期待和理想并不高,那只是一个较少痛苦,还可以容忍的社会。不过,它还是要有基本的功能,为生活在其中的人提供可以正常生活和工作的条件。这些功能或条件,就好像一个生命体必须具备正常的生命特征,没有它们社会也就不成其为社会了。值得留意的是,社会并不等同于"国家",因为"国(政府)"和"家(家庭)"不可能提供一个社会全部必要的职能。在德鲁克眼里,功能正常的社会至少要由三大类机构组成:政府、企业和非营利机构,它们各自发挥不同性质的作用,每一类、每一个机构中都要有能解决问题、令机构创造出独特绩效的权力中心和决策机制，这个权力中心和决策机制同时也要让机构里的每个人各得其所，既有所担当、做出贡献，又得到生计和身份、地位。这些在过去的国家中从来没有过的权力中心和决策机制，或者说新的"政体"，就是"管理"。在这里德鲁克把企业和非营利机构中的管理体制与政府的统治体制统称为"政体"，是因为它们都掌握权力，但是，这是两种性质截然不同的权力。企业和非营利机构掌握的，是为了提供特定的产品和服务，而调配社会资源的权力，政府所拥有的，则是整个社会公平的维护、正义的裁夺和干预的权力。

在美国克莱蒙特大学附近，有一座小小的德鲁克纪念馆，走进这座用他的故居改成的纪念馆，正对客厅入口的显眼处有一段他的名言：

> 在一个由多元的组织所构成的社会中，使我们的各种组织机构负责任地、独立自治地、高绩效地运作，是自由和尊严的唯一保障。有绩效的、负责任的管理是对抗和替代极权专制的唯一选择。

当年纪念馆落成时，德鲁克研究所的同事们问自己，如果要从德鲁克的著作中找出一段精练的话，概括这位大师的毕生工作对我们这个世界的意义，会是什么？他们最终选用了这段话。

如果你了解德鲁克的生平，了解他的基本信念和价值观形成的过程，你一定会同意他们的选择。从他的第一本书《经济人的末日》到他独自完成的最后一本书《功能社会》之间，贯穿着一条抵制极权专制、捍卫个人自由和尊严的直线。这里极权的极是极端的极，不是集中的集，两个词一字之差，其含义却有着重大区别，因为人类历史上由来已久的中央集权统治直到 20 世纪才有条件变种成极权主义。极权主义所谋求的，是从肉体到精神，全面、彻底地操纵和控制人类的每一个成员，把他们改造成实现个别极权主义者梦想的人形机器。20世纪给人类带来最大灾难和伤害的战争和运动，都是极权主义的"杰作"，德鲁克青年时代经历的希特勒纳粹主义正是其中之一。要了解德鲁克的经历怎样影响了他的信念和价值观，最好去读他的《旁观者》；要弄清什么是极权主义和为什么大众会拥护它，可以去读汉娜·阿伦特1951年出版的《极权主义的起源》。

好在历史的演变并不总是令人沮丧。工业革命以来，特别是从1800年开始，最近这200年生产力呈加速度提高，不但造就了物质的极大丰富，还带来了社会结构的深刻改变，这就是德鲁克早在80年前就敏锐地洞察和指出的，多元的、组织型的新社会的形成：新兴的企业和非营利机构填补了由来已久的"国（政府）"和"家（家庭）"之间的断层和空白，为现代国家提供了真正意义上的种种社会功能。在这个基础上，教育的普及和知识工作者的崛起，正在造就知识经济和知识社会，而信息科技成为这一切变化的加速器。要特别说明，"知识工作者"是德鲁克创造的一个称谓，泛指具备和应用专门知识从事生产工作，为社会创造出有用的产品和服务的人群，这包括企业家和在任何机构中的管理者、专业人士和技工，也包括社会上的独立执业人士，如会计师、律师、咨询师、培训师等。在21世纪的今天，由于知识的应用领域一再被扩大，个人和个别机构不再是孤独无助的，他们因为掌握了某项知识，就拥有了选择的自由和影响他人的权力。知识工作者和由他们组成的知识型组织不再是传统的知识分子或组织，知识工作者最大的特点就是他们的独立自主，可以主动地整合资源、创造价值，促成经济、社会、文化甚至政治层面的改变，而传统的知识分子只能依附于当时的统治当局，在统治当局提供的平台上才能有所作为。这是一个划时代的、意义深远的变化，而且这个变化不仅发生在西方发达国家，也发生在发展中国家。

在一个由多元组织构成的社会中，拿政府、企业和非营利机构这三类组织相互比较，企业和非营利机构因为受到市场、公众和政府的制约，它们的管理者不可能像政府那样走上极权主义统治，这是它们在德鲁克看来，比政府更重要、更值得寄予希望的原因。尽管如此，它们仍然可能因为管理缺位或者管理失当，例如官僚专制，不能达到德鲁克期望的"负责任地、高绩效地运作"，从而为极权专制垄断社会资源让出空间、提供机会。在所有机构中，包括在互联网时代虚拟的工作社群中，知识工作者的崛起既为新的管理提供了基础和条件，也带来对传统的"胡萝卜加大棒"管理方式的挑战。德鲁克正是因应这样的现实，研究、创立和不断完善现代管理学的。

1999年1月18日，德鲁克接近90岁高龄，在回答"我最重要的贡献是什么"这个问题时，他写了下面这段话：

> 我着眼于人和权力、价值观、结构和规范去研究管理学，而在所有这些之上，我聚焦于"责任"，那意味着我是把管理学当作一门真正的"博雅技艺"来看待的。

给管理学冠上"博雅技艺"的标识是德鲁克的首创，反映出他对管理的独特视角，这一点显然很重要，但是在他众多的著作中却没找到多少这方面的进一步解释。最完整的阐述是在他的《管理新现实》这本书第15章第五小节，这节的标题就是"管理是一种博雅技艺"：

> 30年前，英国科学家兼小说家斯诺（C. P. Snow）曾经提到当代社会的"两种文化"。可是，管理既不符合斯诺所说的"人文文化"，也不符合他所说的"科学文化"。管理所关心的是行动和应用，而成果正是对管理的考验，从这一点来看，管理算是一种科技。可是，管理也关心人、人的价值、人的成长与发展，就这一

点而言，管理又算是人文学科。另外，管理对社会结构和社群（社区）的关注与影响，也使管理算得上是人文学科。事实上，每一个曾经长年与各种组织里的管理者相处的人（就像本书作者）都知道，管理深深触及一些精神层面关切的问题——像人性的善与恶。

管理因而成为传统上所说的"博雅技艺"（liberal art）——是"博雅"（liberal），因为它关切的是知识的根本、自我认知、智慧和领导力，也是"技艺"（art），因为管理就是实行和应用。管理者从各种人文科学和社会科学中——心理学和哲学、经济学和历史、伦理学，以及从自然科学中，汲取知识与见解，可是，他们必须把这种知识集中在效能和成果上——治疗病人、教育学生、建造桥梁，以及设计和销售容易使用的软件程序等。

作为一个有多年实际管理经验，又几乎通读过德鲁克全部著作的人，我曾经反复琢磨过为什么德鲁克要说管理学其实是一门"博雅技艺"。我终于意识到这并不仅仅是一个标新立异的溢美之举，而是在为管理定性，它揭示了管理的本质，提出了所有管理者努力的正确方向。这至少包括了以下几重含义：

第一，管理最根本的问题，或者说管理的要害，就是管理者和每个知识工作者怎么看待与处理人和权力的关系。德鲁克是一位基督徒，他的宗教信仰和他的生活经验相互印证，对他的研究和写作产生了深刻的影响。在他看来，人是不应该有权力（power）的，只有造人的上帝或者说造物主才拥有权力，造物主永远高于人类。归根结底，人性是软弱的，经不起权力的引诱和考验。因此，人可以拥有的只是授权（authority），也就是人只是在某一阶段、某一事情上，因为所拥有的品德、知识和能力而被授权。不但任何个人是这样，整个人类也是这样。民主国家中"主权在民"，但是人民的权力也是一种授权，是造物主授予的，人在这种授权之下只是一个既有自由意志，又要承担责任的"工具"，他是造物主的工具而不能成为主宰，不能按自己的意图去操纵和控制自己的同类。认识到这一点，人才会谦卑而且有责任感，他们才会以造物主才能够掌握、人类只能被其感召和启示的公平正义，去时时检讨自己，也才会甘愿把自己置于外力强制的规范和约束之下。

第二，尽管人性是不完美的，但是人彼此平等，都有自己的价值，都有自己的创造能力，都有自己的功能，都应该被尊敬，而且应该被鼓励去创造。美国的独立宣言和宪法中所说的，人生而平等，每个人都有与生俱来、不证自明的权利（rights），正是从这一信念而来的，这也是德鲁克的管理学之所以可以有所作为的根本依据。管理者是否相信每个人都有善意和潜力？是否真的对所有人都平等看待？这些基本的或者说核心的价值观和信念，最终决定他们是否能和德鲁克的学说发生感应，是否真的能理解和实行它。

第三，在知识社会和知识型组织里，每一个工作者在某种程度上，都既是知识工作者，也是管理者，因为他可以凭借自己的专门知识对他人和组织产生权威性的影响——知识就是权力。但是权力必须和责任捆绑在一起。而一个管理者是否负起了责任，要以绩效和成果做检验。凭绩效和成果问责的权力是正当和合法的权力，也就是授权（authority），否则就成为德鲁克坚决反对的强权（might）。绩效和成果之所以重要，是因为不但在经济和物质层面，而且在心理层面，都会对人们产生影响。管理者和领导者如果持续不能解决现实问题，大众在彻底失望之余，会转而选择去依赖和服从强权，同时甘愿交出自己的自由和尊严。这就是为什么德鲁克一再警告，如果管理失败，极权主义就会取而代之。

第四，除了让组织取得绩效和成果，管理者还有没有其他的责任？或者换一种说法，绩效和成果仅限于可量化的经济成果和财富吗？对一个工商企业来说，除了为客户提供价廉物美的产品和服务、为股东赚取合理的利润，能否同时成为一个良好的、负责任的"社会公民"，能否同时帮助自己的员工在品格和能力两方面都得到提升呢？这似乎是一个太过苛刻的要求，但它是一个合理的要求。我个人在十多年前，和一家这样要求自己的后勤服务业的跨国公司合作，通过实践认识到这是可能的。这意味着我们必须学会把伦理道德的诉求和经济目标，设计进同一个工作流程、同一套衡量系统，直至每一种方法、工具和模式中去。值得欣慰的是，今天有越来越多的机构开始严肃地对待这个问题，在各自的领域做出肯定的回答。

第五，"作为一门博雅技艺的管理"或称"博雅管理"，这个讨人喜爱的中文翻译有一点儿问题，从翻译的"信、达、雅"这三项专业要求来看，雅则雅矣，信有不足。liberal art 直译过来应该是"自由的技艺"，但最早的繁体字中文版译成了"博雅艺术"，这可能是想要借助它在汉语中的褒义，我个人还是觉得"自由的技艺"更贴近英文原意。liberal 本身就是自由。art 可以译成艺术，但管理是要应用的，是要产生绩效和成果的，所以它首先应该是一门"技能"。此外，管理的对象是人们的工作，和人打交道一定会面对人性的善恶，人的千变万化的意念——感性的和理性的，从这个角度看，管理又是一门涉及主观判断的"艺术"。所以 art 其实更适合解读为"技艺"。liberal——自由，art——技艺，把两者合起来就是"自由技艺"。

最后我想说的是，我之所以对 liberal art 的翻译这么咬文嚼字，是因为管理学并不像人们普遍认为的那样，是一个人或者一个机构的成功学。它不是旨在让一家企业赚钱，在生产效率方面达到最优，也不是旨在让一家非营利机构赢得道德上的美誉。它旨在让我们每个人都生存在其中的人类社会和人类社群（社区）更健康，使人们较少受到伤害和痛苦。让每个工作者，按照他与生俱来的善意和潜能，自由地选择他自己愿意在这个社会或社区中所承担的责任；自由地发挥才智去创造出对别人有用的价值，从而履行这样的责任；并且在这样一个创造性工作的过程中，成长为更好和更有能力的人。这就是德鲁克先生定义和期待的，管理作为一门"自由技艺"，或者叫"博雅管理"，它的真正的含义。

邵明路

彼得·德鲁克管理学院创办人

| 推荐序二 |

跨越时空的管理思想

20多年来,机械工业出版社关于德鲁克先生著作的出版计划在国内学术界和实践界引起了极大的反响,每本书一经出版便会占据畅销书排行榜,广受读者喜爱。我非常荣幸,一开始就全程参与了这套丛书的翻译、出版和推广活动。尽管这套丛书已经面世多年,然而每次去新华书店或是路过机场的书店,总能看见这套书静静地立于书架之上,长盛不衰。在当今这样一个强调产品迭代、崇尚标新立异、出版物良莠难分的时代,试问还有哪本书能做到这样呢?

如今,管理学研究者们试图总结和探讨中国经济与中国企业成功的奥秘,结论众说纷纭、莫衷一是。我想,企业成功的原因肯定是多种多样的。中国人讲求天时、地利、人和,缺一不可,其中一定少不了德鲁克先生著作的启发、点拨和教化。从中国老一代企业家(如张瑞敏、任正非),及新一代的优秀职业经理人(如方洪波)的演讲中,我们常常可以听到来自先生的真知灼见。在当代管理学术研究中,我们也可以常常看出先生的思想指引和学术影响。我常常对学生说，当你不能找到好的研究灵感时，可以去翻翻先生的著作；当你对企业实践困惑不解时，也可以把先生的著作放在床头。简言之，要想了解现代管理理论和实践，首先要从研读德鲁克先生的著作开始。基于这个原因，1991年我从美国学成回国后，在南京大学商学院图书馆的一角专门开辟了德鲁克著作之窗，并一手创办了德鲁克论坛。至今，我已在南京大学商学院举办了100多期德鲁克论坛。在这一点上，我们也要感谢机械工业出版社为德鲁克先生著作的翻译、出版和推广付出的辛勤努力。

在与企业家的日常交流中，当发现他们存在各种困惑的时候，我常常推荐企业家阅读德鲁克先生的著作。这是因为，秉持奥地利学派的一贯传统，德鲁克先生总是将企业家和创新作为著作的中心思想之一。他坚持认为："优秀的企业家和企业家精神是一个国家最为重要的资源。"在企业发展过程中，企业家总是面临着效率和创新、制度和个性化、利润和社会责任、授权和控制、自我和他人等不同的矛盾与冲突。企业家总是在各种矛盾与冲突中成长和发展。现代工商管理教育不但需要传授建立现代管理制度的基本原理和准则，同时也要培养一大批具有优秀管理技能的职业经理人。一个有效的组织既离不开良好的制度保证，同时也离不开有效的管理者，两者缺一不可。这是因为，一方面，企业家需要通过对管理原则、责任和实践进行研究，探索如何建立一个有效的管理机制和制度，而衡量一个管理制度是否有效的标准就在于该制度能否将管理者个人特征的影响降到最低限度；另一方面，一个再高明的制度，如果没有具有职业道德的员工和管理者的遵守，制度也会很容易土崩瓦解。换言之，一个再高效的组织，如果缺乏有效的管理者和员工，组织的效率也不可能得到实现。虽然德鲁克先生的大部分著作是有关企业管理的，但是我们可以看到自由、成长、创新、多样化、多元化的思想在其著作中是一以贯之的。正如德鲁克在《旁观者》一书的序言中所阐述的,"未来是'有机体'的时代,由任务、目的、策略、社会的和外在的环境所主导"。很多人喜欢德鲁克提出的概念,但是德鲁克却说,"人比任何概念都有趣多了"。德鲁克本人虽然只是管理的旁观者,但是他对企业家工作的理解、对管理本质的洞察、对人性复杂性的观察,鞭辟入里、入木三分,这也许就是企业家喜爱他的著作的原因吧!

德鲁克先生从研究营利组织开始,如《公司的概念》(1946年),到研究非营利组织,如《非营利组织的管理》(1990年),再到后来研究社会组织,如《功能社会》(2002年)。虽然德鲁克先生的大部分著作出版于20世纪六七十年代,然而其影响力却是历久弥新的。在他的著作中,读者很容易找到许多最新的管理思想的源头,同时也不难获悉许多在其他管理著作中无法找到的"真知灼见",从组织的使命、组织的目标以及工商企业与服务机构的异同,到组织绩效、富有效率的员工、员工成就、员工福利和知识工作者,再到组织的社会影响与社会责任、企业与政府的关系、管理者的工作、管理工作的设计与内涵、管理人员的开发、目标管理与自我控制、中层管理者和知识型组织、有效决策、管理沟通、管理控制、面向未来的管理、组织的架构与设计、企业的合理规模、多角化经营、多国公司、企业成长和创新型组织等。

30多年前在美国读书期间,我就开始阅读先生的著作,学习先生的思想,并聆听先生的课堂教学。回国以后,我一直把他的著作放在案头。尔后,每隔一段时间,每每碰到新问题,就重新温故。令人惊奇的是,随着阅历的增长、知识的丰富,每次重温的时候,竟然会生出许多不同以往的想法和体会。仿佛这是一座挖不尽的宝藏,让人久久回味,有幸得以伴随终生。一本著作一旦诞生,就独立于作者、独立于时代而专属于每个读者,不同地理区域、不同文化背景、不同时代的人都能够从中得到启发、得到教育。这样的书是永恒的、跨越时空的。我想，德鲁克先生的著作就是如此。

特此作序，与大家共勉！

南京大学人文社会科学资深教授、商学院名誉院长

博士生导师

2018年10月于南京大学商学院安中大楼

| 推荐序三 |

彼得·德鲁克与伊藤雅俊管理学院是因循彼得·德鲁克和伊藤雅俊命名的。德鲁克生前担任玛丽·兰金·克拉克社会科学与管理学教席教授长达三十余载,而伊藤雅俊则受到日本商业人士和企业家的高度评价。

彼得·德鲁克被称为"现代管理学之父",他的作品涵盖了39本著作和无数篇文章。在德鲁克学院,我们将他的著述加以浓缩,称之为"德鲁克学说",以撷取德鲁克著述在五个关键方面的精华。

我们用以下框架来呈现德鲁克著述的现实意义,并呈现他的管理理论对当今社会的深远影响。

这五个关键方面如下。

(1)**对功能社会重要性的信念**。一个功能社会需要各种可持续性的组织贯穿于所有部门,这些组织皆由品行端正和有责任感的经理人来运营,他们很在意自己为社会带来的影响以及所做的贡献。德鲁克有两本书堪称他在功能社会研究领域的奠基之作。第一本书是《经济人的末日》(1939年),"审视了法西斯主义的精神和社会根源"。然后,在接下来出版的《工业人的未来》(1942年)一书中,德鲁克阐述了自己对第二次世界大战后社会的展望。后来,因为对健康组织对功能社会的重要作用兴趣盎然，他的主要关注点转到了商业。

（2）**对人的关注**。德鲁克笃信管理是一门博雅艺术，即建立一种情境，使博雅艺术在其中得以践行。这种哲学的宗旨是：管理是一项人的活动。德鲁克笃信人的潜质和能力，而且认为卓有成效的管理者是通过人来做成事情的，因为工作会给人带来社会地位和归属感。德鲁克提醒经理人，他们的职责可不只是给大家发一份薪水那么简单。

对于如何看待客户，德鲁克也采取"以人为本"的思想。他有一句话人人知晓，即客户决定了你的生意是什么，这门生意出品什么以及这门生意日后能否繁荣，因为客户只会为他们认为有价值的东西买单。理解客户的现实以及客户崇尚的价值是"市场营销的全部所在"。

（3）**对绩效的关注**。经理人有责任使一个组织健康运营并且持续下去。考量经理人的凭据是成果，因此他们要为那些成果负责。德鲁克同样认为，成果负责制要渗透到组织的每一个层面，务求淋漓尽致。

制衡的问题在德鲁克有关绩效的论述中也有所反映。他深谙若想提高人的生产力，就必须让工作给他们带来社会地位和意义。同样，德鲁克还论述了在延续性和变化二者间保持平衡的必要性，他强调面向未来并且看到"一个已经发生的未来"是经理人无法回避的职责。经理人必须能够探寻复杂、模糊的问题，预测并迎接变化乃至更新所带来的挑战，要能看到事情目前的样貌以及可能呈现的样貌。

（4）**对自我管理的关注**。一个有责任心的工作者应该能驱动他自己，能设立较高的绩效标准，并且能控制、衡量并指导自己的绩效。但是首先，卓有成效的管理者必须能自如地掌控他们自己的想法、情绪和行动。换言之，内在意愿在先，外在成效在后。

（5）**基于实践的、跨学科的、终身的学习观念**。德鲁克崇尚终身学习，因为他相信经理人必须要与变化保持同步。但德鲁克曾经也有一句名言：

"不要告诉我你跟我有过一次精彩的会面,告诉我你下周一打算有哪些不同。"这句话的意思正如我们理解的,我们必须关注"周一早上的不同"。

这些就是"德鲁克学说"的五个支柱。如果你放眼当今各个商业领域,就会发现这五个支柱恰好代表了五个关键方面,它们始终贯穿交织在许多公司使命宣言传达的讯息中。我们有谁没听说过高管宣称要回馈他们的社区,要欣然采纳以人为本的管理方法和跨界协同呢?

彼得·德鲁克的远见卓识在于他将管理视为一门博雅艺术。他的理论鼓励经理人去应用"博雅艺术的智慧和操守课程来解答日常在工作、学校和社会中遇到的问题"。也就是说,经理人的目光要穿越学科边界来解决这世上最棘手的一些问题,并且坚持不懈地问自己:"你下周一打算有哪些不同?"

彼得·德鲁克的影响不限于管理实践,还有管理教育。在德鲁克学院,我们用"德鲁克学说"的五个支柱来指导课程大纲设计,也就是说,我们按照从如何进行自我管理到组织如何介入社会这个次序来给学生开设课程。

德鲁克学院一直十分重视自己的毕业生在管理实践中发挥的作用。其实,我们的使命宣言就是:

> 通过培养改变世界的全球领导者,来提升世界各地的管理实践。

有意思的是,世界各地的管理教育机构也很重视它们的学生在实践中的表现。事实上,这已经成为国际精英商学院协会(AACSB)认证的主要标志之一。国际精英商学院协会"始终致力于增进商界、学者、机构以及学生之间的交融,从而使商业教育能够与商业实践的需求步调一致"。

最后我想谈谈德鲁克和管理教育,我的观点来自 2001 年 11 月 *BizEd* 杂志第 1 期对彼得·德鲁克所做的一次访谈,这本杂志由商学院协会出版,受众是商学院。在访谈中,德鲁克被问道:在诸多事项中,有哪三门课最重要，是当今商学院应该教给明日之管理者的？

德鲁克答道：

> 第一课，他们必须学会对自己负责。太多的人仍在指望人事部门来照顾他们，他们不知道自己的优势，不知道自己的归属何在，他们对自己毫不负责。
>
> 第二课也是最重要的，要向上看，而不是向下看。焦点仍然放在对下属的管理上，但应开始关注如何成为一名管理者。管理你的上司比管理下属更重要。所以你要问，"我应该为组织贡献什么？"
>
> 最后一课是必须修习基本的素养。是的，你想让会计做好会计的事，但你也想让他了解组织的其他功能何在。这就是我说的组织的基本素养。这类素养不是学一些相关课程就行了，而是与实践经验有关。

凭我一己之见，德鲁克在2001年给出的这则忠告，放在今日仍然适用。卓有成效的管理者需要修习自我管理，需要向上管理，也需要了解一个组织的功能如何与整个组织契合。

彼得·德鲁克对管理实践的影响深刻而巨大。他涉猎广泛，他的一些早期著述，如《管理的实践》（1954年）、《卓有成效的管理者》（1966年）以及《创新与企业家精神》（1985年），都是我时不时会翻阅研读的书，每当我作为一个商界领导者被诸多问题困扰时，我都会从这些书中寻求答案。

珍妮·达罗克

彼得·德鲁克与伊藤雅俊管理学院院长

亨利·黄市场营销和创新教授

美国加州克莱蒙特市

| 译者序 |

（一）

彼得·德鲁克（Peter F. Drucker, 1909—2005）是 20 世纪的思想家和管理学家，他看自己是"旁观者""社会生态学家"以及"现代管理学的创立者与贡献者"。彼得·德鲁克一生著作甚丰。《管理：使命、责任、实践》（Management: Tasks, Responsibilities, Practices）是他写于 20 世纪 70 年代初的作品，也是他为企业、组织、机构做了数十年咨询后的精心佳作，誉满全球。本书具有非常强烈的时代性，1973 年出版时就在美国畅销书籍中名列前茅，突出德鲁克管理学的核心思想："观念必须化为行动"⊖。现如今，这个核心思想已经深入人心，许多人都知道德鲁克很强调管理的理论与实践相结合，知行合一。

能成为本书的中文译者是我一生的荣幸。我自己不是企业的经营者和管理者，我无法用非常直接的企业经验去评论和衡量德鲁克的管

⊖ 参见沃兹曼和劳勒的《旁观德鲁克》（19~22 页，2015 年出版）。也可参见 The Drucker Lectures: Essential Lessons on Management, Society, and Economy（47 页，2010 年出版）。

理思想，但我是用心智触摸和感受它。在我的社交圈子中，语言天赋比我好的朋友大有人在，其中不乏大学中优秀的英文教授和老师，甚至一些好友是很好的作家、译者以及编者。我只是比他们更加幸运一些，甚至有点受宠若惊的感觉——我有这样美好的机会承担翻译德鲁克先生佳作的任务。

对任何人来说，翻译都不会是轻松的活儿。冯友兰曾经把翻译工作喻为"嚼饭喂人"，自己需要先慢慢咀嚼、消化，品味其中美妙，然后再传于读者，帮助读者理解。马丁·路德（Martin Luther）认为《圣经》翻译者需要"一颗正确的、虔诚的、诚实的、真诚的、敬畏上帝的、基督徒的、受过训练的、拥有知识和经验的心灵"（LW35，188—194）。虽然我无意把翻译德鲁克的佳作和路德翻译《圣经》做对比，但我感觉自己在翻译该书的过程中所持有的心境、态度与虔诚是相似的。翻译不仅是两种甚至多种语言之间的摔跤，不仅是不同文化与文明之间的对话，也是不同思想甚至多种思想之间的交融。

在翻译过程中，我享受心灵的无比快乐。我用语言和心智与管理大师德鲁克先生对话。对话是人类精神世界最高贵的文明形态。在细读、品味以及翻译德鲁克的佳作时，我个人的直接感觉是在聆听他的心声，与他对话并听到回应。我请教他问题，有时他会为我解答，有时仅仅是启发，有时会向我提出问题，但大多数情况下，他保持沉默与宁静——一如既往的那位"旁观者"，他让我自己独立理解、品味以及领悟他的思想。有时我会拍案叫绝，有时也会怅然若失，有时如获至宝，有时相见恨晚；有时也会愣愣地坐着，凝固片刻，但不是"走神"，而是"入神"。

书中所论及的话题，无论宏观还是微观，我的感觉是亲切，好像自己就在经历一般，他似乎在为我们这个时代的经济现状、发展处境、社会现实以及大的格局把握方向，指点迷津。总体感觉，他不是在分析美国的经济和社会，而是在讨论读者所在情境中的生存状态与变化趋势。他曾经说过:"只有中国人才能解决中国的问题",而我正是试图翻译他的这种认知与意识。路德当年把翻译工作形象地说成:"当田地清理干净的时候,春耕就会很顺利。"此话很有道理。本书的翻译工作也正是为了清理杂石土块,以使管理学的春耕顺利开展。我的心愿很简单,通过这部中译本,让更多中国企业家、非营利组织经营者、创业者、政府工作者、学者以及普通人都能使用德鲁克的管理智慧去成就自己的梦想与事业。

(二)

翻译工作离不开许多优秀好友的支持与帮助。在本书的翻译过程中,我得到许多老师和朋友的鼎力相助,这里需要向各位表达我诚挚的谢意。

首先,我要真诚地感谢德鲁克的学生詹文明老师。他是我管理学研究的良师益友。数年前,当我开始酝酿如何研究德鲁克管理思想时,他便提出翻译德鲁克部分重要著作的想法。在我个人学习管理学以及本书的翻译过程中,詹老师都会谦卑地提出许多宝贵意见,使我受益匪浅。同时,我要感谢李建兵先生在提供德鲁克著作以及促进本书翻译工作中所做的协调工作。

彼得·德鲁克管理学院(DA)对重译本书起到了重要的推动作用,时任学院院长王欣先生做出了很多努力和贡献。在翻译过程中,我还时常与他交流管理学名词和习惯用语的译法,收获许多很独特的见解。在最后译稿的审校中,王欣先生的热诚与睿智令我深受感动和鼓舞,他提出的许多建设性的修改意见给译稿增色不少。同等的谢意要给予资深编辑钱大川老师,特别感谢他对本书部分章节的审校所做出的贡献。在持续两年多的翻译工作中,"七和同创"的曾涌先生和高敏老师给我个人许多的帮助与鼓励,他们在阅读早期译稿以及后期审稿时发现问题并提出了自己的看法,这些意见与建议很及时,也很中肯。多谢这些师长好友的贡献与支持。

我还要诚挚地感谢王磊经理,她对德鲁克著作及其管理思想的热爱与深刻感悟让我印象深刻，备受鼓舞。没有她的睿智、信任和执着，该书的翻译与出版将不会成为现实。同时，我要感谢机械工业出版社的编辑，谢谢他们为译稿的编辑与出版付出的辛苦。

毫无疑问，在翻译这部佳作的过程中，家人对我的鼓励和支持是最直接的，也是最重要的。我的妻子肖宝荣一直是我创作的主要帮手，她分享了德鲁克的管理思想，也分享了我在翻译过程所经历的喜怒哀乐。她是个出色的第一读者。非常感谢她辛勤的付出、无微不至的照顾以及持久的鼓励。爱女陈沛如刚好 2018 年夏天回国度暑假，自然也加入到译作最后阶段的审校工作中来。她不仅积极参与校对译稿，还帮助我翻译了德鲁克先生在 1981 年的论文集《迈向下一代经济学论文集》(*Toward the Next Economics and Other Essays*) 中的一篇关键文章《应该期待怎样的成果——MBO 使用说明》(*What Results Should You Expect? A Users' Guide to MBO*)。这篇文章承蒙王磊经理同意，列为本书附录，其重要性下文再表。爱妻和女儿的支持、忍耐和爱是我的力量。非常感谢她们。

（三）

如何品读德鲁克的《管理：使命、责任、实践》呢？我有几点想法供大家参考。

第一，德鲁克的思想需要细心品味，不能囫囵吞枣，任何试图"简化"或"减化"他的思想的做法，都是非常艰难而不明智的。德鲁克的著作宜深读、慢读，不宜浅读、快读。若读得太浅太快，读者就会自以为掌握了赚钱本领、管理要旨、做事谋略。深读慢品，就会逐步领悟德鲁克管理思想的内家功夫，知己、知人、知事变、知道义、知信仰。管理学的这个道理，许多德鲁克著作的读者都深有体会。

第二，建议大家先阅读德鲁克为本书写的两篇序言，即 1973 年的"管理：专制以外的选择"和 1985 年的"管理：专业意识与敬业精神"，然后再读本书的"结语：管理之正当性"。我个人认为，这三篇文章是本书的灵魂，德鲁克为自己的管理思想和关键理念做了必要的解释。这既是指南针，又是药引子。

第三，必须把握本书的整体性。本书名为《管理：使命、责任、实践》，结构非常严谨，分上、中、下三篇，共 9 部分，61 章，各章连贯性强，内容完整合一；读者千万不要把内容肢解来读，不要把他的管理思想支离破碎，不要以为上篇讲"使命"，中篇讲"实践"，下篇讲"责任"。

第四，如果遭遇中文译本中难以理解的语句，建议读者回到德鲁克著作的原文做些参考。这是读书的必要方法，而不是挑剔中英文的文辞表达或刻意寻找问题。字句是死的，精意是活的，人是活的，思想也是活的。

把握如上几点，读者便可以按照目录罗列的详细内容，渐入佳境，可见森林，亦可以见树木。

（四）

关于本书的一些翻译问题，也需要在此向读者做个交代。

必须承认，德鲁克的语言风格非常特别。原书中德鲁克的口语表达很突出，学术性表达并不显著，比如引经据典很多，但出处标注很少；使用的英文长句多，并在句中插入破折号，主要是为了添加说明或解释，这样导致语法结构更加复杂甚至加剧了语句意义的模糊。这种风格在弗洛伊德的作品中也很多见，可能只是言辞个性或说话习惯罢了。该译本尽量少用这种直译方法。

在该书中，每一章文前罗列的仿宋字体内容与文中的小标题可能不太一致，有时甚至混乱或错失。翻译本书前，我就曾听说过这种抱怨。作为译者，我理解并对此感同身受。我个人的建议是，不要将文前仿宋字体内容视为明确的"小标题",而应该将它们视为"关键词"或"核心提示语"。这样就会顺畅多了。

除了表达风格和长句特色外,德鲁克也善于使用一些很有意思的词语,在英文中可能简单易懂,但在中文中却不得不绞尽脑汁。这不是语言本身的问题,而是中文语境和英文语境之间的差异问题。有些词的翻译存在模糊不清且难以取舍的困难。不同语境和大小语境都需要深入考虑。这里举些例子。

比如management一词就有很多意思:"经营""管理""管理层"以及"管理学"等。为了突出managing的动词作用,有时会讲"对……进行管理"或"把……管理好"。名词manager(s)也是如此,有时可能泛指"管理者",有时可能具体而直接指"经理""经营者"或"工厂厂长"。本书还有一些与management直接相关的词,比如"过度管理"(overmanagement)、"管理不当"或"管理不力"(mismanagement)、"管理不善"或"管理不到位"(poor management)、"管理参差不齐"(spotty management)、"可管理"或"易于管理"(manageable)、"不可管理"或"难以管理""无法管理"(unmanageable)、"多元管理"或"多极管理"(multi-management)等。

Business也是一样,这个词不一定都是指"生意""贸易""交易"或"经营",有时指"业务",有时指"企业",也有时可能指"事业",比如大家熟悉德鲁克讲的"事业理论"。在事业理论的大语境中或泛指时用"事业",比如"我们的事业是什么";而一般情况下翻译成"业务"更合适,比如在论及中小型企业的具体经营时,问"我们的业务是什么"更好点。Function也是令人头疼的词,到底是"功能"还是"职能",只能根据语境和上下文来确认其意思,但还是很难定夺,本书中两者都用,因语境而做出选择。还有productivity,有时翻译成"生产力",有时翻译成"生产率"。

Efficiency 与 effectiveness，本书分别译为"效率"与"成效"，有时因语境变化，后者也译为"有效性"，形容词则译为"有效的"。本书将 temperamental unity 翻译为"气质合一"，把 temperamental fit 译为"气质相投"。第 39 章中的 controls，德鲁克自己清楚说明不是"control"（控制）的复数，而是另有意义，本书译为"监查"，并且与行政管理（administration）和政府组织职能行为"治理"或"管治"（governing）的意义也有所区别。

再如，tasks 是本书中我最早遇到的很难翻译的词，后来接受大家的共同建议，翻译成"使命"，但有时也会根据语境而只能翻译成"任务"；因为并不是所有语境下 task 都可以翻译为"使命"，有时用词太大，反倒不好；大多数情况下，翻译成"任务"更加准确些，但在大标题或陈述主旨时，用"使命"就显得合宜。Strategy 也是书中的难题之一，这词可大可小，大的语境可说"战略"，小的语境可译为"策略"。有师长曾经建议都翻译成"策略"，但有些情况下翻译成策略显然不足以表达意义。涉及企业、组织、机构的使命与目标的大方向时，把 strategy 译为"战略"比较好些，比如战略规划、企业战略、整体战略等；但在小规模或小语境时，翻译为"策略"比较合宜，比如财务策略、产品策略、技术策略和市场营销策略等。Commitment 也是个难翻译的词，工商企业界最常见的翻译是"承诺"，但这个词本身的意义很丰富，有献身、委身、奉献精神、牺牲精神，有些则带有很丰富的宗教信仰的内涵等。Entrepreneur 与 entrepreneurship 也是个难题，前者多译为"企业家""实业家"或"创业家"，显然与商人或生意人的意思大相径庭；后者通常有两种翻译，一是"企业家精神"，二是"创业精神"；笔者在本书中倾向于用"创业精神"，为的是描述某种独特的、积极的创业状态，而不涉及特定的"企业家"群体。

英文中的介词是英语语法结构中的小精灵。本书中的介词及其介词词组或介词短语的运用，有时很难在中文中找到完全相同意思的词。比如，managing for results，很长时间人们都习以为常地理解为"成果管理"，但可能"为成果而管理"更好一些。Managing for performance 也被习惯性地理解为"绩效管理"，有时并无大碍，但可能"为绩效而管理"更好一些。Management by objectives 通常被翻译为"目标管理"，而联系德鲁克的许多作品并联系上下文应该理解为"依靠目标进行管理"，这样可能更准确一些。

（五）

此外，本书最难翻译的是各章的标题。这里也举些例子。

1973年德鲁克自序的标题为 The Alternative to Tyranny，这个词组的翻译也充满争议，笔者见过一些不同的翻译，最有意思的翻译是"舍弃专制另谋出路"[⊖]。我个人觉得这个翻译非常好，语气强烈，也很切中要害。笔者在本书中译为"管理：专制以外的选择"，持中性语言，相对温和一些，这也是本书翻译过程中笔者所持有的基本文辞风格。第33章的标题是 Developing Management and Managers，本书译为"管理能力提升与管理者培养"。第42章与第43章的标题是连接一起的，主要涉及 building blocks 一词的翻译，本书分别译为"组织的构建单元"（the building blocks of organization）和"单元的相互连接"（and how they join together）。第56、57和58章探讨企业经营的相同话题，根据上下文语境，将 diversity 译为"多样性"，将 diversification 译为"多样化"，而不是翻译成"多元性"或"多元化"，旨在突出企业的经营实践，比如"策略多样化"与"抛弃不恰当的多样化"等。因此，这三章的标题

⊖ 参见沃兹曼和劳勒的《旁观德鲁克》，第22页。

分别译为"多样化经营的多重压力"（The Pressures for Diversity）、"由'多样'构建'合一'"（Building Unity Out of Diversity）、"管理好企业的多样性"（Managing Diversity）等。第59章的标题是 The Multinational Corporation，本书译为"论'跨国公司'"，给跨国公司四个字加上引号，主要基于文中两个重要词语的区别：multinational 与 transnational，德鲁克认为这两个词不同，后者更贴切表达"去政治化的"全球互动的经济关系，19世纪人类讲 multinational 意指"跨国"，20世纪人们讲 transnational 指"超国界"，而21世纪的全球经济关系应该走向"无边界"（without border/global）。

本书中最具争议的标题当属第34章的 Management by Objectives and Self-Control，从接手翻译开始，就一直是个疑难病症，前后不知道请教过多少英语老师与管理学专业人士，但答案极其复杂。如下几个不同的翻译来自师长、朋友和各界同仁，提出来供大家参考："依靠目标，以自我控制实现管理""依据目标与自我控制进行管理""目标与自我控制管理""以目标和自我控制实现管理"，以及台湾版与前一个大陆版翻译为"目标管理与自我控制"。本书现译为"依靠目标与自我控制进行管理"。

这里涉及一个基本的细节问题，就是 MBO 的缩写问题，即到底 MBO 是 management by objectives and self-control 的缩写，还是 management by objectives 的缩写？从1973年的《管理：使命、责任、实践》第34章以及其他章节的行文来看，management by objectives and self-control 都是以单数出现，这一章后被收录在德鲁克2007年出版的《人与绩效》（*People and Performance: The Best of Peter Drucker on Management*）第7章，除了文中小标题略有改动外，主旨与内容保持不变，但 MBO 的缩写已不再使用。

为了试图回答这个问题，我努力搜索德鲁克的其他著作，后来我在德鲁克1981年的《迈向下一代经济学论文集》中找到了一篇重要文章，题为《应该期待怎样的成果——MBO使用说明》，也就是本文前面提到的我委托闺女翻译的那篇文章。这篇文章详细说明了"依靠目标和自我控制进行管理"的深刻意义，应该可以作为《管理：使命、责任、实践》第34章的解释与补充，至少可以提供给读者一个辨析这个概念的文本基础。我做如下几点说明。

第一，德鲁克的确使用过MBO这个缩写，从字面上看，MBO缩写只涉及management by objectives，有时用，有时不用。这也是容易产生误解的地方之一，好像德鲁克只是在讨论所谓的"依靠目标进行管理"（人们习惯地翻译为"目标管理"），并无涉及"自我控制"的内容。实际上，在这篇文章中，联系上下文，细心的读者可以发现这个缩写的全称应该是"management by objectives and self-control"，原文多处（比如78页、79页、80页、92页、95页）显示如此。不仅字面如此，整篇文章的内容主旨也应该是指向management by objectives and self-control，而非只是针对management by objectives。Management by objectives and self-control这个用法应该是一个整体概念，不宜分为"目标管理"和"自我控制"。但是，究竟为什么只用MBO作为缩写？最有可能的解释是当时大家讨论这个话题时的习惯用法，也有可能是德鲁克自己口语的习惯所致，毕竟MBO显然比MBOSC要方便多了。

第二，无论是谈论"目标"还是讨论"管理"，这篇文章的核心理念就是为了说清楚"依靠目标和自我控制进行管理"的正确使用，对MBO的误解和误用甚至用之不当都可能导致组织机构的健全运作出现问题，甚至与设定的绩效和目标背道而驰，与"管理"的有效性和成果相去甚远，因为绩效与成果是检测与评估MBO成功的关键标准。

（六）

语言终归是人说的。我们对待文字的态度就是我们生存生活的态度。我一直讲究在文字和语言上一定要认真细致，但千万不要纠结，不要钻牛角尖、进死胡同。比起人类丰富的思想来说，文字和语言逊色多了。笔者所能做的很有限，只能尽我所能按照上下文关系来加以判断，"语境"加上"直觉"有时会有些帮助。

没有一部翻译作品是完美的，也没有一部译著可以让所有读者心满意足。由于译者的学问与知识有限，这本书的翻译也不可能完美。翻译不到位甚至是出现的翻译错失，敬请读者海涵。随着时代的变迁，语言结构和表达风格也会出现变化；10年或15年之后，只要中国的企业、组织、机构还需要德鲁克的管理思想，我相信就会有更多的人想起这本书并进行重译与修订。这是我的美好愿望与衷心祝福。所有的进步都是在努力付出并不断更新之中实现的。

陈驯

2018年9月于燕京

| 德鲁克自序 |

管理：专业意识与敬业精神
（1985年）

作为一门学科，管理学是多维度的。就其本身而言，管理学最初就是一门专业学科。它是一门新兴的学科，因为现代组织体系的形成与发展不过百余年，管理学的出现与现代组织形影相随。尽管我们依旧有许多未知之事，但时至今日，我们深知管理不仅仅是常识，管理也不仅仅是经验的归纳总结，至少从其内在潜能来看，管理学是一套条理化的"认知体系"。

本书尝试向读者介绍我们迄今为止已然了解的一些管理知识。同时，本书也尝试提出一些更大范围内的"未知体系"。也就是说，在一些领域中，人们明知自己需要这些新的知识以求界定人们所需要的事物，只是人们至今尚未能够掌握这些知识。然而，正在一线工作的管理者们迫不及待地想要掌握这些新知识，因为他们疲于应对层出不穷的问题与需要。鉴于此，本书试图就这些未知领域提出一些路径，来帮助人们透彻思考政策、原则以及实践，以求实现管理使命。同时，本书也致力于为管理者们在今天乃至日后的工作中提供必要的认知储备，诸如心智、思想、知识以及技能等。

管理是使命。管理是一门学科。同时，管理也是一门关于人的学问。管理所收获的每项成就都是管理者的成就，每项失败都是管理者的失败。因为是"人"在管理，而不是某些"力量"或某种"事实"在管理。管理者的宏大愿景、奉献精神以及正直品德都决定了所经营事业的是非成败。

故此，本书把管理者视为具有品格尊严的"人"（person），然后聚焦于人的作为及其成就，并试图把人与使命整合起来。因为使命是不带人情色彩的客观实在，使命是由管理者来执行的，而"管理"决定人之所需，决定人之所愿。

管理是工作。的确，管理是现代社会的特种工作，它把现代社会从先前人们所认识的一切社会形态中区别出来。管理是工作，是针对现代组织并且促使现代组织正常运作的特定工作。作为一项工作，管理拥有自己独特的技能、工具以及技术。本书将深入细致地探讨这些内容。

管理也有别于其他任何形式的工作。管理不像医生的工作，也不像工匠和律师的工作，管理必须一直在组织内进行，即管理是在人际关系网中进行的。所以，管理者总是众人的榜样，他的所作所为至关重要，同等重要的是管理者的人品，这一点只有教师才可与之相媲美，因为管理者与教师一样，都拥有如下两种特质：一是技能与表现，二是个性、榜样与人格尊严。因此，本书将同等强调管理者的使命与管理者的品德。

在过去的30余年，我给各种各样的学生教授管理学，或在学院，或在大学，或在主管训练项目，或在研讨会上，通过这些教学和学术活动，本书的内容得以日益完善，研究方法也久经考验。但本书的主旨内容大多数是在过去40余年中发展而来的，我以咨询师的身份与不同层面的管理者密切合作，无论他们的企业或大或小，无论是政府部门的管理者，还是医院或者学校的管理者。虽然绝大多数的咨询经历是在美国本土，尤其是针对美国的企业和公共服务机构，但我也会为美国之外的企业和非商业机构提供咨询服务，特别是一些在西欧、日本和拉美等国家和地区的企业。本书试图囊括每个管理者所需要的管理知识，但就其形式而言，本书也想要为那些尚未成为管理者，或者甚至是组织机构中的普通员工，提供管理学的入门知识。

本书可以向读者确定两件事：一是书中所论及的管理知识都已经在管理实践中得以印证和发展，深得要理，行之有效。二是书中内容都已通过管理学莘莘学子的检测，深入浅出，意义长远。

彼得·德鲁克
于加利福尼亚州克莱蒙特
1985年元旦

| 德鲁克自序 |

管理：专制以外的选择
（1973年）

当今世代的流行话题是"反权威"，人们主张每个人都应该"做自己的事"。在这样的浪潮下，我不得不承认，我所写的这本书是一本最冷门的书。它对"权力"避而不谈，反倒强调"责任"；它所涉及的话题不是人们所关心的"做自己的事"，而是聚焦于"绩效"。

在非常短暂的50年中，我们的社会已经发展成为机构型社会，也成为一个多元化的社会。在这样的社会中，所有重要的社会任务都委托大型组织来经营运作：从经济物品生产到卫生保健服务，从社会保障与福利到教育系统，甚至从寻求新知识到保护自然环境，都是如此。

在犹如晶体结构一样的社会中，这样的意识巨变容易引发人们的愤怒反应，人们会高呼："打倒组织！"这种现象是可以理解的。但这是一种错误的反应。这样的反应不会给自治机构在职能与运作上带来自由，反而会导致极权专制。

我们的社会不愿意失去那些只有自治机构才能提供的独特服务，而且自己也无能为力提供这些服务。在现代的卢德派（Luddite）当中，在某些机构破坏者当中，以及在受过高等教育的年轻人当中，即便是呼声最大的人群，离开大型组织，他们也连普罗大众都不如。因为只有在大型组织中，才存在着许多通过知识谋生的机会、通过知识做贡献的机会，以及通过知识获得成就的机会。

如果在我们机构多元化的社会中，机构不能实现负责任的自主权，那么我们将不可能拥有个人主义，我们将不可能拥有一个人人都有机会实现自己梦想的社会。相反，我们将把自己放置于完全管控的机构之中；在那里，谈自主权就是自欺欺人了。只有专制能够取代强有力执行自治的机构。专制是一个绝对的老板，它强行取代多元化的竞争机构。专制用恐怖取代责任。专制的确有能力废除一切机构，它只要把一切机构淹没在一个能够包罗万象的官僚主义政治组织之中，便大功告成了。专制的确也能够生产产品，能够提供服务，但这种生产和服务不过是断断续续的、挥霍的、低水平的，付出的代价却是巨大的，并且充满苦毒、屈辱和失望。因此，在这样一个机构多元化的社会中，自由与尊严的唯一保障就是要让我们的机构负有责任，享有自主权，富有成效地运作，并且收获高水平的成就。

管理者与管理都必须促进机构富有成效地运作。富有成效而负责任的管理就是要取代专制，那是我们唯一能够保护自己的方式。

管理是工作，它拥有自己的技能、工具和技术。本书将探讨许多技能、工具和技术，其中一些将会涉及诸多细节。但本书所强调的重点不是技能、工具和技术，甚至不是强调管理的工作，本书强调的是"使命"。

管理是器官，是赋予一个机构生命力、行动力和动态活力的器官。如果没有机构，一家企业就不会有管理；但没有管理，机构就算不上机构，而是一群乌合之众。反过来，机构本身就是社会的器官，机构存在的意义在于它能够为社会、经济以及个人所需结果做出贡献。器官从来不是根据"它们做什么"来加以定义，更不用说根据"它们如何做"来加以界定。器官是根据"它们所做的贡献"来定义的。

大多数论及管理的书籍都是在讨论管理"工作"。它们从管理内部来看管理。而本书讨论管理从"使命"谈起。本书的上篇从外部入手来观察管理，它研究不同维度的使命以及每一项使命的要求。本书的中篇转入讨论组织的工作和管理的技能。本书的下篇讨论高层管理：使命、结构以及战略。

多年来，我个人一如既往地对管理科学的应用方法持有浓厚的兴趣，尤其对管理者的逻辑和分析工具很有兴趣。但在本书中，我不使用方程式、曲线图、数学公式，甚至不出现一张表格。贯穿本书的要点不是强调"如何做"，更不必解释如何使用这些科学工具。甚至在讨论技能时，在探讨管理科学的应用时，我所强调的是"成就与结果"。这就是本书的主旨之一：自始至终以使命为焦点。

本书的另一个主旨是以管理者为焦点，以问题为起点。比如，管理者必须知道什么，或者至少，管理者必须明白与他的使命相匹配的知识是什么。

关于管理的书籍大都聚焦于管理技巧、聚焦于培训以及聚焦于职能。这些管理技巧、培训和职能只解决管理使命的局部。它们可以处理一家企业、一家医院或一群人的事务，或是解决一些具体问题，或训练人们使用一些工具，诸如控制等。这些书籍呈现出作者对特别领域的关注和对专业技术的热衷，但它们无法就管理者的使命提出真知灼见。

本书在内容设置上与众不同。从写作初衷到行文原则，整本书的内容都直指管理者的需要，而不是为了表现作者本人的学识或自己所关心的领域。这样的说明是要向读者交代本书所要立志涵盖的内容和意欲扬弃的内容。

虽然我个人并不喜欢冗长之作，但这本书不短。所幸的是，本书并不是一本无所不包泛泛而谈之作；相反，它高度精选浓缩。我可以肯定，许多读者会抱怨他们认为重要的话题在本书中只字不提，甚至更多的读者会批评我在管理理念上的偏爱、擅自做主、厚此薄彼。

对一本书来说，作者本人的判断和自身的选择确实会有一定的影响。但我至少尝试对本书的内容进行刻意筛选，遵循客观标准对所讨论话题的重要性做出评估，并在与管理者们多年紧密合作的成果中总结出来。这些管理者来自各种层面：有的是大型企业经理人，有的是小业主；有的是商贸老总，有的是非商业服务机构的管理者。本书的内容只涉猎管理者想要知道的知识，至于那些管理者无须知道，但看上去又重要的或有意思的知识，恕不详细论述，或者有时只是轻描淡写，一笔带过。像"理财业务"或"从推销到市场营销"等诸如此类的话题曾经在我的初稿中出现，但在本书中已经被剔除。还有一个例子，就是关于管理科学的应用话题，本书中也只在简短的章节中提及。因为我要把大量篇幅留在讨论高层管理以及管理的结构和战略等话题上——这些是读者在其他管理书籍中所不能读到的。

本书无意囊括所有管理者可能面对的一切问题；相反，本书有意把管理者们关注的那些领域纳入其中，那是管理者可以预想需要解决问题的领域，是他们必须在文化知识上成长的领域；这无须顾及他们的背景，无须顾及他们机构的使命与目标，也无须顾及他们组织的规模大小。这就是我所认为的，这是一部"大作"，因为管理者的工作本身就很"巨大"，况且这也是巨大的管理使命使然。

本书一贯主张管理是一门学科，或者至少可以说能够成为一门学科。这不仅仅是常识，也不仅仅是现成经验的归纳总结，至少应该认为管理是一套条理化的"认知体系"。本书尝试向读者介绍我们迄今为止已然了解的一些管理知识。同时，本书也尝试提出一些更大范围内的"未知体系"；即在一些领域中，人们明知自己需要这些新的知识以求界定人们所需要的事物，只是人们至今尚未能够掌握这些知识。

的确，这些"未知体系"正是本书的核心内容。因为在管理领域，我们已经明显地意识到知识的长足进步，这些知识的积累经历了许多的艰难，尤其是在所谓的"管理的英雄时代"——第二次世界大战前的50年——那时，人们独立门户，各干各的；人们按照自己的心愿和信仰来维持生计，无须博得公众的赞赏。正是基于这样的认知体系，在第二次世界大战结束到1970年的25年间，管理热潮席卷世界的大多数地区，成效显著。

现在我们意识到，我们对这些领域知之甚少，无足学效。在这些领域中有许多新的使命，我们尚无相匹配的测验，尚无经过验证的方法和工具。新领域所产生的挑战和新的管理问题层出不穷，但我们目前所做的很少，目前为止我们所知的也甚少，甚至是全然"未知"。

本书尝试对这些领域进行辨析和界定，也试图为这些领域提供一些基本思路，一些战略、原则以及实践的方法，以求应对新的挑战和完成新的使命。本书致力于为管理者提供必要的装备，诸如心智、思想、知识和技能，让管理者在今后的工作中更加得心应手。

我们把管理界定为一门学科，即管理是一套条理化的"认知体系"，因而管理适用于任何地方——在这个意义上说，管理就是"文化"。管理不是所谓"价值中立"的科学。管理是一种社会职能，深嵌于文化、社会、价值传统、风俗习惯、信仰教义、政治体系以及政府职能之中。管理本身就是，也应该是以文化为前提；反过来，管理学与管理者也可以塑造文化与社会的形态。

管理从一开始就是"多中心的"，管理作为一门学科和管理作为一种实践本来在所有民族和种族群体中都是相互胶着的。在管理热潮的那些年中，人们在短暂的畸变中忘却了这个现象，并一反常态地相信：如果管理不能算为一项"美国发明"的话，那至少也应该承认管理具有"美国特色"。管理是"多中心的",这个理念在今天更是显而易见。管理热潮绝不是美国化的管理。全世界有许多非常基本的民族特色,在一些重要的管理领域,人们至今尚未涉及,比如政府管理与企业管理的关系、人的管理的基本原理,或高层管理的结构等。我们可以毫无疑问地认为:如果曾经在西欧或日本与美国之间存在着"管理差距"的话,那么今天,这样的差距已经荡然无存了。

本书基于我的个人经历,特别是我作为一名咨询师为美国企业和公共服务机构提供辅导的经验。在过去的15年中,我有意识地尝试扩大我的辅导范围,与美国本土以外的机构合作探讨管理问题,尤其是在西欧、日本和拉丁美洲。我尝试双管齐下——不仅与美国本土的组织,而且与美国以外的机构一起探索管理之道。因此,虽然本书依旧不可避免地充斥着浓厚的"美国情怀",但我也尽力把管理使命、管理工作、管理组织、管理方法和不同的文化、社会、现今时代相关联起来,特别是在引证实例分析说明中,管理涉及整个世界,而不是局限于某些国家。

我特别强调日本经验——不仅因为很少有西方的管理者真正理解日本的管理与组织运作之道,而且因为在日本——这个唯一的非西方的发达国家,同一事情经常会有多种不同的理解方式。日本人在处理一项常见事务时的经验也许有助于西方管理者更好地理解自己的职责所在,比如在盈利能力的测评、工作模式与员工组织、做决策等方面。㊀因而本书所确信的基调是:每个国家的管理者都能够而且都需要从别人所提供的管理经验中获益。

管理是使命。管理是一门学科。同时,管理也是一门人的学问。管理所收获的每项成就都是管理者的成就,每项失败都是管理者的失败。因为

㊀ 为了更好地理解我讲的这个道理,在本书的参考书目中,我特意把论及日本管理的相关书籍分开罗列出来。

是"人"在管理，而不是某些"力量"或某种"事实"在管理。管理者的宏大愿景、奉献精神以及正直品德决定了所经营事业的是非成败。

本书中没有什么奇闻轶事，所举的实例和所做的说明都是为了把读者引入要点。但在展示这些案件和实例分析时，我会设法提醒读者意识到一些关键的"人物"，尤其是那些具有身体力行的实践经验的管理者，他们在主要的管理工作中表现得得心应手。比如，格奥尔格·西门子与德意志银行在一个世纪以前就曾规划了高层管理的职能与结构；稍晚一些，美国电话电报公司的西奥多·韦尔首次提出"我们的事业是什么？"同时，老托马斯·沃森想方设法地，或许只是不经意地，促进他的小型公司IBM发展成为一家大型企业。

本书自始至终把"人"与"使命"整合在一起，不仅致力于阐明一些客观的、具有目的性的使命，而且提出完成这些使命所必备的人品素质、技能和基本态度。"这种具有人性风格"的写作方式正是作者想要的，但对其他追求而言，风格往往趋向于态度，而非内容。故此，本书没有太多谈论风格，而是更多强调特性。

归根到底，管理是实践。管理的本质不在于"知"，而在于"行"。管理的检验不在于"逻辑"，而在于"成果"。管理的唯一权威是"绩效"。虽然本书涉及一些哲学的基本命题，但本书不是一部哲学作品。本书源自于实践，也专注于实践。

"从管理热潮到管理绩效"是本书导论中的小标题。这个标题实际上可以作为本书的书名。在今后的十年中，管理者将会遭遇到远比大多数人想象的还要大的绩效需求，而且发生在所有领域中。更多的公司和机构的存活将依赖它们的绩效，而非依赖它们本身的幸存或繁荣。我可以重复一下我的观点：在如今机构多元化的社会中，富有成效的机构管理是取代专制的唯一办法。

本书的目的、动机、意图都已和盘托出，即为今天乃至今后的管理者获取绩效做必要的预备。

本书的写作目的、视野以及所采用的方法都有别于我早期的管理作品，比如《公司的概念》（Concept of the Corporation，1946）、《管理的实践》（The Practice of Management，1953）、《为成果而管理》（Managing for Results，1964）、《卓有成效的管理者》（The Effective Executive，1966）等。当然，本书所论及的每个方面都是从早期的作品中发展而来的。对于那些早期作品中出现过的精彩内容，我会毫不犹豫地加以使用。

参考最多的当属《管理的实践》。本书中有些内容直接出自《管理的实践》，比如第4、5、6、7、34、36章等，第20、29、31、50章中所提到的理念是在《管理的实践》原有的内容基础上发展出来的。然而，这样的资料引用在这部新著中不超过二十分之一，主要是为了说明一些基本的概念，诸如事业、业务目标，依靠目标与自我控制进行管理的方法，以及管理者必备的工作素质等。这些内容都曾在20年前的《管理的实践》一书中介绍过，它们已经成为管理的基本宗旨和关键概念。

最后，笔者需要向读者交代的是，本书分析使用的案件和实例的来源。本书中标识的公司或公共服务机构，以及所标榜或说明的一切实例都出自公开出版的全球公共资源，有的取材于公司自己的声明文件和报告材料，有的出自报刊上的报道。当然，所有案例的事实都源于公共领域，只是对这些案例的解释都是我个人的分析和思考。至于书中所提到的但没有明确标识名称的公司或产业实体，一定是在征得它们的同意和允许后使用的，未标识名称只是出于保护私有信息的缘由不得以而为之。这些信息有的是在我咨询过程中获得的，但更多的信息是从我个人相识的熟人那里获悉的，还有的是从管理学的会议和研讨会的共同探讨中得到的，还有一些资料则来自私人通信。这类的案例，无论是公司还是产业实体，都已被精心装饰，即便是公司员工也可能未必识别得出来。读者可以确信一件事：如果有读者读到诸如"在美国中西部的硬件制造商"之类的描述，那你们大可放心，这家公司一定不是"五金公司"，也不是坐落在"美国中西部"。书中所阐述的现成事实都出自如实且精确的报道，但具体的公司和故事发生的地点都做了必要的精心隐匿。

| 致　谢 |

首先感谢我的爱妻多丽丝,在本书内容的清晰性和连贯性上,她功不可没。她从自己的工作中抽出宝贵的时间小心翼翼而且不厌其烦地审阅草稿。她那清净而聪颖的耳朵听不进陈词滥调,容忍不了夸大的言辞和不合理的推论;她毫不妥协地要求所论证与阐述的内容的逻辑性,这样认真的态度造就了本书字里行间的流畅。

我要感谢我的老朋友、老同事,北卡罗来纳大学伯林顿工业⊖经济学与管理学教授阿瑟·李·斯文森。在我长达数月的创作酝酿过程中,他始终如一地鼓励我,并提出宝贵的建议。我过去不怎么乐意接受他的规劝:"再来一次,你会做得更好!"但当我今天看到这本书时,我感觉他的规劝是正确的,我心悦诚服。

我要感谢出版商的支持:纽约哈珀与罗出版社,卡斯·坎菲尔德;东京钻石社,石山;伦敦威廉·海涅曼出版社,约翰·圣约翰和马尔科姆·斯特恩;迪塞尔多夫埃康出版社,冯·费雷纳尔普。他们经常给我安慰、鼓励和宝贵建议。尽管我一而再再而三地错失截稿日期,

---

⊖ Burlington Industries,伯林顿工业公司,位于北卡罗来纳州伯林顿市,为美国最大纺织品制造企业。

可他们从未失去耐心，对此我要深表谢意。

多萝西·德姆克、琼·基德和杰丽·普利斯为我的草稿打字输入，识别我那潦草至极的笔迹，在整个作品的写就过程中，他们表现出惊人的包容和耐力。我要给予他们最热切的感谢。

我还要特别感谢那些关心本书却不能"留姓名"的人们，他们就是我的客户，客户是拥有隐私权的。再者，如果没有那么多高管对我的信任，如果他们不允许我分享他们所关注的实例，如果他们不愿意让我参与分担他们的问题，那么本书将不可能创作成功。无论他们是在企业工作，还是身处非商业服务机构，无论他们是在美国，还是在欧洲、日本和拉丁美洲，我都要诚挚地感谢他们。正是这样的经历促使本书获得进展，也正是这些良好的关系促使本书得以出版。

彼得·德鲁克

于加利福尼亚州克莱蒙特

1973年春

中篇

管理者：工作、职务、技能、组织

管理者履行职务不是依赖"授权"，而是基于企业的需要与现实。管理者拥有自主权，涉及管理职务、管理工作、管理技能以及不同的管理组织等。

CHAPTER 29 | 第29章

为何需要管理者

管理者是企业的基本资源,是企业最稀缺、最昂贵、最易损毁的资源——福特的故事——以西门子公司与三菱公司为例——通用汽车:反向测试——福特故事的教训——企业管理优于企业所有权——英国工业之"管理滞后"——管理层是"相位变化"而不是"强求适应"——管理的功能是"自治"而不是"授权"

管理者是企业的基本资源。在一个完全自动化的工厂中,或许根本没有普通员工,但一定有管理者。事实上,在将来,工厂中的管理者远比过去多得多。

在大多数企业中,管理者是最昂贵的资源,是贬值最快且最需要不断补充的资源。企业需要数年时间才能创建一支管理团队,但会因一段很短时期的管理混乱而毁于一旦。将来,管理者的数量与花费在每个管理者身上的资本投资一定会稳步提升,与过去半个世纪相比有过之而无不及。与此同时,企业对管理者能力的要求也会水涨船高。每过一代人,这些要求就会提高一倍。因此我们没有理由期待未来数十年这些需求趋势会放缓。

管理者的"如何管理"以及"如何被管理"不仅决定企业目标的成败与否,而且很大程度上决定企业如何管理工作者以及如何管理工作。毕竟,工作者的态度不仅反映管理层的态度,而且直接反映管理层的能力与管理结构。工作者的成效很大程度上取决于他所接受的管理方式。

在过去的数十年间,各地管理者都接受过各类的劝勉、演讲以及课程,大家相互提醒自己的职务就是管理下属,相互督促把各自的责任放在首要位置,相互借鉴"向下沟通"的丰富建议与宝贵经验等。但至今为止我尚未发现有不把他们与上级的关系以及"向上沟通"列为首要位置的管理者,无论他们的层级高低与职务大小,都是如此。⊖所有副总裁都觉得他们与总裁的关系才是真正的问题。以此类推,直到第一线的监工、生产线的领班以及小组组长,他们都确信:只要"顶头上司"和人力资源部门不干预,他们就会和自己的下属和睦相处。

人力资源部门似乎倾向于认为,这种想法不是人性反常的迹象。实际上,"向上关系"是管理者的首要关切。成为一名管理者意味着为企业的绩效分担责任。一个不期望分担这样责任的人,不能算是一名管理者。

让管理者忧心烦恼的"向上关系"问题有:自己与上司的关系,疑惑上司对自己的期望,难以向上阐明自己的观点,担心自己的方案不被理解或接受,担心自己的行动很难被充分重视,难以处理自己与其他部门及其员工之间的关系等,这些问题都是"管理"管理者的问题。

⊖ 这个话题将在第 38 章加以讨论。

福特的故事：崛起、衰落与重生

亨利·福特（Henry Ford）的崛起与衰落，以及福特公司在他的孙子亨利·福特二世手中重振雄风，早已名扬四海，深入民间。每个人都曾耳闻：

- 亨利·福特于1905年白手起家，15年后，公司发展成为世界上最大的、利润最高的制造业企业。
- 在20世纪20年代初期，福特公司就已几乎垄断美国汽车市场，并且在世界其他重要的汽车市场中，处于领导者的地位。
- 另外，福特公司从利润中积累了10亿美元左右的现金储备。
- 仅仅数年之后，到1927年，这个看似固若金汤的企业帝国便开始蹒跚而行，很快丧失其领先地位，在汽车市场中，勉强维持其老三地位，并且长达20多年的亏损，第二次世界大战期间更是无力竞争，只能苦苦支撑。
- 1944年，亨利·福特的孙子，年仅26岁从未接受过任何企业训练、毫无从商经验的亨利·福特二世，接掌他祖父的福特汽车公司。两年后，通过一次"宫廷政变"把祖父的亲信密友请下台，组建全新的管理团队，成功挽救了福特公司。

然而，这个近乎戏剧性的故事远远不是一个人的成败故事，其中艰难非常人能够理解。最重要的是，我们不妨把福特的故事视为"管理不当的控制试验"。

福特失败的第一个原因是：他坚信企业不需要管理者与管理层，只需要企业主一人，其他人都是他的"助手"。在美国本土乃至在美国之外，福特公司与其他绝大多数同时代的公司之间的唯一差别在于：亨利·福特毫不妥协地坚持他的信念，在他所做的每一件事上一如既往地固执己见。[一]他实现其信念的方式如下：他的任何一个"助手"，只要胆敢像"管理者"那样行事、做决策，或者没有福特的命令而采取行动，无论其能力多么强，这人就一定会被开除或被打入冷宫。福特的方式只能被描述为一种"假设检验"，结果被证实完全是行不通的。

实际上，福特的故事不仅独特，而且重要，这个故事可以用来检测某种"假设"，一方面因为福特很长寿，另一方面因为他拥有十亿美元来支撑他的信念。福特的失败不是因为他个人的性格或气质，首要的原因是他拒绝接受管理者与管理层是企业必要的基本使命与职能，他只把管理者视为"老板"或者"授权"的"助手"而已。

然而，福特并不是唯一相信"没有必要需要管理者"的人。这点从第一次世界大战前发展势头好的主要两家企业的故事中也可窥见一斑：德国的西门子和日本的三菱。

维尔纳·冯·西门子与亨利·福特二人在个性上迥然有别。西门子是19世纪最伟大的发明家之一，他非常关心他人，无论是工作者还是科学界同仁，他都会悉心为他人着想。时至今日，他所创建的公司依然以彼此忠诚和为他人负责而美名远扬。但西门子并没有"管理者"，他只有"助手"和"助理"。直到19世纪70年代末，公司的发展才开始缓慢，然后逐渐失控，并且"难以管理"，实际上已经"管理不了了"。英国的西门子分公司原本是西门子集团最繁荣的企业，但终因管理不当而毁于一旦，齐了了了。在19世纪80年代末，激烈的竞争来自埃米尔·拉特瑙创建的德国通用电气公司（AEG），它与美国通用电气公司密切合作。尽管西门子公司长期处于领先地位，但难逃快速丧失其市场主导地位的命运，而且西门子并没有像福特

[一] 论及亨利·福特的故事，可详见我于 1971 年发表的一篇题为《亨利·福特》的文章，收录在《人、思想与社会》(*Men, Ideas and Politics,* Harper & Row, 1971）中，以及《新市场》(*The New Markets,* Heinemenn, 1971）中。

那样拥有强大的金融资源。1897年，即在创建者西门子去世后五年，公司不得不向资本市场寻求金融支援。格奥尔格·西门子，即维尔纳·西门子的堂弟，他是一名银行家，时任德意志银行总裁；他利用西门子公司急需资金之际，迫使西门子的儿子及其继承人勉强接受管理结构与管理者。

直到第二次世界大战前，西门子的家族继承者仍然拥有强大权力，甚至他们依旧是公司董事会的成员，但1897年公司进行重组，脱离家族成员的意愿与嗜好，并且根据使命与职能创设了管理职务。在短短数年间，在公司内部经历垂死挣扎之后，公司终于重获活力。在20世纪初期，正值德国电器产业历经动摇以及重整之际，西门子公司的新产业结构也业已建成。十多年来，在格奥尔格·西门子施压下创建的全新而又专业的管理层（大多数管理者来自公司内部），实现了这些合并，并且把新合并进来的公司整合到西门子公司的结构中，以确保该公司往后40年在欧洲电气产业中的领导地位。

三菱公司的创建者岩崎弥太郎的个性完全有别于亨利·福特与维尔纳·西门子。岩崎擅长吸收、发展并使用最优秀的一流人才，但与亨利·福特与维尔纳·西门子一样，他不信任管理者。岩崎与日本传统所崇尚的那种按照年资决定权力、以团队为工作方式的"宗族"做法⊖格格不入；相反，他坚持企业主应该拥有唯一的权威与承担全部责任。对他而言，这是"先进"而且"西式"的管理。与福特一样，他被迫改组公司。与福特一样，他认为这不过是一种形式，一种令人厌烦的形式而已。他宣布企业全部所有权应该永远归于一人，也就是归整个家族的头领所有。唯独这个人才能做所有决策，其他人都是他的"助手"并且执行他的命令。1867年，时值明治维新之后，岩崎作为一名身无分文的世袭武士，开始创业。15年后，他立志让自己的企业成为日本的主导企业，要超越那些创建于17世纪根基稳固的

⊖ 这个观点可见于中根千枝1970年出版的《日本社会》(*Japanese Society*)一书，对那些想要了解日本组织运作的人来说，该著作是一本"必读"佳作。

老企业，比如三井公司和住友公司等。但就在那时，与1920年时的福特公司境况相似，三菱公司的发展速度开始变缓、飘摇不定，并明显地暴露出衰败迹象。1885年岩崎去世，享年不及50岁，但这对公司而言是不幸中的万幸。虽然他的亲信助手们信誓旦旦要高举他所铺设的体制，全力维护家族头领的绝对权威，但在他去世之后不久，他们立即进行改组并重建了日本最强大、最专业化、最具有自主权的管理集团。原有的家族成员依旧享有极大的尊重，但他们被完全排除在管理集团之外。随后，三菱公司的兴起和发展之旅才真正起航。

通用汽车：反向测试

20世纪20年代初期，当福特致力于证明企业不需要管理者时，通用汽车公司（GM）新任命的总裁小阿尔弗雷德·斯隆开始了他的相反理论的测试。那时的通用汽车公司几乎被福特汽车公司的巨大影响力挤压得屈居第二，奄奄一息。当时的通用汽车公司是由一些无法与福特汽车公司竞争的小型汽车公司组合而成的，没有一辆通用汽车能在市场上赢过福特汽车，没有经销商组织，甚至没有财务实力。先前每家公司所有者都拥有自主权，这实际上意味着每个企业所有者都按照各自的想法在自己的封地上，以不恰当的管理方式自主经营。但当斯隆对"通用汽车公司的企业模式和组织结构应该如何"㊀这个问题进行深入思考之后，他把那些散漫无纪律的分封王们改造成为一支管理团队。在五年内，通用汽车公司便发展成为美国汽车产业的领导者，并持续领先至今。

20年后，亨利·福特的孙子又用斯隆的假设做了一次测试，而那时的

㊀ 论及斯隆，可参见我的著作《为成果而管理》（*Managing for Results*）以及斯隆写于1964年的著作《我在通用汽车的岁月》。

福特汽车公司几近破产。20 年代初积攒下来的 10 亿美元现金资产因为填补每年的亏损都已花光了。年轻的福特二世在 1946 年接管公司之后，立即着手遵循 20 年前斯隆的模式对公司进行改造。他制定管理结构，创建管理团队。在五年内，福特汽车公司在国内外市场重获发展和盈利的能力。它成了通用汽车公司的主要竞争者，甚至在迅速发展的欧洲汽车市场上赶超通用汽车公司的市场份额。

福特故事的教训

福特的故事带给人们的教训是：管理者与管理层是企业的特定需要，是企业的特定器官，是企业的基本结构。我们可以断言：没有管理者，企业难能作为。人们不能狡辩说：管理层不过是企业主"授权"执行他的工作罢了。企业需要管理层不仅仅是因为工作量太大，企业主一人难以完成，更是因为管理企业在本质上有别于管理个人财物。

福特、西门子与岩崎都未能看到企业对管理者与管理层的需要，因为他们只相信教科书上所教导的：所有大型而复杂的企业原本都是由个体小商铺"进化"而成的。当然，福特、西门子与岩崎都是从小公司经营开始的，但公司成长所带来的变化不只是体现在规模上。当公司发展到一定程度，量变就会导致质变；到一定程度，企业主就不是在经营"自己的业务"，而是变化成为一家"企业"，即变成具有不同结构、遵循不同原则的组织。换言之，就是一个要求具备管理者与管理层的组织了。

从法律的角度来看，管理层依然是企业主"授权"的管理者。但逐渐进化到现在的实际情形是：管理层优先于企业主，并在地位上高于企业主，至少在大型企业中已成事实。即便是完全拥有企业所有权的企业主也必须依赖合适的管理层。如果企业主不允许管理层为他管理企业所有权，这在法律上不受限制，即便是他的所有权不被剥夺，但他的权力也会在实际上被缩减。

我们可以想象，当格奥尔格·西门子面对他的年轻堂侄并要求他们在接受管理层与放弃控制权之间做出抉择时，他脑海中一定浮现出了这些事。作为一种法律学说——虽然还只是新生的，而不是已明确形成的——它也许是在美国首先形成的。在 20 世纪 50 年代早期，美国空军同霍华德·休斯（Howard Hughes）和休斯飞机公司进行谈判。休斯拥有该公司的全部股权和财产，他拒绝让专业管理人员管理该公司，而坚持由他自己来管理，正如 30 年以前福特自己经营福特汽车公司那样。于是，休斯飞机公司的主要顾客——美国空军就给休斯一份最后通牒：要么你把你的股权交给一个信托基金并让专业的管理当局来接管，要么我们使你的公司破产并迫使你完全离开。

下一个案例也与霍华德·休斯有关。据说，休斯是美国主要航空公司即环球航空公司（TWA）的完全所有权拥有者，他曾利用 TWA 让利于他名下的其他公司。对企业主来说，这是完全合法的行为，他有权随意支配他的财产。但 TWA 的管理层起诉休斯，并索赔 1.5 亿美元的损失费。休斯在两次下级法院的诉讼中都败诉了，但在 1973 年最高法院（SCOTUS）的审理中最终因一个技术性细节险胜。最高法院认为，这起诉讼应该归属美国民用航空局（CAB）处理，普通法院并无此司法权。但至少在大型企业中，企业主也需要尽管理者的责任，这一原则未受争议。

同样地，当德国的银行于 20 世纪 60 年代纷纷出面救助克虏伯家族时，这一原则又一次得以应用。该公司的所有权完全由克虏伯家族拥有，但银行显然认为克虏伯家族将公司视作财产的行为很不合适。早在 70 年前，西门子曾竭力维护其家族利益时，涉及克虏伯公司平复事件的德国银行就已经迫使克虏伯家族完全放弃公司所有权和控制权了。

从"基因学"的角度来看：管理层并不是从小业主管理的公司进化而来的，也不是小企业成长的结果。管理层的初始设计意图就是为大而复杂的企业服务。

覆盖广袤土地的庞大的美国铁路系统曾全力试图克服交错的任务带来的困难，其中包括建造铁路路基的工程任务，筹集巨大资本的经济任务，以及获取路政特许权、土地征用权以及津贴援助等政治关系的协调任务等。因而美国铁路产业堪称第一家"有管理"企业。确实，在美国内战后不久，为建设美国首条长途横贯大陆的铁路而设计的管理结构至今几乎没有变化。几乎在同一时期的欧洲大陆上，管理层是为最初创办的全国性银行（而非地方性银行）而设计的管理制度。⊖而在遥远的日本，明治时期的财阀的创建者们，诸如三井、住友、岩崎以及三菱公司的继承者们，都以全新的形式应用传统的日本方法，这也为庞大而复杂的企业设计了管理制度。

直到三四十年后，管理的概念才逐步在企业的成长中普及开来，并应用到企业的实践中去。前文已经论及，1897 年，格奥尔格·西门子如何以他的堂侄们急需资金为条件，迫使其家族接受管理结构的设置与管理层的设立。几乎是在同一时期，安德鲁·卡内基和约翰·洛克菲勒分别在钢铁工业和石油工业中引进了管理制度。稍晚一点便是皮埃尔·杜邦，他对杜邦家族企业进行重组，引进了管理制度，从而促进了该公司的发展，并保住了杜邦家族的控制权。⊜杜邦在 1915～1920 年期间为其家族公司所创建的管理结构，几年后成了通用汽车公司"专业管理"的理论基础。正是那个时期，杜邦购得了几近破产、摇摇欲坠的通用汽车公司集团的控制权，并且聘请斯隆担任总裁。

英国工业之"管理滞后"

有一件事，虽然尚未得到证实，但有很大的可能性：19 世纪末大英帝

⊖ 这一点可详见第 49 章所论及的格奥尔格·西门子与德意志银行的故事。

⊜ 关于皮埃尔·杜邦的故事可参见小阿尔弗雷德·钱德勒与斯蒂芬·索尔兹伯里合著的《杜邦及其现代公司的创建》(*Pierre S. du Pont and the Making of the Modern Corporation*, Harper & Row, 1971)，亦可参见钱德勒的《策略与结构》(*Strategy and Structure*, MIT Press, 1962)。

国从世界经济领先地位走向衰败的首要原因并非"技术滞后",而是"管理滞后",即大英帝国未能成功地把那些成长为大型复杂企业的公司重新组建到真正的管理根基之上。

不愿调整企业结构的英国人选择了委曲求全。企业"董事会"不再是监督机关,但也不是真正的管理层,而是两者的混合。结果就是管理者的角色、职能以及权威无法得以确立。要了解其中差异,我们只需把英国帝国化工的发展报告与小阿尔弗雷德·钱德勒所做的杜邦公司的研究报告比较一下,即可见一斑;⊖1870年大英帝国位居世界第一,20年后便"落马归田"了。直到1926年,当英国所有的大型化工产业合并成为"帝国化工集团"(ICI)时,首届"董事会"才成为企业最高管理机构,其成员都是早期公司的创办家族代表,他们富有,但很不专业,董事会内部及其下属部门也没有清晰的结构。此前不久,德国法本化工集团(I. G. Farben)的创建情形也很相似。但从一开始,德国人就把财务、家族以及威望等问题排除于管理结构之外,甩给那些非管理性质的监事会。只有少数创建公司的家族成员进入管理层的执行董事会。但他们担任专业管理者,拥有特定的职务、职能与权力,在一个多数人并没有家族头衔或企业主背景的专业管理者团队中,他们与其他人平起平坐。

管理层的"相位变化"

一家企业从"企业主在助手帮助下经营"转向"要求建立企业管理层",就是物理学家们所说的"相位变化",尤如物质从液态变成固态。这是从一

⊖ 参见 W. J. 里德的《帝国化工产业史》(卷 I:1874–1926)(*Imperial Chemical Industries: A History,* vol. One 1874-1926, Oxford University Press, 1970)。

种物质到另一种物质的飞跃，从一种基本结构变成另一种基本结构。斯隆的案例显示，这种变化能够在同一个组织内部达成。但斯隆对通用汽车公司的重组也说明了一个道理：只有在基本概念、基本原理以及个人愿景能够实现极端转变的情况下，这种"相位变化"才能实现。

我们可以把老福特尝试运作的企业与斯隆设计的企业加以比较，分别视为两种不同的生物：老福特的企业好比昆虫，由一层坚硬的外壳包裹；而斯隆的企业好比拥有骨骼的脊椎动物。英国生物学家达奇·汤普森的研究表明：由硬壳覆盖的昆虫只能进化到一定大小与复杂程度。除此之外，陆地动物必须有骨架。但从基因学的角度来看，骨架并不是从昆虫的硬壳进化而来的，骨架是不同的器官，拥有不同的先祖。同样道理，当企业达到一定规模与复杂性时，管理层便是必要的。即便管理层取代了"老板企业家"这层"硬壳"结构，管理层依旧不是企业主的继承者，而只是替代者。

企业何时能够实现从"硬壳"到"骨架"的相位变化呢？⊖界限大约是在企业员工数目在300～1000人的规模时。或许，更重要的是复杂程度日益增加。当各种各样的任务必须在合作、同步以及交流中执行时，企业就愈加需要管理者与管理层。否则事情就会失控，计划就会落空。更加糟糕的是，计划的不同部分就会以不同的速度，在不同的时间，向着不同的目标与方向发展，讨好"老板"，甚至比整个企业绩效还要重要。在这种情形下，产品或许依旧优异；员工依旧有能力，也很专注奉献；老板或许依旧表现出一如既往的能力非凡，个人权力如日中天；当整个企业开始深陷于搁浅挣扎、停滞不前的困境之中，如果不及时改变管理者与管理结构的"骨架"，恐怕不久就会大幅度衰败，乃至无回天之力。

⊖ 这个问题的讨论可详见第53章、第54章。

就像年轻的西门子、岩崎那样，亨利·福特就是不想要管理者。但这样拒绝管理者的唯一结果就是：他们严重误导了管理者，为他们设定了错误的职务，制造彼此猜疑与无奈的气氛，使公司深陷"无组织"状态，而且打压、摧折管理人员等。所以，管理者在这些领域中唯一能够把握的选择是把工作做好与否。只是工作本身无法逃避。这些工作做得好坏在很大程度上决定企业究竟会生存兴盛，还是衰亡倒闭。

5

第五部分

管理者的工作与职务

MANAGEMENT
TASKS, RESPONSIBILITIES, PRACTICES

管理者之所以成为管理者，是因为他有责任为企业的成果做贡献，而不是因为他为其他人的工作负责任。管理者要为自己的工作负责任，管理者有独特的"工作"以及独特的"管理职务"。管理者使用独特的管理方法：通过目标以及自我控制。当人们从"中层管理"转向"知识组织"时，人们也会对管理者提出新的要求。最后，管理者也必须"被管理"，以激发他们的绩效精神。

第 30 章 | CHAPTER 30

何谓管理者

传统定义及其不足之处——管理者与管理层的成员——"管理者"的新定义：以职能而非以权力来界定管理者——专业人士与管理者——专业人士的头衔、职能以及报酬

传统定义及其不足之处

管理者应该具备什么样的特质？如何定义管理者？

我们至少可以说："管理者"和"管理"这些词本身很难懂，很难翻译成其他任何语言。它们在英式英语中的意义也有别于美式英语中的意义，甚至在美式英语中，这些词的意思也极不明晰。

在德语、法语、西班牙语、意大利语以及俄语中，人们很难找到与英语"manager"意义相匹配的词。因此在这些语言中，这个词的应用与在美式

英语中一样，意思模糊不清，表达很难确切。当人们被问及何为"管理者"时，大多数人都会回答："老板。"然而，当人们看见机场擦皮鞋摊的标牌上写着"管理者：约翰·史密斯"时，至少在美国，大家都知道这标牌上的人——史密斯先生并不是一位"老板"，也不是"所有者"，而是一位比擦皮鞋工人多拥有点自主权和工资的普通人而已。

在早期的管理史中，"管理者"被定义为"为他人的工作负责的人"。这个定义在当时具有很强的目的性：它把"管理者"的职能与"企业主"的职能区别开来。这个定义明确了"管理"是一种独特的，可以被分析、研究的工作，是一种可以被系统化改良的工作。这个定义的重点是针对那些新兴的、大型的、以执行社会经济任务为主的永久组织。

然而，这个定义根本无法令人信服。实际上，它从未令人满意过。从一开始，企业中就有人经常处于需要负责任的位置上，他们很明确就是身居"管理层"，却不进行"管理"，即他们并不为其他人的工作负责。公司的财务主管，就是负责企业资金的供给与使用的人，他们或许也有下属，按照传统的定义，他也可以被视为"管理者"。然而，很清楚，财务主管本身必须独立完成大部分财务工作。他必须与公司的资金提供人以及金融界打交道等。他必须独当一面，是个地道的"独立贡献者"。虽然他不是一位"管理者"，但他是高管层的成员。

再者，这个定义的重点在于强调实现任务的工具上，而不是任务本身。公司中负责市场调研的人通常会有许多人向他汇报信息，因而从传统的定义上说，他也是管理者。然而，无论他有多少员工，甚至根本没有下属，这对他的职能与贡献毫无影响。没有任何下属的市场调研员与市场分析师也能够做同样的贡献，当他不必被迫花费大量时间与下属处好关系、指导他们的工作时，他做出的贡献或许会更大。因此在企业中，他促进市场调研的成效更佳；在管理层，他更容易被他的同事理解接纳；在做公司的基本业务决策时更加笃定；在界定"我们的企业是什么以及它应该是什么"时更加明确。

如果按照传统来定义，"管理者"即"为他人的工作负责的人"，那么我们应该称那些负责市场调研的人为"市场调研人员的经理"；而事实上正好相反，我们经常称他为"市场调研经理"。这种常见的说法很直观地解释了管理职位的责任是什么、应该是什么，以及应该如何衡量管理者的绩效。

传统的定义越来越不适用于今日，而且已经沦为获得管理成效、组织成效和卓越绩效的绊脚石。

在任何组织中，尤其是在今天的企业中，增长最快的群体是管理层，即那些必须为企业的贡献与成果负责的人。㊀但显而易见的是，他们不是"管理者"，照一般的说法，他们不是"老板"，他们也无须对其他人的工作负有责任。今天，企业中增长最快的群体是各种各样的"个人专业贡献者"，虽然他们独立工作（或许有一位助理或秘书），但他们在公司的财富创造能力、企业目标以及企业绩效等诸多方面产生重要的影响。

这些人并不只是从事技术研究的工作，但这些人的确是先从技术研究发迹而后发展成为独特群体的。实验室中资深化验师责任重大，而且要做重大决策，他们中的许多人所做的贡献以及所产生的影响不可逆转。然而，那些为企业组织结构与管理职务设计绞尽脑汁、出谋献策的人，无论他的头衔是组织规划师还是管理开发部主任，他的重要性是毋庸置疑的。无独有偶，那些决定企业成本界定与分配的资深成本会计师也是如此。实际上，通过衡量管理绩效就能大体决定产品是继续生产还是抛弃。还有属于同一级别的其他员工，诸如公司产品质量标准开发与维护的负责人，公司产品的市场流通负责人，公司产品的广告策划、促销策略、媒体应用以及广告成效评估的负责人等。

㊀ 这一点论述可详见第35章。

个人专业贡献者在组织结构中表现出来的问题，当然对他自己也是一个问题，在很大程度上说，"管理者"的传统定义应对此负有责任。这些独立而专业的贡献者的头衔、报酬、职能、晋升机会都很混乱、模糊不清，这是导致不满与摩擦的主要原因。但无论境遇如何，这些个人专业贡献者的数量正在日益快速增长。

因此在管理群体内部派任员工时，要讲究更大的弹性，以方便不同的任务小组、工作团队，以及不适合传统的"直线集权型组织"管理观念的其他组织单位，即老板一人高高在上，其他人都是其下属的那种组织管理模式。⊖

传统意义上的管理者必须有能力适应他们不再担任"高层人员"的环境，实际上，在一个团队或任务小组中，他们能转变成为非管理者的"新员工"。相反，在传统定义中，那些没有管理职能与头衔的职业专业人士必须担任团队的领导者或任务小组的负责人。传统定义把管理者和非管理者加以严格区分，将会越来越不适应企业的良性发展，甚至终成企业发展的障碍。

"管理者"的新定义

今天，必要且当务之急是要对"管理者"的定义进行细致反思，并就"谁应该被视为管理层"的问题进行深入思考。

20世纪50年代初，有人首次尝试解决这个问题，认为应在原有的"个人专业贡献者"的定义上充实新的意义，并将"个人专业贡献者"作为"平行的职业路径"加入"管理者"的新定义中。⊜这个定义使得管理作为一门"专业"工作而获得相应报酬成为可能，而不必等到一个人晋升到"管理者"

⊖ 论及管理团队的组织设计，可详见第45章。
⊜ 这方面努力的先驱人物当属通用汽车公司，尤其是其高管部门的前副总裁哈罗德·斯密迪，他意识到这个问题的核心重要性，因而首次尝试解决它。

职务（意味着"为其他人的工作负责的职位"）时，才获得较高的报酬。

然而，这样的句式阐述并不能完全解决问题。采纳该定义的企业称其"个人专业贡献者"的不满只比先前稍有减少。他们仍坚信，真正的晋升机会仍然只存在于（或者至少是主要存在于）行政机构内部；因而一个人只有成为"老板"，才有可能"出人头地"。最重要的是，传统定义把管理界分成两个群体，这种分法意味着那些埋头苦干各自工作的员工，他们的"地位"比那些为别人的工作负责的人"卑微"得多。这种定义所强调的依旧是"权力"与"权威"，而不是"责任"与"贡献"。

在美国以外的其他国家中，这个问题可能更加糟糕。在日本，根本就没有个人专业贡献者的职位晋升机会。论资排辈的传统迫使每个日本人年老时都会成为行政管理人员，但其结果是最能干的新闻记者被迫中止写作，最能干的科学家被迫停止研究工作而成为"研究工作的管理者"……

任何不以传统定义为出发点而是以工作本身为出发点的分析，都会得出如下结论：传统的定义是把管理者视为"对其他人的工作负责的人"，这个定义所强调的是管理者的次要特征，而非首要特质。

在下一章中，我们将会看见有人把管理者的工作界定为规划、组织、整合以及评估。但专业人士，比如独立工作的市场调研员，或资深的成本会计师，他们也必须做规划、组织，以及评估各自的成果是否有悖于设定的目标与预期。他们也必须在组织中把自己的工作与其他人的工作整合到一起，以及把各自的工作与所属单位的工作整合到一起。重要的是，如果他们要有工作成果，那么他们必须进行"横向"整合，即他们的工作必须与其他相关领域及其职能整合到一起。

同样，"管理者"还必须"向下"整合，即与下属的工作进行整合，这也是传统定义所强调的。如果管理者想要有成果，最重要的关系领域是其内部单位的工作整合，以及横向的跨部门整合，即与那些他并没有任何权限管理的人整合。

工厂或办公室的一线监督员的职务性质就是管理他的下属，对这个级别的监督员来说，"向上关系"或"横向关系"是次要的。但人们通常没有把一线监督员视为"管理者"。当人们把他们视为"管理层的成员"时，那就暗示着他们应该是"管理者"；但实际上他们并不是，或者只是沾点"管理"的边而已。当然，其原因在于：工厂或办公室的一线监督员，他们一般情况下无须为贡献与成果承担太多责任。他们只需要执行别人为他设定的目标——在典型的大批量生产工厂中，他们所能够做到的，应该做到的工作也就是这些。这使得一线监督员的工作变得模糊不清，而且困难重重（见第 21 章）。尽管他们的职务比那些在层级制度中位高权重的人更符合传统对"管理者"的定义，但人们还是不愿意把他们称为"管理者"。这一事实表明，传统的定义强调的是"次要特征"而非"主要特质"。

所以，我们似乎可以合适地强调，在组织内部，识别谁拥有管理责任的首要标准，并不是"谁有权力下命令"，而是"谁对贡献负有责任"。具有独特意识的评判标准与组织原则不是"权力"，而是"职能"。

但人们应该如何称呼这些人呢？许多组织尝试给他们新的定义，或者在旧词汇的基础上给予新的解释。⊖或许，最好的方法是不再发明新词，而是按照大家习惯的用法就叫"管理团队"。在这样的管理团队中，有些人的职能包括传统的管理职能，必须为其他人的工作负责任。一些人被委派从事其他特定工作，则无须为他人的工作负责。还有一些人是第三群体，他们的工作处于中间的模糊区域，有些是团队领袖，有些是专项工作队长，也有些处于某些特定领域中，既有高管顾问的职能，又扮演企业"道德良心"的角

⊖ 在我的《卓有成效的管理者》(*The Effective Executive*) 一书中，建议把这些人称为"主管"（executives），因为"主管"这个词既有传统的"管理者"的意思，又能体现出为他们的工作成果与目标贡献的"非专业管理者"身份，人们期待他们能在整个企业绩效和财富创造方面发挥更大潜力。

色,还在特定领域中对员工负有监督和行政责任。这显然不是一个良好的解决方案,更谈不上完美了。在每个组织中,有些人是真正的专家,虽然他们不是普通员工,但他们也不会把自己高看为"高管成员"。他们想要保持专家的身份,并不在乎自己属于哪个部分。他们对各自的技术与专业技能忠贞不二,而不是对组织忠诚。在人事部门中,心理学家视自己为专家,他们是全世界学术专业协会的成员,而不是某个企业的"主管",甚至不是某个大学的教员。电脑专家也是如此。

正好相反,在美国以外的许多文化传统中,有些人完全接受他们应该为各自的贡献负责任,尽管他们或许会为其他人的工作负责任,但他们不是管理者,也不是管理层的成员。举个例子来说,德语中"meister",意为"大师",指那些具有很高技能的工作者,在他们各自的工艺领域都属于顶尖高手。他们在各自的工艺领域中已经是名副其实的"老板",但他们并没有把自己视为"管理者",而是把自己视为"技术工作者"。在许多方面,他们就像军队中未授衔的士官,比如一些长期服役的资深军士长,在所属领域(例如补给),他们堪称真正的"上司",但他们永远不可能成为一名军官,也没有这种愿望。按照职能与责任来确定管理团队,虽然有点模糊不清,但它有益于我们制定出管理者与专业人士之间的关系。

专业人士的职业发展

专业人士,尤其是专家,需要配置"管理者"。专业人士的主要问题是:他们需要把自己所属领域的知识与专业技术和整个组织的绩效与成果紧密结合起来。因此,专业人士经常遇到沟通的问题。除非专业人士的"输出"能够成为其他人的"输入",否则他们的工作不能算是有成效。如果专业人士输出的是理念与信息,那么这就要求他们所说所做的能被人理解接受。然而，因为工作任务的性质不同，专业人士会习惯性地使用独特的术语。实际上，在许多情况下，这些术语也是他们唯一能够熟练使用的语言。管理者的工作让这些专业人士意识到：除非他被人了解，否则他的专才难有成效；除非他尝试寻找"顾客"（即组织内的其他人，通常也是其他领域的专家）的需求、设想以及有限性，否则别人无法领会。管理者的工作就是把组织的目标转化成为专家的语言，把专家的"输出"转化成为目标用户的语言。换言之，专业人士依靠管理者把他们输出的专业知识与其他人的工作整合到一起。

话说回来，虽然专业人士需要仰赖管理者才能有成效，但管理者不是他们的"老板"。管理者是他们的"向导""工具""营销上的左膀右臂"。管理者是个"渠道"，借此渠道，专业人士，尤其是那些真正的专家，能够直接把他们的知识、工作以及能力转化成为成果；借此渠道，专业人士可以了解所属企业的需求、能力以及机会。

实际上，真正的专业人士一定是，也应该是他们的管理者的"上级"。他们的身份必须是"教师"与"教育者"。专业人士的职责在于教导培养管理层，提升管理层的视野，向管理层展示新的机遇、新的希望，以及树立新的要求与更高的标准。在此意义上说，每个专业人士在与管理者的关系中（尤其是在组织内部）都应该成为资深专家。如果他们不能在其专业知识与技术领域为领导阶层承担责任，那么他们就不能称为真正的专业人士，他们顶多只配称为次级"技工"。

专业人士的头衔、职能以及报酬

虽然管理者与专业人士的头衔、职能以及报酬等棘手问题并未完全得到解决，但我们可以采用一些实质性的措施来减轻对他们的误导与困扰。

从传统的角度来说，组织内只有一条晋升路线：成为一名管理者意味着一个人可以获得更高的报酬与更高的地位。结果，许多值得表扬与奖励的人反倒得不到相应的报酬。或者，为了给予表扬与奖励，许多既不想担任管理要职，又没有能力担任的人，反而被推到管理层的位置上来。

这种制度已经不合适今天的组织现实，更不适用于今天的企业。人们在获得晋升时，他们应该有权力自由地转换工作。因此，我们应该在组织内部建立一套能够清晰区分员工的职能与组织内部级别的职位与头衔系统。

在军队中，级别与职能的区分一直是墨守成规的。一个人是少校军衔，这就决定了他的级别。但军衔并不能告诉我们他是负责指挥一个营——即一名管理者——还是五角大楼里的研究员——即一名独立工作的专业贡献者。他的级别是少校，但真正能够说明他的工作的还是他的职能头衔，比如营长或通信专家等。

比较合理的做法是把管理团队的所有成员都称为"主管"，一个组织设立四个级别：初级主管、主管、资深主管、公司主管。这样，我们就有了可以区分管理职位与非管理职位的级别系统。当我们描述一个人的地位时就可以把级别和职能区别开来，无论他们是热处理方面的资深工程师，还是成本控制方面的管理者。这个系统比试图建立"平行阶梯"的系统更可能获得成功。

传统对管理者的定义还暗示着管理者是"上级"，他必须比其下属获得的报酬高，因为下属是他的"下级"。这种说法对那些从事装配线与行政事务工作的人来说，还可以理解；对那些尚未成为专业人士和那些并不被期望去承担工作目标与贡献的责任的初级知识工作者来说，也能说得过去。但对那些真正的专业人士——就是在企业的专业领域中已经成为"标兵"和"领导者"的人而言，就着实不合情理了。对这些人，我们应该遵循表演艺术家或运动健将的规格来加以尊重礼遇。

明星棒球运动员比他的教练甚至比团队经理赚的钱多，这点没人会觉得奇怪。歌剧首席女高音的一次出场费要比歌剧院经理一年所挣的钱还多，这也不足为奇。每个人都知道，顶级运动员或顶尖歌手都需要配置管理者，但他们的贡献各自不同，报酬也不同。贡献的大小决定报酬的多少。这样做的结果是，从组织关系上看，"下级"收到的报酬往往多于他们的"上级"，即"管理者"。

这一点在企业界也能找到例证。在20世纪20年代，当杜邦与斯隆首次尝试整顿通用汽车公司时，他们把各个营业部门主管的薪资定得与企业总裁杜邦一样高。但身为营业部门副总裁的斯隆却自告奋勇地要求自己的薪资低于营业部门主管的薪资。当然，在由专业人士或专家组成的单位中，单位经理的薪资会高于其他大多数成员；但在这个单位有一两个"明星级"成员的薪资高于单位经理，这种情况不应该被视为异常，也没人会觉得不满。同样的道理也适用于销售人员，"明星"销售员的报酬预期应该高于区域销售经理。同样的道理还适用于研究实验室以及其他任何依赖个人的技术、努力与知识的领域。

在管理团队中，管理者也是团队成员，他们的报酬应该与专业人士的要求标准保持一致。管理者与其他专业人士的唯一区别在于各自的责任与绩效。一位拥有50名下属的市场调研经理与一位没有任何下属的市场调研经理，二者之间的区别在于"方法"不同，而不是"贡献"差异，更不是"职能"的差异。企业对此二者的要求应该一视同仁，他们都是"管理者"，也都身处"管理层"。

第31章 | CHAPTER 31

管理者及其工作

> 管理者如何做他的工作——管理者的工作——信息：管理者的工具——用好自己的时间——管理者的资源：人——一个要求：正直品格

要成为一名管理者，需要的远不止头衔、大办公室以及其他外在的等级符号，需要的是高层次的能力与绩效。但难道只有天才才能胜任管理者的职位吗？管理者靠的是直觉还是方法？管理者如何工作呢？

管理者有两项特定任务。第一项任务是创造一个大于各个部分总和的真正整体，即创造一个能够超过所有资源总和的富有成效的实体。管理者就好比一支庞大的交响乐队的指挥，通过乐队指挥的努力、想象力和领导力把独立的乐器演奏整合成为浑然天成的音乐盛宴。指挥者虽有作曲者的乐曲总谱，但指挥者仅仅是这个乐曲的诠释者；而管理者既是作曲者，又是指挥者。

这项任务要求管理者把所有资源的长处发挥得淋漓尽致，最重要的是，在人力资源方面，讲究消除所有资源的弱点。这是这个真正整体能够被创造出来的唯一方法。

这项任务要求管理者能够有效地平衡企业的主要职能并使之和谐一致。这些主要职能有：管理企业、管理工作者与工作、管理企业与所在社区与社会的关系。如果一个决策或一个行动只满足这些职能中的一种，而削弱了其他职能，那么这样的决策或行动就会削弱企业的整体绩效。因此，任何决策或行动必须同时兼顾以上三个领域。

为了完成创造一个真正的整体的任务，管理者必须在他的每个行动中同时考虑整个企业的绩效与成果，确保各种活动取得同步绩效。或许，在这一点上以交响乐指挥来做比喻最为贴切：指挥者必须听清整体的管弦演奏，同时还要留意各乐器（如双簧管）的声音。与此同理，管理者必须既要考虑企业的整个绩效，又要关注必要的市场调研活动，通过提升企业的整体绩效来为市场研究创造新的领域和挑战，通过改善市场调研的绩效来促进企业取得更好的整体成果。管理者必须同时思考两个具有双关意义的问题：一是企业需要什么样的更好绩效，以及需要进行哪些活动才能达到更好绩效？二是各项活动有能力达到怎样的更好绩效，以及它们的行动能够带来怎样的企业成果？

管理者的第二项特定任务是：在每个决策与行动中，都要确保"即时"与"长期需要"的一致性。无论是牺牲"即时需要"还是"长期需要"，都可能危及企业的生存发展（参见第4章与第10章）。可以说管理者既要"低头拉车"，又要"抬头看路"——这是很了不起的杂技表演。或者用个隐喻来说，管理者既不可以说"船到桥头自然直"，也不可以说"那是未来一百年的事"。管理者不仅需要为未来过桥做好准备，而且必须赶在需要过桥前把桥建好。如果管理者根本不在乎未来的一百天，那么他就不可能有未来的一百年，甚至未来五年也不会有。无论管理者做什么事业，他都应该兼顾眼前的权宜之计与基本的长远目标和原则。当管理者无力同时保持"即时需要"与"长期需要"这两个维度时，至少他必须做到二者的适度平衡。管理者必须仔细估量，为了确保企业的眼前利益，需要牺牲企业的多少长远利益，为了企业未来发展，需要牺牲多少眼前利益。管理者必须尽可能地避免牺牲任何一方，同时尽可能地修复造成的损失。管理者生存、行动于这两个时间维度中，他为企业的整体绩效负责，也为个人的职务负责。

管理者的工作

大多数管理者把绝大部分时间花费在"非管理的事务"上。销售经理做大量的统计分析或安抚重要客户；领班修理工具或填写生产报告；制造部经理设计布置新工厂或检测新材料；公司总裁忙于查看银行贷款的细节或协商大的合同事宜，或者花几个小时主持晚宴表彰资深员工。所有这些事务都应该从属于一个特定职能，这些事务都是必要的，而且必须处理得当。

对每个管理者来说，无论他的功能与行动是什么，也不管他的级别与地位如何，他总会做些与其工作无关的事。对所有管理者而言，总会有些工作是共同的，有些是独特的。我们可以把科学管理的系统分析法应用于管理者工作的分析上，以便区分管理者的特定职责，并把管理者的工作划分到各个运作单位。这样，管理者就能够通过改善这些运作单位的活动绩效来提高整体绩效。

管理者的工作有如下五个基本操作步骤，这五个基本操作步骤相互结合，把资源整合成为富有生命活力的有机体。

第一是设定目标。管理者决定哪些目标是应该有的，决定每个目标领域所应该有的目的，以及决定如何做才能实现这些目标。管理者需要与实行这些绩效的员工一起商讨如何有效地达成目标。

第二是组织工作。管理者必须对所需的活动、决策与关系做详细分析。管理者需要对工作进行分级分类,把工作分成可管理的活动,然后再进一步把这些活动分成可管理的职务。管理者需要把这些工作活动单位与职务汇聚到一个组织结构中,并且选择合适的人担任职务并管理这些单位。

第三是激励与沟通。管理者必须把负责各种不同职务的人组建成为一个团队。具体的做法是:通过日常的工作实践,通过与他的同工建立关系,通过有关报酬、安置与晋升等相关的"人事决定",以及通过同其下属、上级与同级之间持续的沟通等。

第四是有效评估。管理者需要建立合适的评估标准——很少有比个人绩效以及组织绩效更重要的因素了。管理者应该认识到,每个员工都按照相应的评估标准进行,这样有益于促进员工们关注组织的整体绩效,同时也会关注员工本人的工作,并帮助他做好。管理者必须对绩效进行分析、评价与解释。就像在其工作的其他领域那样,他得向他的下属、上级以及同级员工汇报这些评估的意义和成果。

第五是培养人才,包括他自己。

这五个基本工作范畴还可分成更细的子范畴,每个子范畴皆可独立专著加以论述。另外,这五个基本工作范畴都要求不同的品质与资格。

设定目标很讲究"平衡",比如说:企业成果与个人信任的原则认知之间的平衡,企业的即时需要与未来需要之间的平衡,渴望的结果与有效的方法之间的平衡等。很清楚,目标设定需要分析能力与综合能力。

组织工作同样要求分析能力,因为它要求以最为经济的方式使用好稀有资源。组织工作是关乎人的工作,因而必须固守正义原则,持守正直之心。对人才发展而言,分析能力与正直原则是同等重要的。

激励与沟通所需的技巧主要体现在社交上。激励与沟通需要的不是分析能力，而是整合能力与综合能力。正义是主要原则，经济是次要原则。在激励与沟通的工作中，正直原则比分析能力要重要得多。

评估工作最重要的要求是分析能力。但评估也要求用以促进人的自我控制，而不是滥用自上而下的、针对他人的管控，更不是用来主宰他人。今天的管理者的工作中最薄弱的领域正是评估，因为许多人违背这条原则。只要评估被滥用成为管控他人的工具，那么评估就会沦为管理者绩效的软肋（参见第39章）。比如说，当评估被滥用成为内部秘密警察的武器，并且用来稽核与评判管理者的绩效时，秘密报告就会直呈给老板，而管理者本人一无所知。

设定目标、组织工作、激励与沟通、评估以及人才培养，都是按部就班、类别清晰的工作描述。只有管理者的经验才能赋予其富有意义的真正生命力。然而，正因为这些范畴都非常中规中矩，所以它们适用于每个管理者以及管理者所做的每一件事情。管理者们都使用它们来评估自身技能与绩效，借此系统地提升自己作为管理者的绩效。

设定目标的能力并不足以让人成为管理者，就好比一个人能够在有限空间中打个小结并不意味着他就能够成为外科医生。但没有能力设定目标的人一定不能成为合格的管理者，正如一个在有限空间中打不出小结的人，很难成为合格的外科医生。一名外科医生想要变得更加优秀，他就必须不断提高自己的打结技能；同样道理，一位管理者想要变得更加优秀，他就要不断改善自己所有工作范畴的技能与绩效。

管理者的资源：人

管理者工作中的独特资源是"人"。人是独特资源，任何需要以人作为工作资源者，都需要具备一定的特质。

"用人"意味着"培养人"。培养人才的方向决定了人——既是人，又是资源——是否能够成为充满活力的生产力，或终将丧失生产力。这件事怎么强调都不过分，不仅对被管理者重要，对管理者自己同样重要。管理者是否遵循正确的方向来培养下属，是否帮助他们成长，并且帮助他们成长为更强大、更丰富的人，这将直接决定管理者自身的发展，或茁壮成长，或枯萎凋谢，或更丰富，或更贫乏，或变得更好，或变得更坏。

在管理人的过程中，人们能够学习到某些技能，比如主持会议与组织面试的技能。人们能够把有益于培养人才的观念实践出来，比如管理者与下属之间的关系结构、晋升制度以及组织的报酬与奖励机制等。但当该说的说了、该做的做了时，培养人才依然要求管理者具备一个基本品格，这一品格不是从供给技能或强调任务的重要性中创造出来的。这个品格就是管理者所需要的正直品格。

如今，许多人极其注重将"爱护他人""帮助他人""与人和睦相处"作为管理者应具备的资质。只具备这些还远远不够。在每个成功的组织中，总会有"不喜爱他人""不帮助他人""不与人和睦相处"的老板。然而，这些冷漠、令人不愉快，而且苛刻的管理者往往在教导与培养人才方面做出杰出贡献。他所赢得的尊重要比最令人喜爱的人多得多。他对自己及其下属的工作质量要求很高。他设定高标准并期望人们能够达到这样的标准。他是非分明，只对事，不对人。他本人虽然才华横溢，但在评判他人时，比起才华更看重正直的品格。倘若管理者缺少这些品行，那么无论他多么爱护他人、多么乐于助人、多么和蔼可亲、多么聪明能干且才华出众，他也只能算是一种"威胁"，他"达不到做一名管理者和正人君子的标准"。

管理者所做的工作是可以被系统化分析的。管理者必须具备的能力可以通过学习而获得（或许不总是有人教导）。但有一样品德是不能学来的，它是管理者必须具备的、无法从他人那里获得的资质；管理者无须是天才，但求人品。

第 32 章 | CHAPTER 32

管理职务的内容与设计

印度公务部——管理者必须施行管理——管理职务设计中的常见错误——职务设计范畴过于狭窄,使人才没有发展空间——从晋升而非绩效中获取满足感——平衡员工年龄的重要性——虚职"助理"——忙于"开会"与"出差"——头衔代替职能——"寡妇制造者"式职务——职务结构与人的个性:应该是职务适应人,还是人适应职务——"风格"与"实质"——管理关系的幅度——界定管理者的职务——管理者的职权——管理者与其上级、下级、企业之间的关系

从政治的角度来看,英国统治印度的历史是一段充满混乱、毫无决策判断力、迷失方向的历史,归根结底是一段失败的历史。英国之所以能够对印度统治长达 200 年,从某种程度上说,是因为印度的衰弱与不团结。但最重要的是,英国在印度设立了印度事务部(ICS),这是当时英国殖民者维持他

们统治的最高行政职能部门。在其鼎盛时期，即19世纪下半叶，印度公务部的人员编制也从没有超过千人。大多数公务员是英国的年轻人，二十几岁的毛头小伙子，他们在印度极其恶劣的环境中生活工作，疟疾、痢疾是当地的流行病，每年都会爆发的霍乱也常常侵扰他们，因而他们的平均寿命都非常短。

这些年轻人管理辽阔的次大陆，他们中的大多数人被派驻到那些完全与世隔绝的土族人的小乡村，或游走于尘土飞扬的十字路口，长年累月地见不到语言相通的人，也无人同他们交心分忧。只有极少数人能够撑到退休，领取微薄的养老金，回到他们魂牵梦绕的故土——英国。

这些管理英属印度的年轻人大都迟钝而无趣。在经过短暂的学徒式训练之后，他们就被委派前往各地，自主沉浮了。⊖ 这些年轻人都是英国乡村贫穷教士的儿子，在家中难以出人头地，在英国社会中也没有什么地位。到1860年，由于律法与习俗的禁止，这些年轻人不可能像100年前东印度公司的前辈们那样有机会恃强凌弱地掠夺战利品，因而只能靠微薄的薪资度日。

这些并不聪慧、未经训练，而且完全没有人生阅历的年轻人，就这样被派驻到这些地区面积与人口相当于小型欧洲国家的边缘区域。他们还必须在实践工作中独当一面，很少有人指点迷津，也极少有来自上级的监督。当然，其中有一部分不敌压力成了统治过程中的牺牲品，沉迷酒色，或深陷于比任何危险都可怕的惰性，颓废无为。但大多数年轻人恪尽职守，工作做得还不错。在印度漫长而悲惨的历史中，他们第一次为印度人民带来了和平，从饥荒中解脱出来，以及带给他们生命、信仰与财物的保障。他们遵循正义原则施行管理，无私无畏，至少保持了自身诚实与清廉的品格。他们基本上

⊖ 20世纪早年，伦纳德·伍尔夫年轻时曾担任锡兰地区专员，在他1962年出版的自传《成长》（*Growing*）一书中对此有过精彩的描述。

做到了公正、公平地进行征税。虽然他们没有拟定什么政策，而且最终因为没有政策而失败，但他们实施了行政管控，而且管得不错。㊀

这一非凡的行政管控成就，主要基于这些年轻人纯朴的管理原则，中层管理在这长达两百余年间所取得的成就在很大程度上弥补了英国统治印度时出现的高层管理系统失败的问题，实际上也就是高层管理不存在的问题。

这些年轻人被委派承担的职责非常艰巨，而且充满挑战。其中的每一项职责范畴之大，都足以让优秀人才全神贯注地兢兢业业工作许多年。职责是年轻人自己的职责，而不是让他们充当任何人的"助理"。他们身负重任、责任重大，而且可以按照各自认为合宜的方式来组织各自的职务。绩效标准定得高，而且从不妥协。一个基本上未受任何训练的、不经世事的年轻人被寄予厚望去履行完全正义、无私公正的事业，去维持公共秩序，去保护村庄及其道路安全，还要去维护宗教和谐与社会治安。他们不能借助军队的力量来维持他们的管理，动用武力则被视为失败，他们只能通过个人的人格魅力、苦口婆心的劝说以及亲临一线来施行管理。虽然这些年轻人都是"无名英雄"，但他们的组织——"印度公务部"却享有盛名和赞誉，始终如一地持守着高标准与使命感。这一切都蕴含着最高贵的精神。

管理者的职务应该根植于企业必须达成目标的使命感。这种职务应该是真实的职务，如果可能，它对企业的成功应是具体可见的、可衡量的贡献。管理者的职务的范围与权限应该尽可能宽广，而绝不能狭窄。管理者应该接受绩效目标的引导与控制，而不是老板的管控。

管理者的职务所需，应该由实现公司目标所必须执行的活动和必须做的贡献来决定。管理者的职务之所以存在，是因为企业面临的任务要求它存

㊀ 我所知道的描绘英国人在印度的故事中最优秀的作品是菲利普·伍德拉夫写的《统治印度的人们》（*The Men Who Ruled India,* St. Martin's Press, 1954）。作者提出的论点是，英国人失败的根本原因是他们对"哲人之王"的过分信赖，也就是说，英国人相信行政管理足以满足并取代政策、决策、导向。

在，此外并无其他理由。管理者的职务必须有其自己的职权和责任，因为管理者必须施行管理。

管理者的职务必须拥有管理范围和权限大小。因为管理者是对企业做贡献并对企业的最终成果负责的人，所以，管理者的职务应该体现最大的挑战性，负最大的责任，做最大的贡献。

管理职务设计中的常见错误

虽然人们不能找到确保管理职务设计准确无误的"公式"，但一些会削弱组织管理成效的常见错误，应该予以规避，如下六点值得深思。

（1）职务设计范畴过于狭窄，使人才没有发展空间。

任何管理职务可能都是一个人的最终职务，即一个人经常会在一个职务上一直干到退休，这种情形八九不离十。即便是在一个快速发展的组织中，这也是个常规现象，而绝非例外。

高管层的职务数量不可避免地远少于底层职务的数目。在一个既定的组织层面上，每十个人中不会超过两人拥有晋升的机会，其他人就可能一直原地踏步了。通常状况下，这些晋升的人会得到更大的头衔、更高的薪资，但他们所做的事不太可能发生太大变动。

如果管理职务设计得太狭窄，在职者会在很短的几年中掌握所有技能；大多数管理者将会有受挫失意、厌烦无聊的想法，甚至不再认真投入工作。他们的状态就好比"在职退休"。他们拒绝任何形式的变化、任何创新，以及任何新鲜理念，因为对他们而言，一切变化都可能危及他们现有的安逸状态。越是意识到自己不再为企业做贡献，他们的不安全感就越深，此理他们心知肚明。

所以，管理职务的设计应该多考虑到促进一个人长期的成长、学习与发展。通常状况下，管理职务设计得宽大些并无害处，即便出现问题也容易及时加以纠正。然而，管理职务设计过窄却是一个隐患，就像慢性毒药一般，使得管理者乃至整个组织最终麻痹瘫痪。

从晋升而非绩效中获取满足感

所有管理职务都应该被设计得能够让人通过绩效获得满足感。职务本身应该具备挑战与奖励的性质。如果职务的主要满足感来自晋升，那么这个职务本身就已经丧失其重要性与积极意义。因为管理职位上的绝大多数人都无法实现晋升的愿望——这并非组织政治的结果，而是数字概率的判断——所以无论是在薪资结构、绩效认可，还是在管理人才的培养上，紧盯着晋升都是不明智的。重点永远都应该放在职务本身的具体工作上，而不是想着晋升。

实际上，倘若一个组织把快速提拔员工视为对他们辛勤工作的公认报酬，那么没有什么比这更危险的事情了。任何热潮迟早都会有结束，晋升热潮也不例外。而结束时，整个组织都会变得牢骚满腹。那些晋升得快却没有达到高层的人会觉得，那些在他前面的、与他们年龄相仿的人，不过因为早进公司而被晋升到了高层。而另一些刚好在晋升浪潮达到顶峰前进入组织的人，会根据前辈们的晋升路线对未来进行展望，而这样的期望必然会落空。

举一个极端的例子，就是纽约的一些大型商业银行所面临的实际情况。20 世纪 30~40 年代，纽约的商业银行正处于疲软萎缩状态，整个银行业很少雇用年轻人。第二次世界大战后，当银行业重整旗鼓时，银行并购之风盛行，导致银行经理过剩（诸如美国大通银行与曼哈顿银行合并成为大通—曼哈顿银行、花旗银行与纽约第一国民银行合并成为第一花旗银行等）。然而，到了 20 世纪 50 年代早期，那些在 1929 年前进入银行业工作的大量员工，这时都已到了退休年龄，许多银行开始雇用大量年轻人，尤其是刚从一些商学院或大学毕业的小鲜肉们。在七八年内，他们中的许多人都会获得可观的薪资并晋升到很高的职位，比如副总裁和资深副总裁等。换言之，这些年轻人在30岁之前，职务晋升就已经基本到头了。然而，无论他们的头衔多大，薪资多高，他们大都会因为有限的工作经历，而被动地在较小的工作范围与权限内行动。等到这些人40岁时，他们就会愈发感到沮丧厌烦、愤世嫉俗、受挫失意，对职务及其工作挑战心灰意冷。

快速发展的公司最好把一些重要的职务保留给一些经受考验的资深的外部人士，免得本公司的中青年管理者对职务晋升过于期待，因而在几年后未能如愿时受挫失意。

平衡员工年龄的重要性

把职务与职务结构的焦点集中于快速晋升上会导致企业员工的年龄结构失衡，因此必须避免这样的做法。员工年龄结构失衡，无论是员工太年轻还是太年长，都会导致企业严重的动荡。

管理结构需要连续性与自我更新。需要连续性意味着组织不必突然之间用没有经验的"新人"去取代经验丰富的"老前辈"。组织需要具备足够正常的"新陈代谢"，好让新人与新理念能够脱颖而出。如果管理团队都由同龄人组成，那么这个团队将危机重重。然而，如果把年长的管理团队与年轻的管理团队加以对比，前者或许优于后者，至少遭遇危机会早些，因而解决危机也就会快些。

（2）虚职助理。

比职务设计过于狭窄更糟糕的是"所设职务虚而不实"，只是典型的"助理工作"。管理职务必须具有特定的目标和独特的目的与职能。管理者必须能够完成可识辨的贡献，他必须负有相应的责任。然而，典型的"助理工作"一职是很难界定"贡献"的，他的职能、目的、目标也都难以界定，他也无须负责任。他只是一位"助手"，他只要执行老板交代的事情即可，或者偶尔会提醒老板应该做什么等。这样的工作使人腐败。担任这种助理工作的人容易成为重要高管的幕后操纵者，也有可能成为阿谀奉承的谄媚者。因此，这种助理的地位容易腐化整个组织。没有人能够确切知道这种"助理"职务的作用、职责以及实际权力到底是什么。按照惯常规矩，其他的管理者们都会巴结他、利用他，以他的不安全感作为谋利的途径。

但这并不意味着"助理"的头衔必须加以戒绝，而是应该规避这种不良现实。话说回来，对年轻的管理者而言，一种独特的、具体而微的工作安排倒是非常好的历练。但应该有合适的时限，在完成特定的工作任务之后，这个人应该回归他自己正常的工作岗位与管理职务。

（3）管理是工作，但管理本身不是全时工作。

设计管理职务的正确方法是把"管理"与"工作"结合起来，即为特定的功能与各自的职务负责任。一般说来，管理者应该既是一名"管理者"，又是一名"独立专业人士"。

一名管理者应该有足够的工作可做，否则他就可能抢了他下属的工作。经常听见有抱怨说经理不"授权"的话，这通常意味着经理没有足够的事情可做，所以才抢了本该属于下属的工作。特别是对那些已经习惯工作的人来说，无事可做是令人沮丧的。一个人没有自己的工作也实在不太理想。他有可能不久就会丧失工作精神与对努力工作的敬重感，这对管理者来说，无疑是弊大于利。管理者应该成为一名"工作的老板"而不是"协调者"。

（4）把职务设计成为"开不完的会议、做不完的'合作'与'协调'工作"，那就大错特错了。

管理者的职务设计应该尽可能确保他自己及其他所在单位的下属能够完

成这项工作。在职务设计，尤其是在管理职务的设计上，没有必要安排太多的"人际关系"。就管理职务本身的性质而言，它已经包含了远超出大多数人能力之外的"人际关系"。况且，一个人"开会"有时，"工作"有时，他不能既"工作"又"开会"。

还有一个较为普遍的错误，而且通常情况下是完全可以避免的错误，那就是在管理职务设计时添加许多商务旅行。正如一个人不能同时"开会"与"工作"那样，一个人不可能同时做到既"旅行"又"工作"。和同事、助理、下属、客户以及上级的"私人会议"与"碰头会"都是绝对必要的，而且是不可替代的。但如果能够每两年安排开一次内容充实的会议来处理子公司与主要客户的关系，其效果远比穿梭于不同城市之间要好得多，诸如周二离开纽约，周三在巴黎，周四回到纽约等。这就意味着他四天时间中根本没做任何事情：三天在飞行的旅途中，再加上一天时间来补回试图同时身处两地时所消耗的无用功。

（5）头衔代替职能。

从来就不应该把"头衔"当作"奖赏"，更不能用"头衔"来遮盖功能缺失的弊病。以"头衔代替加薪"比"以头衔代替职务"更加糟糕，更加普遍。以美国和德国的大型商业银行为例。在美国的商业银行中，每个高管的头衔都是"副总裁"，在德国的商业银行中，每个高管都是"部门总监"。这种情况的起因是，银行的客户都是一些中小型企业的头目，他们强调只愿意与银行主管面谈金融业务。但这种情况使得头衔变得畸形。这致使那些没有头衔的人，比如那些因为工作性质无缘建立客户关系的人，极为不满。同时，那些早年就获得副总裁高职头衔，而后在职业生涯中被锁定在单调的例行工作中的人，他们也因此非常不满。

在前文（第30章）中，我们已经讨论过滥用这种头衔的理由之一就是：企业（以及政府机构）在传统上使用职能辨识（比如市场研究部经理）作为级别指标。另一个较为普遍的原因是，在许多工资与薪金计划中，每一级工资的幅度比较狭窄。如果按照绩效来提高员工的工资，那么他就必须被提高到与众不同的位置以及更高的职务上才行。最后，传统企业对员工晋升管理职位的机会都有设限，这种限制经常导致企业为一些具有丰富经验并绩效颇高的专业人士发明出一些管理的虚职头衔，比如把一位资深的采购员称为"材料计划协调员"等；当然，他不过就是继续做他原有的工作而已。

调整头衔所要遵循的原则应该是：我们为第一流的工作支付最丰厚的报酬。只有当员工的职责、位置与责任变化时，他的头衔才随之改变。㊀头衔的确创造期望，头衔也的确暗示着级别与责任。如果把头衔用以装腔作势，即把头衔用来替代级别和责任，那便是自找麻烦。

（6）"寡妇制造者"式职务。

最后，我们应该反思并调整那些被称为"寡妇制造者"的职务。大约是1850年的大航海时代，就在蒸汽机时代来临之前，每一家航运公司都曾经出现过"寡妇制造者"的灾难船。不知出于何缘故，这种船只经常失控而致人死亡。在灾难事件发生过几次之后，尽管船只可能花费许多资金，精明的船主就不再让这艘船出海了并予以拆除，而不管自己在那艘船上做了多大的投资。否则船主就再也找不到船长与水手了。

许多公司中都有某些职务能让优秀人才接二连三地受挫，而且找不出原因。这些职务看起来合乎逻辑、建构得当，而且可以让人施展才华，但事与愿违，无人能够胜任。如果有连续两个以上在其他岗位干得很好的人在同一职务上失败，那么这个职务就应该调整。可惜这种职务最初设计上的问题往往只有到出事后才能看明白。

㊀ 作者认为，像"初级"和"高级"这样一些主要表示资历深浅的"荣誉头衔"，不在此列。对于专业人员，更是应该用这些头衔来表示其资历。但作者仍坚持认为，这些头衔只能用来表示资历——多少有些像天主教会（至少是美国的天主教会）对担任教士职位满25年而没有犯错的人，几乎自动地授予"阁下"这一称号。

有一个较为典型的"寡妇制造者"的职务是美国某大型公司的国际副总裁。没有人能够知道这个职务无法运作的真实缘由，但在大多数情形中，接任这个职务的人屡屡受挫败北。实际原因在于，通常情况下，当公司发展到一定的规模后，"国际"方面的业务需求不容小觑，但公司仍视其为"过继之子"（这点可参见第59章）。然而，这样的认识只有在事后追溯时才能获得，也就是在这个职务已经进行调整并找到适合的人选之后，人们才恍然大悟。

许多日用消费品公司都设有一名高级市场营销经理和一名高级促销与广告经理，他们都是公司的高管成员。宝洁公司（P&G）就是其中一例。从逻辑上说，这两个职务应该合二为一，因为促销与广告都从属于市场营销。但这些公司的经验表明，如果把这两个职务合二为一，通常会让优秀员工受挫沮丧。追其原因，正如一位消费品执行高管指出的那样："营销的目的在于推动商品，而促销的目的在于感动顾客。"这两个项目要求不同性情的人，他们对各自的工作看法不一样，对各自绩效的衡量标准也不一样。

类似于"寡妇制造者"的职务经常是意外造成的。某人会按照自己的性格特点——而且往往是很少集中于一人的多种特点——来创建某种职务，而且如鱼得水。换言之，看起来合乎逻辑的职务通常是性格特点上的巧合所致，而不是因为真正的职能所需。然而，人的个性是不能替代的。

职务结构与人的个性：应该是职务适应人，还是人适应职务

在论及管理职务与管理结构时，滥用头衔与"寡妇制造者"式的职务与一个最为激烈争论的问题紧密相关：在组织结构中，应该是职务适应人，还是在组织功能中，人适应职务？

通常状况下，这是一个伪命题。很显然，人必须担任职务，因此职务必

须适应人。我们确实必须设计那些能够真正适合人担任的职务，回应人的需求，实现人的愿望。人们发现越来越多的大型公司都设立"组织规划部"，即大型公司越来越重视让"职务适应人、职务服务人"。

毫无疑问，组织结构必须日趋"非个人化"，并"以使命为中心"，否则就不可能有组织结构的连续性以及促进人事的彼此传承。如果职务的设计是为了某个人，而不是为了组织的使命，那么这个人一旦发生变化，这个职务就必须进行重新调整。所有有经验的管理者都知道：职务重组绝不只是一个人的事情，因为职务重组会引发真正的连锁反应，产生"多米诺效应"。重组一个职务通常意味着调整一系列的职务，引起人员调动，还会令所有人都感到心烦意乱。

有一个极为罕见的例外，为一个真正无与伦比的英才的缘故，规则应该被打破。通用汽车公司的缔造者阿尔弗雷德·斯隆就非常坚信职务的设计必须"非个人化"，并以使命为主旨。⊖但为了查尔斯·凯特林，斯隆打破了规矩。凯特林是我们这个世代最伟大的发明家之一，他是个极其执拗的人，漠视每个组织的条条框框。然而，他的诸多发明成果，从自动启动器的发明到柴油引擎的重新设计，无不举足轻重。斯隆原本打算邀请凯特林做独立研究员，但凯特林想要成为一名"副总裁"，做一个"大企业家"。斯隆屈从了凯特林的心愿。但当凯特林一退休，斯隆便重新设计了这个职务——从"常驻天才"变为大型研究实验室的管理者。

职务的设计必须始于使命，而且必须能够适应不同气质、习惯以及行为模式的人。这就是为什么管理职务的设计宜大不宜小，宜广不宜窄。一个职务的设计足够宽广，优秀人才才能从中找到各自的满足感与成就感，才能把各自的才华、思路以及工作的方式方法发挥出来。

⊖ 详见斯隆的著作《我在通用汽车的岁月》。

在这方面，天主教会为我们提供了有益的教导。在天主教会内部，主教是主要的管理者。长期以来，按照天主教会内部的规矩，主教的圣职由不同气质的人轮流担任。如果在职神父的主要工作侧重于人的灵性关怀，那么主教的圣职可以由神学家或教会行政人员来担任；反之亦然，一流的教会行政人员也有可能由主张圣职传统的人员继任，如此等等。天主教会在很久以前就意识到，一个人不可能同时具备神父、神学家、教会行政人员这三种资格。但这三种资格是维系一个教区正常运作不可或缺的需要。所以，主教的圣职必须设计得足够宽广、足够大，以保证优秀人才能够合适其中不同的资格。主教圣职由不同气质的人轮流担任，共同实现教区职能。

俗话常说："职务设计应该尽量小到足以让一个优秀人才伸手即握。"这显然是个错误的规则。我认为正确的规则是："职务应该设计得足够明确具体，以至于一个优秀人才能够运作自如，而且这个职务涉及范围大，无论多么优秀的人才都无法一手遮天！"

无论是在管理职务的设计上，还是在管理职务的执行上，"风格"从来不是重点。管理职务的唯一要求和唯一检测是绩效。每个组织都需要清晰地明白哪些是不可接受的行为。这些不可容许的行为需要清晰的界定，尤其需要对人解释清楚，无论是企业内部员工，还是企业外部的供应商与客户，都应该如此。但在此限度内，一个人在其职务上应该拥有最充分的自由，按最合适其个性与气质的方式来工作。

"风格"只是外在包装，绩效才是其唯一的实质。

管理关系的幅度

在论及管理者的职务应该设计多大才算合适时，教科书经常会建议以一个人只能督导很少几个人为起点，即所谓的"控制幅度"。但这样做会导致管理的变形：层级重叠会阻碍合作与交流，会扼杀未来管理者的发展，甚至会侵蚀管理职务的真正意义。

首先，人们很少能够准确地理解控制幅度的原则。重点不在于有多少员工经常向经理汇报事件，而在于有多少必须一起工作的员工向经理汇报事件。问题的关键不在于人数，而在于员工之间所建立起来的关系。

一家公司的总裁接受高级主管的工作汇报，每位高级主管各司其职。这些高级主管的人数应该保持在较小范围内，以 8~12 人为限。这些人包括财务主管、制造主管、营销主管等，他们必须每天在一起工作，并且与公司总裁一起工作。如果他们不合作，那么他们的工作将无法进行。所以，公司总裁的直属下级数目虽少，但他的工作关系涉猎范围很广。

相比之下，西尔斯分店的区域副总经理管理着数百位连锁店经理，实实在在地听取他们的工作汇报。每个分店都是分而自治的。两个不同的分店之间无须相互联系。所有分店拥有相同的职责，从事同样的业务，接受同样标准的评估与测量。理论上说，西尔斯百货的区域副总裁能够管理并监督的分店经理数目近乎无限，其数目受限于地理因素，而非控制幅度。

控制幅度论述的另一个缺点是假设管理者的主要关系是"向下关系"。但这只是其中的一个维度。在传统的定义中，管理者是为他人的工作负有责任；从这角度来说，确实是"向下关系"。但每位管理者与每位独立专业人士也都拥有相应的上级。无论组织结构图如何，实际上许多管理者都不是只有一位上司。因而他与上司的"向上关系"的重要性同等于他与下属的"向下关系"。然而，最重要的是，管理者与专业人士还要处理许多"横向关系"，就是那些既不属于"上级"，也不属于"下级"，既无权力也无责任的人事关系。但这些关系对于管理者的工作能力以及工作成效有着至关重要的作用。

例如，会计部门经理与会计专业人士需要处理的最重要的横向关系不是与公司控制人或初级会计师的关系，而是他们与公司业务部门经理之间的关系。会计部门经理的贡献取决于业务经理的信息应用能力与提供财务信息的意愿。会计部门经理的绩效能力也取决于业务经理向会计部门提供所需资料的能力和意愿。但在一般情况下，会计人员不太重视与业务人员之间的这种横向关系，而是口惠而实不至罢了。

同样的事情发生在许多研究部门经理与科研人员身上，他们的基本弱点都在于他们疏于照顾横向关系，尤其是他们与市场营销人员之间的关系。结果不言而喻，研究成果经常错失公司的发展机遇或与公司的需求不相吻合。而另一方面，因为市场营销人员并不明白研究部门想要达到的目标，所以有价值的研究成果不会得以运用。

因此，我们需要用另一种更加中肯的概念"管理关系幅度"去代替"控制幅度"。虽然我们不知道"管理关系幅度"会有多宽广，不过可以确信再宽广的幅度也都是有限的。然而，我们可以确定"管理关系幅度"在管理职务设计中起着决定性的作用。

首先，这些关系界定了管理者在管理结构中的位置。其次，这些关系在很大程度上界定了管理者的职责所在——因为这些关系正是工作内容至关重要的基本部分。最后，这些关系确实有限制，因为倘若一个职务徒有"关系"，而没有"工作"，那么这个职务就根本不是职务。因此在设计管理职务时，对管理关系进行深思熟虑并且确保这些关系不会超出个人所能掌握的限度，与对特定职能进行深思熟虑一样重要。

同样道理，管理责任的幅度要规划得宽广些，免得因狭窄而碍事。这不仅适合于管理者了解一起工作的下属人数以及组建的工作单位和团队，而且适合于管理者处理"向上关系"。就"管理关系的幅度"而言，我要强烈提议保持狭窄的唯一领域是横向关系。理想状态下，管理职务应该拥有少量的横向关系，每种横向关系对整个组织的职能以及管理者各自的职能与目标都极其重要。如果横向关系过多，不仅会消耗管理者的大量时间，而且会使关系徒有其表，缺乏深度，甚至难以维系。大体上看，许多组织都存在一个共同的弱点，那就是对横向关系缺乏关注以及处理不当。

界定管理者的职务

界定管理者的职务有如下几种方式。

第一，管理者的职务本身必须具有特定职能，应该具有长久性、连续性，这个职务的设定是根据当时情况的认知出发去考虑比较长远的未来。市场调研部经理或生产制造部门经理就是其中的例子。这两种职务的设定很显然必须考虑可预见的未来。

第二，在标准的职务描述或岗位指南所表达的职务职能界定中，并没有明晰对管理者所做的特殊贡献的期望。虽然职务的职能是长久的，至少在其意图上体现如此，但就"即时即地"情形而言，企业和管理者的上司会就具体工作安排而任用负责人。这就产生了管理职位和管理职务的第二个定义。

正如我曾经在别的地方论及的那样，每个管理者至少应该每年扪心自问，在承担新工作时尤其如此："如果我和我的单位全力以赴，我们能做什么特殊贡献？这些贡献能为我的公司创造出哪些与众不同的绩效与成果？"⊖

打个比方说，职务描述与岗位指南都涉及管理职务的使命陈述，这些陈述对"我们的业务是什么，以及整个企业的使命应该是什么"的认知保持一致。所有业务都针对企业的目标与目的，因而需要特定的指标、截止日期、明确的责任人以及针对成果反馈设定的评估标准等。

绩效优异的管理者的标志是他所完成的业务总是超出职务描述的范围。一个人仅仅能够把以往的成就编写成文，那么对他而言，职务描述就只是文

⊖ 详见我的著作《卓有成效的管理者》(The Effective Executive)。

件汇编而已。管理者所需要努力做的是：保证未来总能超越过去！

第三，管理职务由如下三种关系加以界定：向上关系、向下关系、横向关系。

第四，管理职务由职务所需的信息以及管理者在信息流中所处的位置加以界定。

每一位管理者都要扪心自问："我的职务需要哪些信息？我如何获取这些信息？"管理者应该确保那些必须提供信息的人了解自己的需要，不仅了解管理者需要什么，而且了解管理者如何需要。如今"管理信息"越来越多地来自电脑，因此这一点尤其重要。如今的基本问题不是电脑工程师不理解管理者的需求，而是管理者既不愿意花时间对自己的需求进行深思熟虑，也不愿意与电脑工程师交流他们的需求。⊖电脑工程师如何满足管理者的需求是电脑工程师的事，管理者的需求则是管理者自己的事。期待电脑工程师来界定管理者的信息需求，就相当于管理者放弃管理权。

管理者需要深刻思考一个问题："谁依赖我提供的信息？以哪种方式获得，是向上关系、向下关系还是横向关系？"管理职务的这四种定义中的每一种都只是局部定义。所有这四种定义都是为了界定管理者的职务，正如在地图上进行三角定位并找出某个位置一样。

用这四种定义来"定位"管理者的职务，是管理者自身的责任。他应该书写自己的职务描述，提出他自己及其单位所应该负责的贡献和成果，确认并仔细考虑他与各方面的关系，最后确定他所需要的信息与能贡献的信息。的确，对自己职务的四种定义进行深刻思考是管理者的首要责任，而且要永远保持谨慎。当管理者提出建议时，他的上司有责任和义务批准，也有责任与义务不批准，但思考并提出建议是管理者的责任与义务。"管理"工

⊖ 可详见第38章与第40章。

作也就是直接对其他人的工作负责的工作，与作为专业人员的工作之间并无区别。

管理者的职权

管理者的职务被赋予尽可能宽广的范围，这无非就是在重申将决策权尽可能地下放给一线负责执行的人这一原则而已。但就其成效而言，这项要求与传统自上而下的"授权"观念存在强烈反差。

传统上，企业所要求的活动与使命都是由高管层决定的。高管层的分析都是以公司所欲求的最终产品为出发点，因最终产品被视为企业绩效的目标与企业成果。从这样的分析出发来逐步确定公司必须执行的工作内容。但在组织管理者的职务时，我们必须"自下而上"地进行，我们必须从第一线的活动开始——管理者的职务为产品与服务的实际产出负责，为顾客提供的最后销售负责，为生产设计蓝图和工程制图负责。

第一线的管理者必须从事基本的管理工作，他们的绩效最终决定其他一切。从这个角度来看，更高管理层的职务都是衍生出来的，最终帮助第一线的管理者履行其职责。从组织与结构的角度来看，第一线管理者才是所有职权与责任的中心，只有第一线管理者不能承担的工作才上呈给更高层的管理者。因此我们可以说，第一线管理者才是组织的基因，所有更高的组织器官都是从他们发展出来的。

很显然，第一线管理者能做或应该做的决策是有限的，他们应该拥有的职权与责任也是有限的。

第一线管理者的职权是有限度的。一个生产部门的领班无权更改销售员的工资报酬。一个地区销售经理无权干预其他地区的业务，以此类推。一个管理者所能做的决策也是有限度的。很明显，第一线管理者不应该做出影响到其他管理者的决策，也不应该擅自做出影响到整个企业以及危及企业精神的决策。例如，任何管理者都不被允许在没有顾及其下属的事业和未来的情况下擅自决策，这是最基本的审慎之德。

人们不应该期望第一线管理者去做他们力所不能及的决策。比如说，一个为即时绩效承担责任的人并没有时间去做长期决策，一个缺乏相应的知识与能力的生产工人不能处理退休金计划或医疗项目。这些决策确实会影响到他个人及其操作业务，他应该知道这些，并且尽可能地参与其中的准备与策划，但他不能做决策。他不能拥有这样的职权与责任，因为职权与责任应该以使命为主旨。这适合于所有的管理等级系统，甚至直到董事长本人。

为管理者授权设定界限有一个简要的原则，为通用电气公司所奉行。通用电气公司灯泡分部的章程中有一条款是从《美国宪法》中改写而成的："凡是没有明文规定属于较高管理层的所有职权皆属于较低管理层。"这与古代普鲁士的公民权理念正好相反，它写道："没有明文规定的一切都是禁止的。"换言之，凡是管理者不被授权决策的任务，都应该明文详尽罗列出来；凡是未予以明文规定者，管理者皆可以拥有相应的职权与责任。

管理者与其上级、下级、企业之间的关系

管理者与其上级、下级的关系都是双向关系。这种双向关系体现在正式和非正式的职权关系以及咨询关系上，双方处于相互依存的状态。㊀

为了实现目标，每个管理者都要为他的上司效力。每个管理者都应该对自己及其团队所需做的工作深思熟虑，思考以何种方式为他的上司争取绩效与成就。每个管理者都要对自己的下属负有责任。管理者先要确认自己的下

㊀ 这一点，日本的理解要比西方好得多，因为西方的组织概念来自军队，而日本不是。

属对公司的要求烂熟于心。管理者必须帮助下属建立各自的目标，然后还要帮助他们实现这些目标。管理者有责任为下属取得所需的工具、人员、信息。管理者必须为下属提供建议、信息，必要时还需要教导他们如何做得更好。如果使用一个词来表达这种"向下关系"，那么最贴切的词应该是"协助"。

管理部门的目标应该包括对整个企业的成功做贡献的绩效。目标应该总是而且仅仅是"向上"汇聚。但作为带领一个部门的管理者，他的目标不仅包括他自己必须做的贡献，而且包括帮助其下属实现他们的目标。管理者的视野应该总是保持"向上"看——总是以企业的整体性为方向。但管理者还有"向下"的责任，即为其团队的成员负责。管理者能够有效地组织他的团队的核心要求是：他必须清楚地明白自己与下属的关系是促使他们获得绩效与成就，而不是"监管"他们。

最后，管理者要对企业尽职，因为管理者的职务和职能都以企业的客观需要为基础，而不是以头衔或授权为依据。因此，每个管理者都必须遵循企业的目标来界定各自的目标，遵循企业的目标来引导自己的团队成员。

本章讨论的焦点是企业中的管理者。但我们探讨的管理原则也适用于公共服务机构，尤其适用于政府机关的管理者。管理者需要足够大的职务关系幅度，以方便优异人才的健康成长。管理者需要通过绩效来获得满足感，而不是借助头衔或晋升来刺激。管理者的职务设计必须围绕工作、位置、业务、关系以及所需要的信息加以界定。管理者需要合适的职权来履行他的职责。管理者必须从他所服务的机构中领会各自的目标。

诚然，正如前文（从第11章至第14章）已经论及的那样，与企业管理者相比，公共服务机构的管理者更需要恰当的职务设计、合适的工作内容以及特定的职责结构。然而，很少有公共服务机构愿意对管理职务加以重视，它们大多倾向于注重头衔而非职能，注重程序而非绩效。真正的管理职务设计是改善公共服务机构的绩效与重振组织士气的第一步，可能也是最为关键的一步。

CHAPTER 33 | 第33章

管理能力提升与管理者培养

管理能力提升的热潮——为何需要管理能力——管理者为何需要培养——二者"不是"什么——能力提升的两个维度——为明天设计职业和技能——个人的自我发展——企业的角色与自我发展优先

1950年后,在日益广泛的管理热潮中,有一种名副其实的管理发展热潮席卷而来。在20世纪40年代中期,当我首次对这个课题产生兴趣时,我只发现有两家公司已经在严肃地考虑管理者的发展问题:美国的西尔斯和英国的玛莎百货。那时的美国也只有三所大学为管理者开设进阶研修课程,分别是:麻省理工学院的斯隆研修班、纽约大学工商研究院为银行业与金融业的年轻专业人士与管理者开设的进阶研习班、哈佛商学院的高级管理研修班。

十年后,即20世纪50年代中期,登记在册开设管理能力提升项目发展的公司数目上升至 3000 家。美国的许多大学都纷纷开设多种多样的高级管理研习课程。

如今，以各种形式进行管理能力提升与管理者培养的公司已经不计其数了。不开展这方面工作培养自己员工的大型公司反而成了例外。没有某种形式的管理能力提升项目的大学的商学院也是少之又少。除了大学与企业之外，还有数不清的其他组织，例如行业协会、咨询公司等也纷纷加入管理能力提升的行业。

这股热潮并不只限于美国，它还席卷了欧洲与日本。

为何需要提升管理能力

企业重要决策兑现成果所需的时间日益增长。没有人能够预知未来，如果企业不能从组织中挑选、培养、考验合适于企业未来发展的管理人才，那么企业就难以做出理性的而又负责任的决策。

管理越来越复杂，除了日新月异的科学技术，如今的管理者必须有能力驾驭许多"新关系"问题，比如与政府的关系、与供应商和客户的关系、新型雇用关系以及与工会的关系等。最为关键的是企业必须具备创业精神与创新意识，具备管理知识和管理知识工作者的能力，具备跨国管理或者说是跨文化管理的能力，甚至具备为生态环境与生活品质承担管理责任的能力。这一切正在日益成为人们衡量管理者的标准。

社会对于管理者数量的需求正在逐步增长。在发达社会中，理论知识、组织能力以及领导能力，简而言之就是"管理能力"，正在越来越快地取代手工技艺。事实上，我们社会所面临的根本问题不再是"我们社会有多少受过教育的未就业人口"，而是"我们社会能够负担得起多少未受过教育的人"。

然而，管理发展也是企业需要履行的基本社会义务，这算是企业对社会的回报。如果企业不主动履行这项义务，社会就会迫使其履行。毕竟，企业的持续生存发展是至关重要的，大型企业尤为如此。我们的社会无法容忍，也无力承受这些创造财富的资源因后继无人而危在旦夕的后果。

现代社会中的一员不只是把工作视为谋生手段，他们更偏向于从工作中寻求经济价值之外的满足感，比如人的自豪感、自尊自重以及成就感。企业的管理发展只不过是让工作与产业免于沦为"谋生手段"的方法而已。企业为每个管理者提供个人发展的挑战与机遇，并促使管理者充分发挥潜能；这样做也履行了企业在工业社会中提高员工"良好生活"的部分职责。

今天，我们必须意识到一个道理：管理者不是天生的，而是培养出来的。要发展未来的管理者，我们必须系统化地发掘、培养以及训练各种技能。培育与发展人才绝不能心存侥幸或投机取巧。

管理者为何需要培养

正如公司与社会需要发展一样，管理者个人也需要发展。首先，管理者应该保持自身的心智机敏与精神活力。管理者需要保持勇于面对挑战的心态。管理者必须在今天学习各种技能，以保证未来的工作成效。管理者还需要善于从自己的经验中捕捉机遇，最重要的是，管理者需要一个机会通过反思汲取经验教训。更重要的是，他需要一个自我反思的机会，才能学会如何发挥自己的长处。

此后，他作为"一个人"所需要的栽培比他作为一名管理者所需要的发展重要得多。

知识工作者（比如管理者与专业人士）的强项之一，实际上也是其弱点之一，就是期望从自己的工作中获得满足与激励。在这方面，知识工作者在早期形成个性的过程中实在是被宠坏了。而体力劳动者，无论是技能娴熟者还是技艺平平的工人，既不期待他们在工作中遭遇挑战，也不期望从工作中带来激励并发挥他们的潜能。他们期望工作能够养家糊口。知识工作者的工作期望远非生计所能比。

因此知识工作者，尤其是那些成绩斐然的知识工作者，可能会在他们人近中年时，甚至更早的人生阶段时期，遭遇"精神危机"。那时，他们中的绝大多数人会不可避免地到达他们职业生涯的终点站。在企业内部，无论是市场调研部，还是人力资源部，或许他们也会达到各自的终端职能，他们会突然间觉得自己的工作不再能够满足自己的内心需求。在各自的产业领域从事市场调研15~20年后，他们对自己的工作了如指掌。一个人在30岁时，当他接手一项新的工作时，一切都是新鲜的、激动人心的；而在15年后，同样的职务与工作就会显得单调乏味，甚至令人厌烦无聊。

换言之，在"中年危机"之前，管理者必须有能力在组织之外发展出属于自己的生活。这不仅是为自己着想，也是为组织考虑。当管理者到45岁时，他通常会处于"在职退休"的工作状态，因为他对生活丧失了兴趣，因此很难再为企业做多少贡献了。无论是对其本人，还是对企业，管理者作为一个"人"需要发展，这样他就能建立起自己的生活，而无须完全依赖组织、盼望额外晋升，或者依赖新的任务和不同的工作。管理者需要专注于自己的个性，发挥自己的优势，以及挖掘自己的兴趣。

在《断层时代》一书中，我曾经探讨过，现在这里重提一下：当管理者与专业人士到45岁时，他们必须学习发展自己的第二职业生涯。我们必须学习如何让一个优秀的银行会计师可能成为医院的审计员或大学的业务经理。我们必须学习如何让一个工作了20余年的企业老总或部门管理者，甚至绝大多数的管理者，可以适应不同环境，从事不同的工作，发现新的挑战，找寻新的机遇，而且能够做出新的贡献。

如今，除非管理者自己做好准备接受新机遇，否则他不会为自己、为家庭、为雇主和企业履行职责。这正是管理能力提升和管理者培养成为人们关注焦点的根本原因。然而，"管理能力的提升"和"管理者的培养"这些词到底意味着什么呢？过去二十余年来，我们所经历的管理热潮所起到的作用是值得怀疑的。毫无疑问，虽然有过许多合理的尝试，但赶时髦的愚蠢之事很多。一定有，而且事实上出现过一些江湖骗子，还有更多的人是为了赶时髦而大肆宣扬管理培训。

二者"不是"什么

基于这些原因，我们最好先厘清哪些"不是"管理能力的提升与管理者培养的内容。

第一，管理发展与管理者培养不是"上课"。虽然课程是提高管理能力的工具，但课程本身并不是管理发展。无论是三天的专题研讨会，还是每周花三个晚上为期两年的"高级研习班"，任何课程都必须适合管理群体发展的需要或个人管理者发展的需要。然而，对职务、对上司、对企业的发展规划以及对个人的发展规划，这些远比任何形式的课程重要得多。

确实，有些时下流行的课程，其价值令人质疑。那些要求管理者长期离开工作岗位的课程，我认为这些课程的开设并不明智。以我个人的经验来看，最有效的课程是占用管理者自己的业余时间上的课，比如许多大都市中的大学开设的晚间进修课程，或者像英国的一些理工学院开设的课程那样。最有效的全日制课程应该考虑安排管理者离开工作岗位一两周，参加密集课程的学习，期满后他可以回到本职岗位，做到学以致用。

管理者是行动者，他们不是哲学家，也不应该是哲学家。除非他们能够把所学的东西、所考虑再三的事情立即付诸行动，否则这些课程就白上了，只能算是"信息"储存，而不是"知识"储备。从教学法的角度来说，如果管理者不能将所学付诸行动来强化知识点，就好比上周五所学的东西不能在下周一实践出来，如同白学。最后，若一个管理者脱产参加高级培训 13 周，久别后重返企业，他可能发现自己已经被"替代"而变得"无家可归"。

出于同样的原因，我对待为高管层开设的课程越来越谨慎。不是因为高管们不需要学习——恰恰相反，他们要学的还很多——而是因为大多数我所见过的课程（包括一些非常著名的课程）并不适合高管人员，反倒像是为那些未经世事、毫无责任感的青少年开设的。这些课程设置似乎只有学费符合真正的"高管必修"。这类课程的确是在浪费高管人员的宝贵时间。

第二，管理能力提升和管理者培养不是"晋升规划"，不是"寻找候补"，也不是发现"高潜人才"计划。这些都是在做无用功，甚至造成伤害。

公司所做的最糟糕的事情是尽力发展那些被看好的"接班人"，而忽略其他人。而在未来十年中，80% 的工作都必须依靠被忽略的这些人来完成。如果他们没有发展到能够理解与接受并且把这些少数"接班人"的愿望付诸行动，那么一切都将无法实现。每十人中就有八人是被排除在"接班人"之外的，这些人会有被轻蔑的感觉，也是在情理之中的。因此，他们的工作会比以前更没效率，更没生产力，对新鲜事物更没兴趣。

发现"高潜人才"的尝试也是徒劳无功的，甚至比每五人中随机选择一人的成功率更低。"潜能"是难以捉摸的，"潜能"本身一文不值，绩效才是硬道理。许诺与绩效之间的关联性也不大。每十人中就有五个看似"具有很高潜力"的年轻人，当他们到了 40 岁时，除了夸夸其谈之外，一事无成。相反的是，每十人中也有五个看似不怎么"才华横溢"而且不怎么"健谈"的年轻人，当他们到了 40 岁时，他们的绩效能力表现得出类拔萃。

同样道理，想通过管理能力提升项目寻找"候补"的话，就完全违背了进行培训的初衷。未来的组织及其职务设计很可能与现在的组织及其职务设计截然不同，这才是我们需要提升管理能力与培养管理者的主要原因。如果我们所必须做的事情就是用今天的职务去替换昨天的职务，那么我们不必采取任何行动做这样的事情。我们只要把年轻人当作他们目前上司的学徒进行训练，并期望他们掌握上司所知所为就足够了。

我过去很赞成乔·海曼曾经竭力宣扬并努力实行的"候补计划"。当海曼通过比耶利亚（Viyella）品牌并购的方式把一家垂死挣扎的英国纺织公司改造成为崭新而重要的企业时，他要求公司的每个总经理罗列出在他们丧失工作能力甚至死亡之后应该晋升的人员以及未来接班人的名单。如今我不再支持这样的做法。首先，这种做法意味着公司必须许诺当前的一位高管职务，并且永久保持下去。其次，这种做法冻结了未来的可能选择。或许若干年后，当前被认为最有资格的接班人可能被证实并不称职，或者还会有从其他领域涌现出来的人才可以反超他。但一旦那人已经被任命，整个组织就将受当初许诺的约束。

企业最糟糕的"替换计划"是物色"储君"。无论是具有合法继承权的储君，还是被任命的储君，皆有可能毁于一旦。无论如何小心翼翼地隐秘，物色储君总是一件公开的事情，整个组织会迅速传遍。因而所有可能的竞争者就会联合起来对付这位"储君"并努力使他垮台，而他们往往能够成功。

天主教会在很久以前就已经意识到这种情况。如果不是遇到在职的主教或大主教垂老或病危的罕见情形，天主教会一般不会任命任何人为继承者。然而，教会通常会任命一名副主教，当圣座职位空缺时，副主教有权自动继任。这位副主教具有合法的继任身份与控制权，因此其他竞争者必须接受他，并与他共事。

第三，也是最后一点，管理能力提升和管理者培养不是通过改变人的个性从而"改造整个人"。管理能力提升与管理者培养旨在使人更有"成效"，意在促使人充分发挥他的强项，以他自己的方式去获取绩效，而不是让别人教他应该如何做。

雇主无权干预员工个性。雇用关系是以特定的合同来要求达成特定的绩效，此外无它。倘若雇主有超越此项合同的任何企图都是强词夺理，是不道德的，是非法入侵个人隐私，是滥用权力。雇员无须对雇主表达自己的"忠诚""爱"与"态度"，雇员有责任达成的唯有"绩效"，此外无它。

对于如何改造一个成年人的个性，我们一无所知。但我们知道在某种程度上可以促使人更有成效，这正是我们应该聚焦的关键点。

管理能力提升与管理者培养涉及员工所需的基本技能，涉及管理职务结构与管理关系结构，涉及员工所需学习并使之产生成效的技能。管理能力提升与管理者培养应该关注员工自身在行为习惯上的改变，以促使员工工作更有成效。但管理能力提升与管理者培养无须挑剔员工的个性与个人情感。在企业管理中，"心理操纵"倾向比其他任何形式的"家长式操纵"更加不可取；实际上，这种倾向是应该更加倍受谴责的。无论如何，企图改造一个成年人的个性是注定失败的。当一个人开始工作时，他的个性已然形成。管理能力提升与管理者培养的任务不是去改造人的个性，而是去促使他释放已有的个性与才能并获得绩效与成就。

发展的两个维度

发展不是一项任务，而是彼此影响的两项任务。一项任务是管理能力的提升，目的是促进企业的健康、生存与成长。另一项任务是管理者的培养，目的是促进管理者的健康、成长与成就，因为管理者不仅身为组织成员，也是独立人格的个体。无论采取什么样的方式进行，管理能力的发展都是组织的职能与活动。虽然公司与上级扮演部分重要角色，但管理者培养依旧是个人的责任。

管理发展始于如下这个问题："为了能够在不同的市场、不同的经济、不同的技术领域，甚至不同的社会中产生绩效、实现目标，我们这家企业未来需要什么样的管理者与专业人士？"

管理能力提升本身需要关注管理团队的年龄结构，以及管理者当前所需的技能以应对未来的挑战。管理能力提升还要聚焦于组织结构和管理职务的设计，以求满足未来"职业顾客"的需求、期待与愿望。这里的"职业顾客"指的正是未来的年轻管理者或年轻专业人士。毕竟工作市场与职业市场已经成为一个名副其实的大众市场，因此每个组织都需要设计出独特的"职业产品"，以吸引和满足未来的职业顾客。

职业顾客将会越来越挑剔。在一个健康的经济中，顾客总是更加渴望拥有与众不同的产品与服务，并为此买单；同样的道理，在一个健全的社会中，职业顾客总是想要拥有更好的、与众不同的职位。仅仅在几十年前，就业者寻找工作只为了生计，而如今的就业者渴望成就自己的职业生涯，希望有机会做贡献。与此同时，他们越来越重视将知识融入工作。

关于管理能力提升是否需要独立员工来负责，取决于企业的规模大小与复杂程度。虽然这不是应该调用大量员工以及举办许多项目的活动，但这的确需要权力与威望，因为管理能力提升的目标涉及改变公司的基本规划、组织的基本结构以及管理职务的设计。

管理能力提升是"外在导向"，而非"内在导向"。就其本质而言，管理能力提升是一种"课程规划"而非"人事活动"。管理能力提升任务的核心是市场规划、产品设计以及淘汰现有的职位与组织结构。这样看来，管理发展就是组织的"破坏者""创新者"与"批评者"。管理发展的作用就是针对公司的人事组织提出问题："我们的事业是什么？我们的事业应该是什么？"

管理者的培养重点在于人。其目的是赋予人自我开发的能力，最大程度发展自己的优势，以实现个人成就。其目标，就是卓越。

没有人能够促成一个人自我发展。自我发展的动力必须来自人的内心。然而，上司和公司有可能误导一个志气高昂的员工，阻碍其自我发展的动机。上司与公司的积极参与、鼓励与引导，对管理者的培养的成效至关重要。

任何培养管理者的工作都始于评估绩效，评估的重点在于：一个人在什么事上做得好？什么事他能够做得好？他在获得绩效的能力上受何限制？如何克服才能充分发挥他的强项？要做这样的评估需要管理者及其上司的共同努力，管理者本人需要做自我评估，同时上级也需要积极引导。

在进行自我评估时，一般人容易走极端：要么批判过度，要么批判不足；有时会错误估计自己的长处，有时则会把自己的无能当作能耐来炫耀。

例如，有一位高级工程师认为自己是一名优秀的管理者，因为他自觉具备良好的"分析能力"和明确的"目标意识"。然而，要成为一名优秀的管理者，还要求具有同理心，能够理解他人的工作，以及要求对人个性的"非理性"因素具有敏感性。再如，有个销售经理认为他的长处在"战略观念"方面，而事实上，他更像一个精明的谈判者。他自认为的"战略观念"不过是对"下周廉价销售"的想法而已。许多优秀的分析师和咨询师却经常意识不到他们在情感上缺少独自做艰难决策的勇气。

自我评估还应该以一个人与其上司合作制定的绩效目标为基础，应该以绩效与目标做比较为起点，而不应该以"潜在可能性"为起点。应该问："这个人什么事做得好——不是偶然做得好，而是一直都做得好？"从这个问题开始，人们应该能够认识这个人的长处以及找到妨碍他充分发挥长处的因素。然而，在自我发展的评估过程中，管理者还应该扪心自问："我对生活的期望是什么？我的价值观、抱负、方向何在？我必须如何学习、改变，才有能力达到自己对生活期望的要求？"这个问题最好由一位能够了解他内心世界的外人提出，而我们当中的大多数人并没有这样深刻的自知之明。

自我发展还要求学习新技能、新知识以及新方法。最重要的是要求学习新经验。在自我发展中，除了深刻了解自己的强项外，最重要的因素是工作的历练与上司的榜样。因此，自我评估要得出的结论应该集中于自己必须做的贡献与所需的经验上。自我评估时，管理者应该不断地提出问题："要为这个人提供哪些经验，他才能够最快、最充分地发挥长处？"

一位在自我发展方面卓有建树的上司能为我们提供魅力十足的榜样。他能够鼓励下属发挥自己的长处，并帮助他们获得所需的工作经验。相反，有些上司总是会让下属泄气，紧盯着员工的短处，老爱提醒他们哪些事没做好，不愿帮助员工获取对他们成长有益的工作经验。这种上司只会妨碍员工的自我发展。

自我发展总归是个人的。让企业承担个人的自我发展责任是不现实的。个人发展的责任与个人的能力及其所付出的努力息息相关。没有任何企业有能力替代个人自我发展所做的努力，更不用承担这样义务。如果企业这样做，那么反倒体现出企业的家长式作风与愚不可及的自高自大了。

然而，企业中的每一位管理者都有机会促成或阻碍、引导或误导员工个人的自我发展。企业应该明确要求每一位管理者承担起帮助员工进行自我发展的责任。企业也应该为管理者提供自我发展的挑战和经验。

关于管理能力提升与管理者培养是不是只有大型公司经济繁荣时期才可拥有的奢侈品的问题，我们已经没有必要再争论了。大多数大型公司，甚至许多小型公司，已经意识到管理能力提升和管理者培养与研发部门一样并非奢侈品。我们如今也不必再讨论一家公司是否会培养出过多的优秀人才这一古老的担忧。今天管理层早该明白，哪怕是最优秀的管理能力提升项目也无法满足企业对优秀人才日益增长的需求（当然，聪明人都知道，如果一家公司成为"总裁的摇篮"，这对公司而言有利无害；公司越是能够为自己以及别的公司培养成功人才，那么这家公司就越能够吸引优秀人才）。现代企业已经成为社会的基本机构，因此企业必须要发展管理团队与培养管理人才。在任何其他主要机构中，诸如教会与军队，发掘、培养和选拔未来的领袖，也都已经成为最优秀的管理层人才全力以赴的核心工作。

要保证现在的管理者的气魄、视野以及绩效，就必须要求他们培养能够管理未来的人才。当一个人尽力帮助别人进步时，往往他自己的收获最多。实际上，不愿意帮助他人发展的人是无法成长的。管理者正是在致力于培养他人的过程中不断提高对于自己的要求的。任何行业中的佼佼者都把他们训练和培养出来的人视为他们职业生涯中最引以为荣的成就。

正如企业需要提升管理能力并培养管理者一样，公共服务机构也一样需要提升管理能力并培养管理者，甚至采用的方法都一样。最重要的是，今天的管理者与专业人士有责任自我发展；这既是他对自己的一份责任，也是对他所服务的机构的一份责任。

如今，我们听闻许多关于组织里头的人以及组织中员工关系疏离的事情。我对于现在的组织机构比过去充满阶级、宗族、种姓与风俗等巨大压力的小村庄更有从众压力的观点深表怀疑。同样，我也不认为如今的社会的人际关系能比早期社会更加疏离。无论如何，关于人类疏离的经典诊断并不是现代企业研究出来的，而是丹麦的克尔凯郭尔（Kierkegaard）在生活与写作的19世纪初期——前工业时代的纯农耕社会中发现的。无论今天的从众压力与精神绝望与过去相比是更严重了，还是有所减轻了，个人对于自我发展和追求卓越的承诺对二者都是一种有效的反作用力。

CHAPTER 34 | 第34章
依靠目标与自我控制进行管理

误导的力量——工匠精神：必要性与危险性——上司的误导——管理层的差异——薪酬的误导——管理者的目标应该是什么——依靠压力驱动进行管理——谁来制定以及应该如何制定管理者的目标——通过衡量来实现自我控制——自我控制与绩效标准——一种管理哲学

企业中的每个成员的贡献各自不同，但所有贡献都指向一个共同的目标。他们的所有努力必须朝着同一方向，他们的所有贡献必须联合一起形成一个整体，没有缝隙，没有摩擦，没有不必要的重复劳动。

绩效的要求是：每一项工作必须以整个组织的目标为导向，特别是每个管理者的工作必须关注整个组织的成功。企业期望管理者的绩效必须指向整个企业的绩效目标。管理者的成果是根据他对整个企业成功所做的贡献来加以衡量的。管理者必须清楚地了解企业目标在绩效方面对他有何要求，他的上司也必须明白这些要求以及对他在绩效贡献上的期待。如果这些要求未能实现，那么管理者就会被误导，他们的努力也就付诸东流了。

依靠目标进行管理（management by objectives）要求付出巨大努力，也需要特定工具；因为在企业中，管理者并不会自动地朝着一个共同目标前进。正好相反，就本质而言，组织包含着四种强有力的误导因素：大多数管理者的专业工作，管理的层级结构，管理层在愿景与工作上的差异以及形成的层级隔离，最后就是管理团队的薪酬结构。企业要克服这些障碍，需要的不只是美好的意图、说教与训导，企业还需要政策与结构，需要目的性明确的、有组织的、以目标为依靠的管理，并且把这样的管理奉为整个管理团队的活法则。

有一个古老的故事：有人问三个石匠他们正在干什么。第一个回答说，"我正在谋生。"第二个石匠边敲击石头边回答说，"我正在做全国最好的石匠活儿。"第三个石匠抬头向上看，眼中闪烁着希望说，"我正在建造一座大教堂。"

当然，第三个石匠是真正的管理者。第一个石匠对自己工作的目的很清楚，而且努力做好它。他很清楚"一天劳作得一天报酬"的道理。但他不是一位管理者，也永远不可能成为一名管理者。第二个石匠的回答存在一个问题：他把技能奉为本质——事实上，当一个组织不要求其成员掌握工作的最高技能时，这个组织就会受挫。但这里存在一个危险：真正的工匠，真正的专业人士，都相信他们是在成就某项工程，而不只是在抛光石头或磨砺石块。在企业中，工匠精神是必须鼓励的，但工匠精神必须与企业整体的需要紧密联系。

在任何企业中，大多数管理者与专业人士都很像第二个石匠，他们非常关注自己的专业工作。的确，应将"职能部门"经理人员的数量控制在最低限度，而尽量增加整合各业务线并对绩效和成果负"总"责的经理人员数量。但即便将该原则应用到极致，相当多的管理者还是在职能部门内工作。

作为一名管理者，个人的习惯，诸如愿景与价值观，通常状况下都是在他从事职能工作与专业工作时形成的。作为职能部门的专业人士培养起工匠精神，努力追求成为"全国最好的石匠"，是必不可少的。因为没有高标准的工作就是欺诈怠工，这种态度不仅会腐蚀自己，也会带坏与他一起工作的人。在每个管理领域中，强调工匠精神并以之为驱动力都会促进创新与改良。企业必须鼓励管理者努力去做"专业的人力资源管理"，努力经营"最现代的工厂"，努力做好"真正科学的市场调研"，努力完善"最现代的会计系统"，努力成就"最完美的工程"。

然而，在职能与专业工作中，这种努力追求专业工匠精神的行为也存在某些危险：它可能会把个人的愿景与努力转移到别处，与企业的整体目标相离，而职能工作本身成了一种终极目标。太多的实例可以证明这一教训：职能部门经理不再把自己为整个企业所做的贡献视为衡量自己绩效的标准，而是把自己对于技能的专业评估奉为唯一标准。他们倾向于以手艺精湛程度来评估自己的下属，并以此作为奖励与晋升下属的依据。有时为了企业绩效而需要他们做出调整时，他们会愤愤不平，认为这妨碍了他们的"优秀工程设计""顺利生产"与"单刀直入的销售策略"。如果职能管理者对这种正当的精益求精的精神不予以合适调整，就会导致离心力让企业四分五裂，在职能上形成各自为政的松散局面，各个职能部门只关注自己的专业技巧，相互嫉妒并守护着各自的"秘密"，热衷于扩大各自的地盘，而无心于建设整个企业。

如今如火如荼地进行的科技与社会变革正在急剧扩大这种危险。企业中涌现出越来越多受过高等教育的专业人士，企业对这些专业人士的专业技能水平要求也越来越高。我们的劳动力正在日益成为"受过教育"的劳动力，他们中的大多数人都是以专业知识的形式为企业做贡献。因此今天，错将技术或功能本身作为终极目标看待的倾向将会越来越明显。同时，新技术要求专业人士之间的合作协调更加紧密。这就要求所有职能人员，甚至是最基层的管理者，都把企业视为一个整体，并且明白企业对他们的要求。新技术既需要员工在技能上追求卓越，又需要所有层面的管理者始终如一地遵循企业整体的共同目标。

大学教授不再把大学视为他们的"家"，而是效忠于自己的专业，这是现代"大学危机"的重要形成因素之一。但所有其他机构中都存在着完全相同的倾向，企业也不例外。

上司的误导

管理的层级结构加剧了这种危险。上司的一言一行，诸如心不在焉的评论、习惯甚至怪癖，都会被其下属误解为上司蓄意的、有计划的且有意义的言行。"你身边所能听到的都是关于人际关系的闲言碎语，但上司找你时讨论的，无非就是加班的事；而当上司要提拔一个人时，好处总是落到那些把财务部门的报表填得最漂亮的人身上。"这是最常见的抱怨，此起彼伏于每个级别的管理层中。这会导致绩效不佳，就算削减加班也无济于事。同时，这也体现出员工对公司及其管理层缺乏信任与尊重。

然而，那些误导下属的管理者们并非有意为之，他们由衷地把人际关系视为经营管理中最重要的任务。他们之所以谈论加班的事情，是因为觉得必须让员工知道自己是个"务实的人"，或者是因为他们觉得必须向员工显示自己对他们遇到的问题了如指掌。他们强调会计部门的报表仅仅因为他们与下属一样对这些报表深感恼火，或者仅仅是因为不想招惹审计人员，引来更多不必要的麻烦。然而，下属们并不知道这些缘由，他们所能察觉到的一切都是关于加班的问题以及关于会计部门报表的事情。

这个问题的解决取决于管理层结构：管理者和他的上司都要将注意力放

在工作上，而不是上司的个人要求。强调风格与方法，可能反而会使问题恶化，就像当前的许多管理文献所强调的那样。诚然，如今每个熟悉企业的人都已经发现，一些管理者试图通过改变自己的工作方法来逃避这种误导，结果却是把一些相当令人满意的关系变成了尴尬与误解的噩梦。管理者自己也变得极为敏感，以至于丧失与他人业已建立起来的轻松关系。他的下属也会做出反应："救命啊，他老人家又读了一本书！我们以前还知道他想要我们做什么，现在我们只能瞎猜了。"

管理层的差异

误导可能是管理层之间在关注点与职能上的差异所导致的。这类问题不是通过态度与善意就能得以解决的，因为它根植于企业的结构中；它也不能借助"更好的沟通"得以解决，因为沟通的必要前提是共同理解与共同语言，而这往往是管理层之间所缺乏的。

因此在管理者之中，"盲人摸象"的情况变得司空见惯也就不再稀奇了。每个层面的管理者都从各自不同的角度去猜测同一只"大象"——企业。生产部领班犹如摸到大象大腿的那个盲人那样果断地认为有棵树挡住他的路，他只看见最直接的生产问题。高管人员犹如触及大象鼻子的那个盲人，断定有条蛇挡住了他的路，他以为看得见企业整体，而实际上看见的只是股东、财务问题，以及一堆高度抽象的关系与图表。经营部门管理者则犹如摸到大象腹部的盲人那样，判断自己面临的是山崩，因此他凡事都根据职能判断。每个层级的管理者都需要独特的愿景，没有愿景，无法开展工作。但这些愿景之间的差异太大，以至于不同层级的员工经常意识不到他们讨论的其实是同一件事；或者，当他们相信他们正在谈论同一事情时，也会时常发现各自所谈论的内容风马牛不相及。

薪酬的误导

管理团队内部最严重的误导力量或许是薪酬结构。与此同时，薪酬结构也是最难管理的一项。管理人员总得以某种方式获得报酬，但每个薪酬系统都有可能产生误导。

薪酬是企业成本，是员工收入。但薪酬不仅显示出员工在企业内部的身份地位，而且显示出他的社会身份地位。人们能够根据薪酬判断的不仅是一个人的价值，还有他的绩效。从情感上说，薪酬与我们对公平、平等与正义等的理念紧密联系在一起。金钱当然是可以量化的，但在任何薪酬系统中，金钱的表达是最难以捉摸的，也最为敏感、最体现价值观与品质。因此，没有真正简单或真正理性的薪酬系统。

在日本，至少在45岁前，管理者所获薪酬多少只依据一个要素：年资。但这种做法也容易产生误导，特别容易误导年轻人去取悦他们的上司，而忽略自己努力获取成果。因为绩效并不影响当期的报酬，只作为以后评判的参考，即到了45岁时究竟晋升为高管还是留在中层继续工作，十年后退休。当然，这种做法并不影响一个人在其早期职业生涯中决定是否应该加入组织机构，或者是否值得如此为之努力。但对那些雄心勃勃而且绩效很高的人来说——这种人本应受到恰当激励——却很有可能被这种日本制度严重误导。他会把被某一派系接纳作为其目标，而不着眼自身绩效。

薪酬制度决定一个人在组织中的位置。他的薪酬与其他人的薪酬关系如何，尤其是与他认为平辈同事的薪酬关系如何，这比他的薪资绝对金额还要重要（参见第15章与第18章的内容）。薪酬必须要尽可能地保持个人认可以及维护团队的稳定平衡。所以，没有任何所谓的"科学公式"能够确保薪酬制度的完美成功。最好的薪酬计划要兼顾个人与组织，在薪酬的多种职能与意义之间达成某种妥协。即便是最好的薪酬计划也难免"合理"与"不合理"并存,"引导"与"误导"同在,既鼓励正确行为,也滋长错误行为。

然而,对管理者来说,再也没有比薪酬以及薪酬结构更强有力的信号了。薪酬的重要性远远超过了金钱所传达出来的经济意义。薪酬传达出来的是高管层的价值观以及高管层在管理团队中自身的价值。在一个组织内部,薪酬以清晰而有形的方式表达一个人的职位、级别与被认可程度。一般情况下,在今天的高税收制度中,多一点钱对资深人士而言并无太大意义。而实际效应上,他只会因此上缴更高的税收。但这对一个人的地位象征与情感影响却是无法估算的。

最具有破坏力的误导来自那些表面上非常"公平"的薪酬系统,对子公司与分支企业的负责人来说,管理者的薪酬直接与绩效挂钩,通常根据年度的投资回报来衡量绩效。如果我们想要"衡量"绩效,除了投资回报,别无他法。管理者本身及其下属,即在公司中独立负责分散业务的这些人,都是通过各自的年度盈亏来衡量自己的绩效的。事实上,这正是分权制度的主要理由之一。如果过分强调投资回报或年度利润,分支企业的管理者们就会被误导,从而忽视未来。

一家化学公司的主要事业部的管理团队数年来没能开发出市场急需的新产品。他们年复一年地向高管层汇报说:新产品尚未准备就绪。最后,当有人很直率地问该事业部经理,为何对一个显然对其业务成功至关重要的项目拖拖拉拉的时候,他回答说:"你看过我们的薪酬计划吗?虽然我自己的薪资旱涝保收,但我的整个经营团队都是靠投资回报获得奖金的。新产品确实是企业的未来,但在未来五年或八年中,我们只能投资,见不到回报。我知道我们已经晚了三年,但难道你真的希望我从我最亲近的同事嘴里夺走面包吗?"这个故事有个令人愉快的结局:薪酬计划做了调整。这在某种程度上与杜邦公司多年来拓展新业务的思路一致。在新产品引入市场之前,杜邦公司不把对新产品研发的投资计入事业部或子公司的成本。于是过了一两年，新产品便成功面市了。

这类危险已开始变得广为人知。比如数年前，通用电气公司废弃了原有基于事业部投资回报的薪酬制度，取而代之的制度是把投资回报仅仅视为管理者薪资薪酬的决定因素之一。对未来发展具有前瞻性的其他因素也被列为部门奖金的决定因素之一。这项调整的效果好多了。但在通用电气公司中，由于这项新制度的复杂性，没有人觉得它算得上完美无缺。

简单的薪酬制度应该要比复杂的好些。薪酬制度应该允许人们判断并促进薪酬合乎人们相应的工作，而不是把统一计算公式应用于每个人身上；但我绝不是说应该设计出一个"公平"的薪酬制度来，更不用说是"科学的"薪酬制度了。再次提醒一下，我们所能做的就是谨防薪酬制度鼓励错误行为，强调错误成果，以及指引员工追求背离整体利益的绩效。

管理者的目标应该是什么

只有坚持不懈地努力才能消除固有的混乱和误导倾向。上司需要理解下级管理者的期望，下级则需要认识到自己应该为哪些成果负责。不付出特别的努力，上司或下属将不可能知道这些，他们的理念就不可能兼容，更不用说完全相同了。

每一位管理者，上至"大老板"，下到生产领班或小组长，都需要清晰地表达各自的目标，否则混乱在所难免。这些目标应该界定管理者及其单位所期望达到的绩效，应该界定公司对管理者及其业务单元期望帮助其他业务单元实现目标所应该做出的贡献。最后，这些目标还应该界定管理者及其业务单元在实现自己目标时期望获取其他业务单元所给予的贡献与帮助。换言之，从一开始就应该把重点集中于团队配合和集体成果上。

这些目标应该源自企业的总目标。即便是装配线上的领班也应该提出自己的目标，他的目标阐述也应该基于公司的总目标与制造部门的大目标。公司或许因为规模太大，因而个人领班的生产与公司整体产出之间的差距极大。但领班必须聚焦于公司的总目标，并且需要以所在业务单元对整个企业做出的贡献来界定他的成果。

每个管理者的目标都应该在所有业务领域阐明他对达成公司总目标所做的贡献。很显然，并不是每个管理者都能在每个领域对公司做出直接贡献。例如，市场营销在提高生产率上所做的贡献或许是间接的，而且难以界定，但如果公司并不期望市场营销经理及其业务单元为那些具有显著影响企业的繁荣与生存发展的领域做贡献，那么这个事实应该被清楚地提出来。因为管理者必须明白：企业成果取决于多个领域平衡的努力与成果。因此，既要充分发挥各个职能和专业的工匠精神，又要预防各个职能与专业建立自己的"独立王国"乃至彼此纷争结党，二者都是必要的。同样，还有必要避免过分强调任何一个关键领域的重要性。对服务人员和那些高度专业化的团队（诸如电脑技术人员）来说，这一点尤其重要。他们或许并不总是能够把自己的工作与公司目标和成果直接关联，但除非他们努力调整，否则他们的工作可能会逐渐偏离公司的整体目标与成果。

所有层级的管理者在各个领域设定的目标必须兼顾长期和短期考虑，只有这样才能平衡各方面的努力。当然，所有目标都应该包含"有形的目标"（具体业务）与"无形的目标"（诸如管理者组织与发展、工作者绩效与态度，以及公共责任等），此外都是目光短浅和不切实际的。

根据压力驱动进行管理

恰到好处的管理要求平衡各项目标之间的压力，高管层尤其应该担当此任。唯有如此才能避免最常见的渎职现象，即"依靠危机和压力驱动进行管理"（management by crisis and drives）。

这样的管理往往在压力消失后三个星期让一切恢复原状，对此人们都心知肚明而不出所料。靠经济压力来驱动管理的唯一成果可能是：一些信使与打字员被解雇，而年薪25 000美元的执行经理被迫从事周薪150美元的打字工作，因为他们需要自己打字，而且打得一塌糊涂。但目前仍然有许多管理层不明白这显而易见的道理：依靠压力来驱动管理终究成不了事。

除了没有成效之外，依靠压力驱动进行管理还会产生误导。它把所有的重点都放到工作的某个阶段，从而造成对其他事物的伤害。一位经验丰富的应对危机实行管理老手曾总结说："我们用四个星期削减库存商品，然后用四个星期削减成本，紧接着用四个星期处理人际关系。然后，我们正好有一个月时间去做推动客户服务与普及礼节的工作。事后，我们回头一看，库存商品又堆满了原来的地方。我们甚至不愿意试图做我们的本职工作了。整个高管层讨论的、考虑的、宣讲的无非是上周库存数目或者本周顾客的投诉。他们根本不想了解我们是如何完成其余工作的。"

在一个依靠压力驱动进行管理的组织中，员工要么忽略各自的工作以完成驱动目标，要么为了完成他们的工作而默默地有组织地进行集体怠工。无论哪种情形，他们都对"狼来了"的呼喊声装聋作哑。当真正的危机降临时，当所有人都应该放下手中的一切，投入危机应对时，他们却认为这不过是管理层试图制造的一场集体歇斯底里而已。依靠压力驱动进行管理是混乱的征兆，是无能的体现，是管理层缺乏思考的表现。最重要的是，依靠压力驱动进行管理体现出公司并不知道自身对管理者有何期望，不清楚该如何正确引导他们，于是只能误导他们。

谁来制定以及应该如何制定管理者的目标

每一位管理者的工作目标都必须依据他为所属的更大业务单位的成功而做出的贡献来界定。例如，地区销售经理的目标应该依据他及其地区销售团队对销售部所做的贡献来界定。项目工程师的工作目标应该依据他本人、工程团队以及绘图人员对工程部所做的贡献来界定。事业部和分公司的总经理的工作目标依据他及其所在单位对母公司的总目标所做的贡献来界定。

当然，更高级的管理层则必须保留批准或不批准这些目标的权力。但这些目标的制定过程是管理者分内的事；确实，这是管理者的首要责任。同时，这也意味着每个管理者都应该负责任地参与他所属的上一级业务部门的目标制定过程。借用一个人际关系的术语，"给他一种参与的感觉"是不够的，也是错误的做法。成为一名管理者就意味着"承担责任"。正是因为管理者的目标应该体现企业的总目标需求，而不是体现老板或他本人的意图，因而他必须以积极的态度做出承诺。他必须知道企业的终极目标，企业寄予他什么样的厚望，为什么如此，他将用什么样的标准来评估以及如何评估等。在每个单位的管理层中，都必须开展这样的脑力激荡会议。只有每个做出贡献的管理者对各自所在单位的目标进行深思熟虑，主动参与其中，并且以负责任的态度界定各自的工作目标，才能促使所有管理层达成目标共识。当基层的管理者以这种方式积极参与其中时，更高层的管理者才会知道该对他们有多高的期望并提出翔实的要求。

这件事是如此的重要，以至于一些我所认识的最有成效的管理者们采取了进一步措施。他们要求每个下属每年两次写一份"管理者的信"。在这封写给上司的信中，每个管理者首先必须界定其上司的工作目标以及他自己的工作目标。然后，他要设置自认为适合的绩效标准。紧接着，他需要罗列出实现这些目标所必须做的事情以及在他的单位内部认为是重要障碍的事情。

他需要罗列出其上司与公司帮助他的事情以及束缚他的事情。最后，他还需要概述他在接下来的一年中打算做什么来实现他的目标。如果他的上司接受这份陈述信，那么这封信就会成为管理者新的"营业执照"。

我没有见过比这种信件更能体现上司误导能力的方法了，因为再好的上司未经思考所做的随意评论都是制造迷惑与舞蹈的罪魁祸首。有一家公司已经使用"管理者的信"十余年了。几乎每一封信上都有令收到信的主管不知所云的目标和行事准则。每当他问道"这是什么"时，他得到的答案都是："难道您不记得去年春天在电梯里与我所说的话了吗？"

"管理者的信"还会暴露任何上司要求与公司要求不一致的情形。上司有没有在鱼和熊掌不兼得的时候同时要求高速度和高品质呢？什么样的妥协方案是必需的且符合公司的利益呢？当上司要求自己的下属主动做出判断时，他是否还要在他们做任何事情之前进行确认呢？他是否征求下属的理念与建议，但又从不讨论甚至从不使用这些建议与理念呢？公司是否期望有一小群工程人员，在工厂发生问题时随叫随到，但同时要求他们全力以赴完成新的设计呢？公司是否期望管理者能够保持高标准的绩效，但同时禁止他们撤换绩效表现差的员工呢？公司是否创造了一种环境，让员工不得不说"只要老板不知道我现在正在做什么，我就能够完成工作"？

这些是普遍情形。这些情形危害企业的精神与绩效。"管理者的信"可能无力阻止这些事情，但至少可以让这些问题公开化，展现出哪些地方必须做出妥协，哪些目标必须加以审慎斟酌，哪些优先性必须建立，哪些行为习惯必须得以改善。这种做法还说明了：对管理者的管理不仅要求着力于建立起共同努力的方向，而且要求致力于清除误导。"相互理解"从来不是通过"向下沟通"就能实现的，甚至不是通过"谈话"就能实现的。相互理解只能通过"向上沟通"来获得。相互理解既需要上司具备"聆听"的意愿，也需要特别设计的工具，以促使基层管理者的声音能被上司听到。

通过衡量来实现自我控制

依靠目标进行管理的最大优势或许在于它能让管理者控制自己的绩效。自我控制意味着更强的动力：渴望做得最好，而不是差不多就行。这意味着更高的绩效目标与更广阔的愿景。即使不依靠目标进行管理也能给管理团队带来统一的方向和努力，但它对于实现依靠自我控制进行管理是不可或缺的。

到目前为止，我在书中很少论及"控制"，倒是说了些"衡量"，我是有意这样做的。因为"控制"是一个模棱两可的词。它可以指一个人引导自己与自己工作的能力，也可意味着一个人对另一个人的统治支配。在第一种意思中，目标是控制的基础；而在第二种意思中，目标绝不能够成为控制的基础，否则就会适得其反。事实上，依靠目标进行管理的主要贡献之一就是促使我们用"依靠自我控制进行管理"（management by self-control）来取代"依靠操控他人进行管理"（management by domination）。

为了能够控制自己的绩效，管理者需要知道自己目标以外的更多事情。他必须能够对照目标来衡量自己的绩效与成果。在企业的所有关键领域中，都应该为管理者提供明确而共同的衡量标准。这些衡量标准不一定要求严格的量化，也不一定要求精确，但它们必须清晰、简单、合理。这些衡量标准必须与业务相关，并能够把员工的注意力和努力引向正确的方向。这些衡量标准必须可靠，至少其误差是在公认且可接受的范围。它们必须可以自我解释，无需复杂的解释或哲学讨论便可以明白。

每一位管理者不仅应该掌握衡量自己绩效所需的信息，而且应该及时获取信息，以便做必要的改善来获得想要的成果。这种信息应该送交管理者本人而不是上司。它应该是自我控制的方法，而不是自上而下控制的工具。

掌握信息需要特别重视。因为搜集、分析和综合信息的技术正在日新月异地进步，人们获取信息的能力正在快速发展。过去，重要事实的信息要么根本无从获取，要么得之为时已晚，成为无用的历史资料。但这也并不完全是坏事。虽然它会使管理者的自我控制难见成效，但也使得上一级经理操控下属变得困难。缺失能够控制管理者的有效信息时，上司就只能允许下属按照自己认为合适的方法开展工作了。

生产衡量信息的新能力将会让有效的自我控制成为可能。倘若应用得当，这种新能力将会使管理的成效与绩效得以极大提高。但如果这种新能力被误用于自上而下地管控他人，那么这种新技术就会瓦解管理团队的士气，并严重降低管理者的有效性，从而造成难以估量的伤害。

自我控制与绩效标准

依靠目标与自我控制进行管理要求管理者必须严格自律。它迫使管理者以高要求对待自己。它决不让管理者放任自流。它可能会导致要求过高。这也正是许多人对此概念提出的主要批评（参见第 19 章，特别是有关马斯洛 Y 理论批评的内容）。

依靠目标与自我控制进行管理的假设是：人们愿意承担责任，想要做出贡献，愿意有所成就。这是一个大胆的假设。但我们知道，大部分人是按照别人对他的期望去行动的。

如果管理者从一开始就假设人是软弱的、不愿意承担责任的、懒惰的，那么他得到的就是一些软弱的、不愿意承担责任的、懒惰的人。如果管理者假设人是有力量的、愿意承担责任的、渴望做贡献的，那么他可能遭遇一些失望。但管理者的首要任务就是促使人的力量得以充分发挥。想要做到这一点，他必须从一开始就假设人是想要有所成就的，对管理者与专业贡献者尤为如此。

最重要的是，管理者必须把这种积极假设运用在今天受过教育的年轻人身上，因为他们将成为未来的管理者。当年轻人要求允许他们"做贡献"时，他们可能并不知道其中的深意。但他们的要求是正当的。直到今天，包括企业在内的所有组织机构的管理层都一直没把受过教育的年轻人想要做贡献这一前提假设当回事。这也是事实。所有组织机构的管理层都必须遵从依靠目标与自我控制进行管理的纪律与要求。

自从我在《管理的实践》（Practice of Management）中首次提出"依靠目标进行管理"这个术语后，它已经成为一个广为流传的口号。有些完整的文献，数不清的管理课程、研讨会，甚至是电影都在谈论"依靠目标进行管理"。有数百家公司正在应用"依靠目标进行管理"这一政策，但只有少数公司执行真正的"自我控制"。然而，"依靠目标与自我控制进行管理"远不只是一句口号，远不只是一项技术或者政策，它可以说是组织机构的"根本原则"。

一种管理哲学

企业所需要的是一种能够充分发挥个人长处和责任心，能够把不同的愿景与努力调节到同一方向，能够建立团队工作机制，能够促进个人目标和公共利益相和谐的管理原则。"依靠目标与自我控制进行管理"促使公共利益成为每个管理者的目标，以更严格、更高要求、更有效的内在控制来取代外在控制，激励管理者采取行动，不是别人命令或催促他做什么，而是客观的任务使然。他采取行动，并不是别人要他行动，而是他自己决定必须行动；换言之，他是作为自由人而行动。

我不轻率使用"哲学"一词，事实上，我宁愿根本不使用它，它是一个大词。但我愿意把"依靠目标与自我控制进行管理"视为一种"管理哲学"，因为它根植于管理工作的概念，根植于对管理团队特定需要以及对所面对的障碍的分析，根植于人类行动、行为习惯以及动机的概念。最后，"依靠目标与自我控制进行管理"可以适用于每个管理者，无论他的层级与职能如何；"依靠目标与自我控制进行管理"也适用于任何组织机构，无论其规模或大或小。它把目标需求转化成为个人目标以求确保绩效。这才是真正的自由。

CHAPTER 35 | 第35章

从中层管理到知识型组织

预言中层管理的消失——中层管理之热潮——必要的修正——冗员的危险——精简的必要——增长在哪里——专业知识工作者的崛起——传统中层管理的社会结构——欧洲传统——新型中层管理者的决策影响力——知识型组织：中层管理的职务设计——明确决策权的需要——高管层在知识型组织中扮演的角色——中层管理者是"资历尚浅"的"同事"，而绝不是"下属"

在20世纪50年代早期，当电脑与自动化成为热门话题时，人们就已经广泛预测到中层管理的崩溃。到了1980年，许多专家告诉我们，中层管理可能会消失。所有的决策都将由电脑制定，或者由高管层在"全面信息系统"的基础上制定。

很少有预言如此快速而且彻底被证实为错误。正当这预言广为流传时，中层管理的热潮开始了，而且还持续了20年。事实上，20世纪50～60年代可以被称为"中层管理的时代"。在所有发达国家中，没有其他劳动力群体比中层管理发展更快的了。

实际上，在这段时期，另有一股强大的力量削弱了中层管理的工作数量。这股力量不是电脑、自动化或其他任何新技术，而是合并、接管与收购的压力，以美国与英国为甚。这股力量导致无数的销售组织与会计部门被合并或关闭，从而废除了许多中层管理职位。在 20 世纪 60 年代末期，这股力量像飓风般席卷了整个英语世界。然而，除了 60 年代末英国的经济衰退时期以及 1970～1971 年的美国经济衰退时期之外，中层管理者的需求还是持续稳定地增长。在那些没有受到合并或收购直接冲击的公司或公共服务机构中，中层管理者的需求增长更是令人惊讶。

我们这里举些制造业的例子，就像几十年前烟囱林立那样，在经济领域（至少在大公司里），自动化得以广泛应用，电脑也在逐步普及。一家大型的美国汽车公司新近建了制造工厂，专门负责一款新车型的生产。这是该公司自 1949 年以来建成的首个自动化大型工厂，当年该公司曾经建过一家相似的工厂，设计生产数量也与新厂相近。新厂中包括蓝领工人和文职人员在内的普通职工数量比原来减少了三分之一，由于采用了自动化的生产流程，因而平均劳动生产率有增无减。新厂高管层的规模与旧厂大致相同，但中层管理人员，即薪资高于一般领班但低于厂长的管理人员，几乎达到了 1949 年旧厂的五倍。

另外一家制造业公司是专门生产多种工业零部件的企业，在 1950～1970 年间，这家企业的营业额从 1000 万美元增长到了 1 亿美元。零部件的销售量增加了 5 倍。在这段快速增长时期，高管层从 3 人增加到 5 人，普通职工从 1000 人增加到 4000 人，而中层管理人员（仍然以薪资为标准）从 14 人增加到 235 人，几乎增加了 17 倍，这还不包括销售人员。

还有一个英国的例子。一家大型材料公司，也是相关产业的世界领先企业，在扣除通货膨胀与价格上涨影响的前提下，1950～1970年间该公司的营业额增长了45%。但在这段时期中，高管层团队人数减少了；因为在这段时期中，公司历经两次重组，公司原有的家族创办人陆续退出，由专业管理者取而代之。普通员工，包括蓝领工人与文职人员，增加了五分之一。中层管理人员增长了3倍。

企业里头中层管理人员快速增长的类似情形也发生在日本。日本的"中层管理"与"大学毕业生参加工作"意义相同。在日本，大学毕业生就职于企业人数的增长速度甚至比日本经济增长还快。这导致所谓的"工薪阶级"，日语中通常代表中层管理者的词变得家喻户晓。

以这些例子试图说明中层管理的增长速度可谓管中窥豹。在许多人预言中层管理即将消失的时期，经济重心与经济增长都已经转移到了新的产业，这些产业中中层管理者所占比例更高，甚至远高于1950年的主导企业。到了1970年，能够代表美国经济活力的企业已经不再是通用汽车公司，而是IBM公司。而在该公司，或者任何一家电脑制造企业那里，中层管理团队远远大于诸如汽车或钢铁行业这样的传统制造业企业。从1950年至1970年的20年间，制药业中的中层管理人员数目也同样增长。

在制造业之外的其他产业中，中层管理的增长速度甚至更快。在非商业服务机构中，情形也是如此。医院就是其中的典型。

无论人们如何界定医院的高管层，它都不会增长，仍然只有一位院长，或许在大型医院中，还有一位副院长。在社区医院中，只有一些董事和一位医务主任。如果按照每天接待病人数目来配备员工的话，那么普通职工的数量不是增加，反倒是减少了，那是因为精简了在医院的厨房、维护部门以及其他一般工作领域的劳动力。但中层职工诸如技师、工程师、会计师、心理学家以及社会工作者则大幅度增加了。这些专业人员至少增加了四倍，在一些大型教学医院中，增长甚至更快。

必要的修正

按照这样的速度增长，中层管理者的数量将会超过既定目标，势必造成混乱与浪费。企业并没有考虑是否出于需要，只因为顺应流行趋势而举办各种活动，从而导致员工超编。在经济景气时期，企业较为容易接纳更多员工，但未经细致论证，从而造成冗员。在这种爆炸增长时期，没有人会把注意力集中在工作的组织上。但这样的量级扩张必然引发"质变"，而不仅仅是"量变"。如果不对工作与组织进行研究与改善，势必造成铺张浪费、重复工作，以及机构臃肿、人浮于事。

中层管理冗员的例子比比皆是。最糟糕例子的是一些美国国防工程项目。为了设计"幻影"战斗机，即1954～1970年期间最好的军用飞机，法国雇用了70多名工程师与设计师，要求他们在限定时间内完成设计工作。而美国为了设计与幻影战斗机性能相似的飞机却动用了3000名工程师与设计师，花了4倍的时间完成，最后研发出来的飞机，成本巨大，性能不佳。

在民营企业中，明显冗员的例子也不少。在IBM公司快速扩张的时期，它也曾大量雇用中层管理人员投入生产工作，这种做法看起来不像IBM的作风，但的确如此发生了。它扩充中层管理者是根据员工的大学文凭，而不是看绩效，也不是因为明确界定的服务需求。

因此，与其他任何热潮一样，中层管理热潮必然导致"中层管理萧条"。在第一次重大的经济衰退后，人们开始大幅度地修正。最先进行修正的是英国。在20世纪60年代经济大衰退中，英国企业界并购与接管之风盛行，结果导致企业大量裁减中层管理人员与专业人士。在1970～1971年的经济衰退中，美国的反应则较为温和：它包括两年内持续缩减大学生担任管理职务与专业职位，而在职的中层管理人员却很少被裁员（而特别令人头疼的航天与国防产业除外）。由于尼克松总统1971年的贸易与经济攻势造成的恐惧感，日本也暂时缩减了对新员工的雇用计划。

像这样的逆转，无论多令人痛苦，但基本上还是健康的。当然，它难免矫枉过正。不过，它至少迫使管理层认真思考"管理工作是什么"以及"需要什么"等问题。对于中层管理工作来说，这样的思考尤其重要。没有其他领域人浮于事比中层管理者过剩造成的破坏更大了。它付出的代价远超过金钱，因为它付出的代价是企业的绩效与员工的积极性。

冗员的危险

知识工作，即中层管理者的特定工作，始终应该严格要求。知识工作者应该讲究少而精，宁缺毋滥。一个人浮于事的中层管理组织会摧毁员工的士气，还会摧毁员工的自豪感、成就感与满意度。最终，摧毁企业绩效。㊀

中层管理热潮及其所形成的冗员现象，尤其是在大型企业中，已经破坏了员工的士气与工作积极性。20世纪50～60年代，企业、政府、学校以及医院大量招聘年轻人，但冗员是导致这些年轻的中层职员、管理者、专业人士心存不满以及希望破灭的主要原因。他们的薪资优厚、待遇良好，但他们没有足够的工作可做，没有足够的挑战，没有足够的贡献，没有足够的成就，而且做了太多无用功。他们中间有太多人忙于"交际"，却无心做好自己的工作。许多有能力的、受过教育的年轻人，诸如某些美国领先的商学院毕业的高才生，被问及为何宁愿在小公司或中等规模的市政府机构中任职时，他们总是会说："至少我有事可做。"

冗员带来的第一个教训是：保持中层职员的精干。首要问题是："真正

㊀ 论及这个观点，详见弗雷德里克·赫茨伯格的两部著作：《工作与人的本性》（*Work and the Nature of Man*, World Publishing Co., 1966）与《工作激励》（*The Motivation to Work*, Wiley, 1959）。

需要做成什么?"第二个问题,也是同等重要的问题:"什么事无须再做以及什么事应该减少或删除?"这第一个教训就是要"控制体重"。

这尤其意味着,在一般情形下,开展一项新的中层管理活动必须先要舍弃或至少需要减少一项旧的活动。中层管理预算应主要算作"行政费用"(参见第9章),而且需要随时留意确保那些优秀的、高绩效的员工被指派去做一些充满机遇又能出成果且前途光明的事情。相应地,不能把时间、精力花费在无休止的问题以及为过去事情的"辩解"上,更不能无所事事、碌碌无为。

人们需要更多思考与关注中层管理的工作及其组织。中间层的扩张不仅带来质变,中层管理功能的本质也在发生着变化。我们可以大胆地预测,中层管理将会持续地扩大,因此中层管理未来的成长需要合理引导、控制与管理,并且必须以对中层管理的本质变化的理解为基础,以组织的功能、关系和结构变化所需要的成果为根据。

增长在哪里

40年前的中层管理并没有消失;相反,它不减反增,而且增长得不少。与第二次世界大战之前的情形相比,如今的工厂经理、地区销售经理、银行分行经理同比增长较大。但在管理职务中,中层职员的增长主要是制造工程师与流程制定专业人员、税务会计师与市场分析师、产品与市场部经理,以及广告与促销专业人员等。几十年前,许多职能鲜为人知。但如今,新兴的中层管理者都是拥有知识的专业人士(knowledge professionals,参见第30章)。

传统的中层管理者本质上像是一名拥有许多士兵的指挥官,而新兴的中层管理者本质上都是知识的提供者。传统的中层管理者拥有管理向他汇报工作的下属的"职权";而新兴的中层管理者实质上负有管理"横向"和"上级"的责任，即他必须对那些他无权下达命令的人负责。

最重要的是，传统的中层管理者的职务很大程度上是例行公事，他不做任何决策，只听命执行，最多也就是因地制宜地调整好决策。他的职责既不是设计系统，也不是希望改善系统，而是保持系统的正常运作即可。当然，这是因为传统已经把管理者定义为"那些负责他人工作的人"，而不是"负责自己工作的人"。此外，在美国与日本之外，尤其是在欧洲，传统上管理的社会机构也是如此理解的。

在美国与日本，高管层传统上是从中层管理中招募产生的，即高管层是从业务干部步步晋升而形成的。但在许多欧洲国家中则非如此。过去在英国，管理者与董事会之间存在一条巨大的鸿沟，这个鸿沟就是"高管层"，从某种程度上至今仍然是这样。甚至在一些大型企业中，直到最近，招聘的董事会成员即便不是完全没有企业经验的人，诸如杰出的前政府官员，也是从未担任过经营管理部门职务的人。在荷兰，即便是在一些大型的、由专业人员管理的企业中，高管层成员也很少从业务部门人员中晋升。在法国的大型公司中，所有高管层成员和资深管理者都是巴黎综合理工大学毕业生。他们中的绝大多数人，尤其是高管层成员，都必须先在政府部门工作，然后直接从政府部门转入企业担任高级管理职务。企业内部的业务管理者即便是大学毕业生，他们也被认为不合适担任高层管理职务。德国则倾向于在"高管层"(führung)和"经营层"(leitung)之间划清界限，泾渭分明。㊀

格奥尔格·西门子，德意志银行的创建者（参见第 29 章，特别是第 49

㊀ 在美国以外，因语义障碍，导致对"管理"（management）这个词的理解不同。在大多数欧洲语言中并无一个能够完整阐明管理群体的合适词，而只有用以分别指代高管层与中层管理的词，这种情况在 30 年前的英国也是如此。因为"管理"这个词被翻译成这些语言时，通常包含了业务操作人员、中层管理人员以及高层管理人员，诸如德语 unternehmer 就倾向于阐述管理是"关注常规业务操作"而不是"制定重要决策"，所以，"管理"就被理解为"管他们"而不是"管我们"。

章内容），当年不到 30 岁在政府部门担任律师，在没有任何银行业务经验的情况下成为重要金融机构的主管。他年纪轻轻就跻身高管层的确意外，但他缺乏企业经验与业务知识却一点也不奇怪。然而，这样的社会结构能够运作，而且在许多状况下非常顺畅地运作，这呈现出传统欧洲对中层管理者的看法：他们关注例行工作而不是决策，关注维持业务的操作而不是方向。这看起来也很有道理。

新型中层管理者的决策影响力

新型中层管理者基本都是拥有知识的专业人士，他们的行动与决策对企业、对企业的绩效能力以及对企业的发展方向产生重大影响。

我们举如下几个典型的例子。

诸如宝洁公司的肥皂与洗涤剂业务、联合利华的食品业务、荷兰飞利浦的广播电视业务等，这些公司的产品经理都是明确按照中层管理者的级别与薪资来界定的。他们没有下达命令的职权。工作是由向各自职能部门上司报告的经理们完成的，例如制造部门经理、销售部经理以及化工发展实验室的主管等。但产品经理必须为市场中的产品开发、产品推介以及产品绩效承担责任。他们在最大程度上拥有新产品是否应该开发的决策权。他们决定新产品应有的规格及其价格。他们决定在什么地方以及如何测试市场。他们决定销售目标。虽然他们并不拥有任何下达命令的权利，也不能签署任何命令，但他们直接控制品牌消费产品的绩效与成功的主要决定因素，以及广告与促销预算。

一家机械工具公司的产品质检工程师也并没有指挥权，除了一些资历尚浅的质检工程师之外，没有其他人向他汇报工作。然而，他决定制造流程的设计与结构，他的质检管理标准在很大程度上决定了制造流程的成本以及制造工厂的绩效。这样看来,制造部经理或车间经理拥有决定权,但质检工程师却拥有否决他们的权力。税务会计师同样没有指挥权,也不能发号施令,而且通常状况下,除了秘书之外,没有其他人向他汇报工作。但实际上他甚至拥有对高管层决策的否决权。他对某个项目税务结果的看法通常会决定公司的决策是否可行以及必须如何运作。

一家大型商业银行的行业专家,比如一位零售专家并不拥有决定是否贷款的职权;但未经他的批准,信贷人员也不能为零售连锁店贷款。当银行的零售业客户遭遇困难时,零售行业专家必须接管这事。银行的零售行业专家还必须根据各自的专业知识来决定银行应该扩大还是缩减对零售连锁店的贷款,以及银行贷款的标准设置等。如果他发现某家零售连锁店的贷款有可疑之处,他无须向上级汇报,他可以直接拿起电话,如实告诉负责该账户的贷款人员。当然,他不能"命令"贷款人员接受或取消贷款。虽然贷款人员的职位级别可能高于零售专家,但他必须尊重零售专家的意见。因此他不会说"零售专家'劝我'取消这笔贷款";相反,他会说"是零售专家'告诉我'要这么做的"。

以上这些产品经理、质检工程师以及税务会计师都不是负责"业务线"的经理,但他们也不是"职员"。他们的职能不是"劝告"与"教导",而是"运营"操作。尽管他们在级别、薪资与职能上不如高管层,但他们对企业高管层的影响力一点都不小。

这些中层管理者的确不能制定关键决策,诸如"我们的事业是什么""我们的事业应该是什么""企业的目标是什么""企业的优先顺序是什么和应该是什么"以及"如何分配关键的资金与人力资源"等。但他们能够在这些关键决策上贡献重要知识。如果没有这些知识,这些关键决策不可能制定,至少不能有效地制定。除非这些中层管理者的知识能够被吸收,除非他们愿意承担职责和权力,否则这些关键决策无法奏效。在第 30 章中我们已经论及,虽然这些专业知识工作者没有"下属"向他们汇报工作，但实际上，他们就是管理者。现在我们也能发现，虽然中层管理者比高层管理者在组织职务上低五六级，但从他们的影响力与责任感来说，他们理应属于高管层。

知识型组织：中层管理的职务设计

中层管理并未按某些人预测的那样消失，甚至连传统的中层管理者也没有消失。不过，昨日的中层管理正在转变成为明天的"知识型组织"。

这种转变不仅要求重建个人职务，而且需要重建组织及其设计。在知识型组织中，从高管层一直到最低层级专业人士或管理者，所有职务都必须齐心协力地聚焦于企业的目标；每个职务都必须聚焦于贡献，也就意味着每个职务都必须拥有各自的目标。职务不仅要依据任务组织起来，还要认真思考输入和输出该职位的信息流来搭建。此外，还必须将它放置到决策构架当中。不能再像传统中层管理那样，只按照"向下职权"来设计；相反，知识型组织中的中层管理职务必须是多维度的。

传统上，中层管理职务设计得非常狭窄，而且把首要重点放在限制中层管理者权限上。但在知识型组织中，我们必须先问："这个职务能做出的最大可能的贡献是什么？"重点必须从"关注权限"转向"强调责任"。

明确决策权的需要

知识型组织要求明确的决策权，要求对决策权的归属问题进行清晰的思考（详见第 42 章）。知识型组织远比它取代的简单"业务线"型组织要复杂得多。除非对决策权做出明确的界定，否则职权必定会混乱。

知识型组织设计是为了承担更大的风险。组织运营不再是明确规范的

"例行公事"。知识型组织是"决策驱动组织",而不是按照预定速度,机械地维持组织运转,从而获取已知成果作为唯一职能的组织。所以在知识型组织中,事情可能会多变,并以出人意料的方式进行。除非把变更决策的职权嵌入决策本身,否则必然导致职能混乱。

一家重要的制药公司决定在一年内推出七个新产品,这是以往公司新产品推介的两倍。公司召集各职能部门、各层级管理者以及各主要地区负责人,花了一年多时间进行研讨,最后制定出一个精致周详的跨国策略。根据策略部署,一些产品率先推向欧洲市场,一些产品进入美国市场,一些产品供应给普通医疗机构,还有一些产品则供应给专科医师或专科医院。当这些产品问世后,原来最不看好的两个产品出乎意料地热销。相反,两个被公认为最好的产品却意想不到地遭遇销售冷门。在制定策略时,没有人曾问过:"如果事情不能按照计划见效,谁负责变更计划?"结果,有数不清的报告、无休止的研讨与会议,就是不见行动。最后,公司在新产品开发方面亏损严重。那两个意外销售成功的产品并没有得到有效的重视与支持,而竞争对手以相似的产品在市场上大获丰收。另两个被公认为好却遭遇销售冷门的产品,或应该加强临床检测与营销努力,或应该大量削减。每个人都看到了问题所在,但没有人有权做出决策。

在由新型中层管理者构成的知识型组织中,任何项目、工程以及计划都必须先回答如下问题:"谁有权改变计划?"这样的做法会促进职权分散到中层管理者肩上,甚至远超过美国传统中层管理所能预想的程度。在知识型组织中,即便是业务部门经理也必须拥有更大的职权,而非相反。

在这个制药公司的案例中,派驻法国的子公司的地区销售经理是唯一可能阻止这种最严重损失的人,即他可以防止把那未曾预期成为畅销产品的市场拱手让给竞争者。但他既不掌握能分析他的销售结果意义的信息,又无权修改其销售目标和奖励计划。可是这个案例中,没有人"犯错"。法国区的销售经理只是按照传统上中层管理的"规定",执行上级的命令。但在知识型组织中,业务部门经理也必须参与决策过程,而且要明白决策的含义。他必须拥有与责任相称的职权,这种职权不仅仅是分享知识的职权,还包括下达命令的职权。或者,假如他和他的团队完成其使命需要某一领域的命令职权,却又无法被赋予这样的权限,那么对他而言最重要的就是要清楚谁拥有这种命令职权(关于组织结构的含义可详见第 45 章)。

高管层在知识型组织中扮演的角色

在知识型组织中,高管层不能再把"业务人员"假定为只是言听计从的办事员。高管层必须接受如下事实:中层职员也能够做出真正的决策。同样道理,业务组织不能继续认为自己离开了高管层也能顺利运行。中层管理必须理解高管层的决策。在知识型组织中,中层管理确实必须承担"教育"高管层的责任,而高管层必须理解知识型组织要尝试做什么、什么是它能够做的、它看见的重要机遇在哪里、重要需求在哪里,以及企业的主要挑战是什么等诸如此类的问题。最后,中层管理必须坚持高管层所做的决策,尤其是在"我们的事业是什么""我们的事业应该是什么"以及"企业的目标、战略与优先级"等关键问题上。否则,中层职员将很难顺利完成各自的工作。

高管层需要掌握知识型组织的要领,了解其实质,需要建立与知识型组织的必要交流关系。传统上来讲,美国人认为,从中层提拔起来的高层管理者一定了解中层管理者的工作。即便是那些从中层晋升成为高管的人,也最多接触过知识型组织的一部分职能型工作。而许多重要领域的中层管理都不再为晋升高管层的人进行培训与检测了。

的确,在某些领域中的最优秀人才甚至并不想到高管层中工作,他们宁愿留在自己的专业领域中。一般情形下,电脑专家更希望留在自己的专业内从事信息以及信息技术的工作。同样，大多数的研究者希望继续做研究工作，无论是在物理领域还是技术领域，无论研究人还是研究经济，大多如此。

然而，以传统欧洲方法为基础的假设也正在变得无效。在知识型组织中，中层管理者也不再理所当然地例行公事，也不再只是按部就班地执行高管层的决策与命令了。所以，如果高管层想要让中层管理工作有成效，那么它就必须与知识型组织建立团队关系，互通有无。

在知识型组织中，对高管层而言最重要的"公众"就是那些高度专业化的年轻知识工作者。他们最需要"教父"（参见第 20 章）。他们最不可能明白高管层正在做什么，最不可能看到企业的整体性，最不可能把各自的想法融入企业的目标与绩效上来。但因为他们拥有的知识，他们可以在各自的早期职业生涯中产生影响。无论如何，在不同规模或复杂程度不一样的企业中，高管层团队都需要协调好与这些年轻专业知识工作者的关系。

高管层团队的每一位成员都需要一年几次与年轻的知识工作者促膝谈心，对他们说："我没有预先设定的话题，也没有什么想要告诉你的。我来这里就是为了聆听。请告诉我，你觉得高管层需要了解你工作中的哪些方面，高管层如何工作才能提高效率，你觉得我们公司的问题与机遇在哪里，我们高管层成员对你的工作有何帮助，以及高管层是否在工作中伤害了你，等等。我只强调一件事，你事先做好了充分准备，你认真履行了与高管分享信息和教育高管的职责。"

总之，在知识型组织中，高管层的工作就是调动知识、组织知识、运用知识以及引导知识。在今天的组织中，高管层切莫把知识工作者（管理者与专业人才）视为"次要的下级"。虽然他们的地位、薪资与职权都处于"中层管理"行列，但他们是"资历尚浅"的"同事"，而绝不是"下属"。

归根到底，"管理"意味着以思想代替体力与蛮干，以知识代替习俗与迷信，以合作代替强制。"管理"意味着以责任代替服从，以绩效的权威代替权力的权威。所以，知识型组织自始至终贯穿着管理理论、管理思想以及对管理的期望。如今，知识型组织既成事实。自第二次世界大战以来，管理从业者数量的迅猛增长把中层管理者转变成为专业的知识工作者，也就是说，许多人运用知识来工作以获得薪资，并且根据自己掌握的知识来参与决策过程，这些决策影响了整个企业的绩效、成果以及未来的方向。促进这些中层的新知识员工在工作上真正有成效、有成就，这任务刚刚开始。这也正是企业对管理者进行管理的核心任务之一。

CHAPTER 36 | 第36章

绩 效 精 神

促进平凡人能够做不平凡的事——以绩效而不凭感觉良好来检验——聚焦专长——实践，而非说教——"安稳的平庸"之危险——"绩效"的意义——如何对待绩效不佳者——"良知"决策——聚焦机会——与"人"相关的决策：组织的控制——正直：试金石

组织的目的是促进平凡人做不平凡的事。

没有任何组织能够依赖天才，天才总是稀缺，而且不可靠。考验一个组织就是要看它如何使平凡人产生比他能力更佳的绩效，使成员的专长得以充分发挥，以及使用每个人的专长去帮助其他成员产生绩效。同时，组织的任务是抵消成员的个人弱点。真正考验组织的是绩效精神。

绩效精神要求每个人都有充分余地追求卓越，其重点必须聚焦人的专长，即重点在于"他能做什么"，而不是"他不能做什么"。

在组织中，"士气"并不意味着"大家聚在一起"，考验组织的是"绩效"，而不是"一团和气"。如果人际关系不是根植于优异绩效产生的满足感，就是糟糕的人际关系，而且会导致平庸俗气。当杰出人才的优势与能力成为组织的威胁，他的绩效成为别人的困难、挫折与沮丧的根源时，没有什么比这样的组织罪过更大的了。

在人的组织中，绩效精神意味着组织的能量输出大于努力输入的总和。绩效精神意味着能量的创造。这是所有机械方法不能实现的。就理论而言，最好的机械设计的确能够节省能量，但不能创造能量。要使能量输出多于能量输入，只有在道德范围内才具有可能性。

道德并不意味着说教。无论人们如何理解道德的含义，道德都必须是行动的原则，道德必须不能停留于训诫、布道或善意，道德必须付诸实践，尤其是如下几点必须认真对待。

第一，组织必须聚焦于绩效。组织精神中的首要要求就是高绩效标准，无论是对团队还是对个人都是如此。组织就其本身而言必须反复培养注重成就的习惯。然而，绩效并不意味着"每次都会成功"；相反，绩效意味着"平均命中率"。绩效必须也应该留有"犯错"甚至是"失败"的余地。但绩效不能容许自鸣得意与低标准。

第二，组织必须聚焦于机会，而不是问题。

第三，直接影响到"人"的各项决策，诸如员工的任用、薪资、晋升、降职与离职等，都必须体现出组织的价值观与信仰。

第四，也是最后一点，在人事决策方面，管理层必须表明：正直（integrity）是管理者的绝对必要条件，是管理者的基本品行，而不是期望一个人成为管理者后再养成它。管理层还必须展示出组织本身具有同样的正直品格。

"安稳的平庸"之危险

"安稳的平庸"是每个组织持续遭遇的诱惑。组织健全的首要条件便是对绩效的高要求。的确,要求推行依靠目标进行管理以及聚焦于使命的目标要求的主要原因之一,就是要让管理者为自己的绩效设立高标准。

这就要求恰当地理解绩效的实质。绩效并不是每枪必中靶心,那只是维持几分钟的马戏团表演而已。绩效是有能力在多种作业中长时间持续地产生成果。绩效的记录必须包括错误与失败。绩效必须既能体现一个人的专长,又能暴露其局限性。正如人各不相同一样,绩效也是各种各样的。

有的人一直表现很好,很少把事情搞砸,但也极少表现得才华横溢,卓尔不群。另有一些人可能在正常情况下表现平平,但在遭遇危机或重大挑战时,却像个"明星"一样表现优异。虽然这两种人的绩效极不相同,但他们都是"有绩效的人",都应该被认可。但一个从不犯错的人,无论做什么都没有过任何失误的人,是不值得信任的。他要么是个骗子,要么就只做些稳妥保险的、无关紧要的琐碎之事。

倘若管理层没有把绩效视为"平均命中率",那么管理层一定是误把"因循守旧"当成"成就",误把"没有缺点"当成"长处"了。这样的管理层会令整个组织因挫败而士气低落。从某种意义上说,一个人越是优秀,犯的错误可能越多,因为他要尝试做的新事也越多。

倘若有人连续工作表现平庸,绩效不尽如人意,那么就算是为了他自己的利益,也应该将他调离工作岗位。倘若有人意识到自己的能力无法胜任自己的职务,那么他就会觉得挫败、厌烦以及忧心忡忡。把一个人留在与他的能力不相称的职位上,可算不上是在帮他。不去直面一个人工作上的失败,那是懦弱,而不是同情。

下属有权利要求其上司基于自身业绩、奉献精神和成就来对他进行管理。面对上司，下属有权要求其上司绩效优异，否则他们将难以取得好的绩效。

最后，管理者应该对组织中的所有员工负责，不要迁就在绩效上失败的管理者。整个组织会由于某些管理者或专业人员绩效太差或者根本没有绩效而被削弱，但整个组织也会因为某人取得的出色绩效而锦上添花。

初看起来，日本制度似乎违背了这个规则。在日本组织中，很少有人因为绩效不好而被解雇。事实上，日本组织或许比任何西方组织更加要求苛刻，甚至竞争更加激烈。绩效不好或工作平庸的人并没有被解雇，而是很快受到冷落，并且给他安排一些打杂的活儿。他本人与组织对此心知肚明。此外，虽然每个人都是按照资历来增加薪资与晋升头衔，但到了差不多 45 岁年限时，只有极少数人晋升为主管，进入公司高管层；而绝大多数其他人则在继续工作十年后在部门经理或主任的职位上退休。

倘若一个人在既定的任务中毫无绩效，这只能说明管理层不该把他放在那个岗位上。无论管理者如何小心谨慎，这类错误实在难以避免。如果一个人在以往的工作上屡屡获得绩效，但不能完成新任务的话，就只能说明一开始就不应该把他安排在这个新的工作岗位上。

在诸如此类的案例中，"失败"只是说明了如下道理：一流的专业工作者不适合担任管理者。这话的意思可能是指，一个擅长运营现行业务的人，不适合成为一名创新者或企业家。或者也可能正好说明一个相反的道理：一个擅长从事新的、不同的工作的人，并不适合从事连续的、固定的、高度程式化的常规业务。

倘若一个人无法在新的工作岗位上产生绩效，那可能意味着我们需要对这个人与这份工作进行细致考虑。当然，有时（在第 32 章中我们曾讨论过"寡妇制造者"）是职务设计的问题，而不是人的问题。

在第二次世界大战中，时任美国陆军参谋长的乔治·马歇尔是个从不妥协且极其苛刻的指挥官，他对将士的平庸绝不容忍，更不用说容忍他们的失败了。马歇尔多次强调："我对我的士兵、对他们的父母、对我的国家负有责任，我有责任立刻撤除任何不符合最高绩效要求的指挥官。"而且他一直宣称："命令这个人或那个人去执行一个不适合他的命令，那是我的错误。因此我的工作就是要彻底思考哪里是合适他的用武之地。"在第二次世界大战中浮现出了许多非常成功的美军指挥官，他们都曾经有过被马歇尔撤职的经历，但那都是马歇尔对自己所犯的错误经过深思熟虑，并且指出他们合适的位置之后的英明决定。这在很大程度上可以解释为什么美国陆军在加入第二次世界大战时，尚无一个位居司令的将官（原则上美国陆军司令都是由一些超过退休年龄而且必须退居二线的老将军担任），但在短短几年内却产生了一支杰出的领袖团队。

"良知"决策

最艰难的也是最重要的案例是那些长期为公司尽忠服务，但如今已经丧失贡献能力的人。比如有一个记账员，他在公司的初始阶段就开始服务公司，一直伴随着公司的成长，直到50岁左右，他晋升为这家大公司的财务长，但这职务完全超出了他的能力。人没有变化，还是那个人，但他的职务要求不同了。他一直忠诚服务公司。公司获得忠诚的服务，也必将以忠诚相回报，但他还是不能留在财务长的职位上。这不仅因为他缺乏绩效能力从而可能危及公司，而且因为他在工作上的不称职可能影响到整个管理团队的士气和信任关系。

幸运的是，这类情况不是太多，但它们的确挑战组织的"良知"。为了保持此人的留任，那就会违背整个公司以及所有员工的利益。然而，解雇一个为公司忠心耿耿工作了30年的老员工同样是背信弃义。如果有人说"我们早在 25 年前就应该注意这一问题",这话虽然在理,但显然无济于事。

这些案例的决策必须客观,也就是要重视公司的利益:这个人必须从他的岗位上撤除。但这毕竟是人事决策,需要周密的考虑、真正的同情以及应尽义务的履行。亨利·福特二世在第二次世界大战后能够力挽狂澜,让福特汽车公司起死回生,很大程度上是他对这些"良知案例"之重要性的深刻理解的结果。

那时,有一个关键部门的九个管理人员,竟然没有一个有能力胜任公司重组后的新职务,公司无法任命他们担任这些新职务。但对这九个人而言,还是可以在组织内部找到能够胜任的技术工作和专业。他们缺乏管理者的必要能力是无可争议的,因而解雇他们是件容易的事。但在公司非常艰难的岁月中,这些人一直忠心耿耿地为公司服务,所以解雇他们也并非易事。亨利·福特二世坚持的原则是:公司不允许任何人在毫无绩效的情形下留任原职;同时,任何人都不应该因为以往组织的错误而受到惩罚。福特公司之所以能够快速复兴很大程度上取决于对这条原则的严格遵守(顺便提一下,这九个人中有七个在新职务上表现不错,其中一个因为绩效良好而被晋升到比他原有职务更高的职务。其余两个工作失败,年长的领取养老金退休了,而较为年轻的那位被解雇了)。

在"良知案例"中经常听到的借口是:"我们不能撤换他,他在这里时间太长,解雇不了了。"这是一个糟糕的逻辑,也是一个懦弱的托辞。这样的借口会对管理者的绩效、管理者的精神以及对公司的尊重造成损害。

但话说回来,解雇这样的人也同样不好。它有损组织的公平与正义的形象。它会动摇组织管理所坚持的诚信正直信条。倘若让一个无能又不称职的人继续留任要职,许多人就会说:"算了吧!要不是上帝的恩典,我走好了。"但当一个无能的人被撤除离职时,这些人也会满腹牢骚地提出批评。

所以,一个关心组织精神的管理层必须极其严肃地对待这些案例。一般情况下，这类案例并不常见，或者至少不应该普及，但它们对组织精神的影响远超过对于员工数量的影响。组织如何妥善解决这些事情展示出管理层对待工作、职务与人的严肃态度。

聚焦机会

如果一个组织想要拥有高度的绩效精神，那么这个组织必须始终把握机会，而不是为问题所困。如果一个组织把它的能量集中在出成果的地方，也就是聚焦于机会，那么这个组织将会拥有振奋人心的士气、迎接挑战的感觉以及获得成就的满足感。㊀

当然，问题不能被忽略。但"以问题为焦点"的组织是一种防御性的组织。这种组织永远认为昨天才是黄金时代。这种组织觉得只要事情不会越来越差，那便是良好的绩效了。

因此一个想要创造并维持绩效精神的公司管理层，必须强调机会，并要求把机会转化为成果。一个想要促使组织聚焦于机会的管理层，必须要求每个管理者与专业人员在目标设定时，把机会放在重要位置。每个管理者和专业人员在制定绩效与工作计划时首要关注的话题应该是："有哪些机会，如果得以实现，将会对公司与我所在部门的绩效与成果产生最大影响？"

与"人"相关的决策：组织的控制

一个想要建立高度绩效精神的组织，必须辨识与"人"相关的决策，诸如职务安排、薪资、晋升、降职、解雇等，这些都是组织真正的"控制"。

㊀ 论及"聚焦机会"可详见我的著作《为成果而管理》(*Managing for Results*)。

正是这些决策塑造了公司的良好形象和榜样行为，而不是会计师提供的数据与报表。因为与"人"相关的各项决策是要向组织中的每个成员表明，何为管理层真正希望的、真正重视的、真正奖励的事情。

一家公司宣扬说"公司要求我们的一线主管做好'人际关系'"，但每次晋升主管时，却只关注那些熟练书写并呈交书面报告的人，而那些人际关系很好的人并没有被重视。最后甚至那些最不善言辞的监工也很快明白，公司真正想要的还是那份"整洁的书面报告"。

确实，组织常常会对管理层做出的与"人"相关的决策反应过度。有些事情在高管层看来不过是为了排除障碍或解决政治僵局而做出的无伤大雅的妥协办法；而在组织眼中，可能成了明确信号。这暴露了管理层的口是心非。

职务安排与员工晋升是最为关键的与"人"相关的决策。最重要的是，这两项决策要求谨慎斟酌，并要有清晰的政策，以及要符合公平与公正的高标准。这两项决策的制定不应该以对这个人的"看法"或其"潜力"为基础；相反，应该以明确的目标与目的，以及记录在案的实际绩效为基础。

然而，即便是最佳的职务安排与员工晋升程序也并不能确保这些关键决策能够建立与加强组织精神而不会破坏它。为了建立与强化组织精神，高管层必须将自身的参与设计进晋升流程中去。最重要的是，高管层必须确保自己参与员工晋升的关键决策。这些决策实际上是在向组织阐明管理层的价值观与信仰；同时，这也会决定未来高管层的性质，而这常常是难以逆转的。

在制定下一级员工或高管层团队成员的晋升决策中，所有的高管层都扮演积极的角色。比如主要部门的总经理，重要职能领域的主管，像制造与市场营销等。但很少有高管层，尤其是在大型企业中，对较低层级团队的晋升决策感兴趣，比如市场调研部主管、工厂经理、药理研究实验室的主管，甚至部门市场营销经理等。他们把这些晋升决策留给各职能部门的主管人员处理。然而，这些中高层管理职务正是一个组织真正的管理要塞。即使是层级再低的员工，特别是那些年轻的管理者与专业人员，都非常清楚地知道：他们的职业生涯当仰赖这些中高层管理者，而不是大老板；当中高层职位的人选决定后，就意味着数年后高管层的人选就决定了。

最重要的是，这些晋升决策具有最高的象征价值。它们具有很高的"可见性"，是整个组织的明确信号："这就是公司想要的、奖励的、认可的。"出于这个原因，那些古老而又经验丰富的组织，诸如军队与天主教会，都把注意力集中在中高层管理的晋升上；在陆军是晋升上校，在天主教会则是遴选副主教。聪明的高管层应该从这些例子中吸取经验。高管层值得花时间去积极参与中高层管理的晋升决策。

正直：试金石

最终能够证明高管层诚信与责任心的是他们对于"正直"品格毫不妥协的要求。最重要的是，这必须体现在管理层做出的与"人"相关的决策中，因为领导力借由正直的品格发挥，而树立榜样、被人效法的永远是这种正直。正直不是人强求获得的。如果一个人在工作上不正直，那可能说明他永远也不会正直。正直也不是可以用来欺骗他人的。当人与人一起工作，特别是当一个人与他的下属一起工作时，在几周的时间中，你就可以知道他是否正直。人们或许能够谅解一个人的许多缺点，比如无能、无知、无安全感或缺乏礼貌等，但人们不会原谅一个人的不正直，也不会原谅选择了不正直的人的高层管理者。

虽然人们很难定义"正直"，但不正直的人不适合管理职位，这样严肃的事情人们是心知肚明的。如果一个人只盯着别人的弱点，而不看别人的优点，那么这人不应该被委以管理职务。如果一个人只在乎别人不能做什么，而从没有发现别人能做什么，那么这人将会危害组织精神。当然，管理者应该清楚了解其下属的局限性，但他应该把这些局限性或者所能之事当作挑战他们做得更好的标准来看待。他应该是一个现实主义者，但愤世嫉俗就现实得太离谱了。

如果一个人对"谁是正确的"的兴趣高过对"什么是正确的"，那么这人不应该委以管理职位。"人""事"不分，而且把"人"置于工作要求之上，这是一种腐败，也会腐蚀他人。问"谁是正确的"，通常会鼓励下属玩政治游戏，沦为平庸之辈。最可怕的是，一旦下属发现自己犯了错误，这样的提问就等于鼓励下属去"遮掩错误"，而不是及时改正。

如果一个人认为"智力"比"正直"更重要，那么管理层不应该委以此人要职；因为这种认识极其不成熟，而且往往是不治之症。管理层不应该晋升那些害怕下属强大的人，因为这是其软肋。管理层不应该把管理职务交给一个从不为自己工作设定高标准的人，因为这是对工作能力与管理能力的蔑视。

一个管理者或许掌握的知识有限，绩效不佳，缺乏判断力与能力，但这些缺点对其成为一名管理者并不是致命伤害。如果这个人的品格有缺陷，为人不正直，那么无论他多么知识渊博，多么才华横溢，多么飞黄腾达，他终究会造成损害。他会危害他人，人是企业最宝贵的资源。他还会摧毁精神，摧毁绩效。

一家企业的领导者更是如此。因为组织精神是由高管层创造的。如果一个组织的精神很伟大，那一定是因为这个组织的高管层的精神很伟大。如果组织精神衰败，那一定是因为这个组织的高管层已经腐败了。正如谚语所言："树从顶端开始枯死。"除非高管层愿以自身正直的品格为其下属做榜样，否则没有人愿意被任命担任管理要职。

这一章我们谈论"实践"，而没有谈论"领导力"。我是有意而为之。

领导力是无可替代的。但管理层不可能创造领导者,它只能创造一些条件,来促使领导潜质发挥有效性,否则就会扼杀潜在的领导力。领导力的供给太不确定以至于无法成为创造企业精神的依靠,而企业需要精神才能凝聚在一起而富有成效。

虽然实践看起来平淡无奇,但总可以做到,并不在乎一个人的才能、个性与态度。实践无需天才,只要付诸应用即可。实践是指"要做的事",而不是指要"谈论的事"。

正确的实践必须经过长期的摸索才能显现,才能为人所知,才能挖掘出管理层中存在的领导潜能。这些实践也应该为培养正确的领导人才奠定基础。领导力并不是指有魅力的品格——那仅仅是一种煽动力蛊惑。领导力也不是所谓的"广交朋友与影响他人"——那都是阿谀奉承的话。领导力就是把一个人的愿景提升到更高的境界,把一个人的绩效提升到更高的标准,塑造一个人的人格超越其正常的局限性。要为这样的领导力预备坚实的基础,最好的办法就是在日常实践中孕育管理精神,并在组织中确立严格的行为规范和职责,建立高标准的绩效,并尊重他人及其工作。

第六部分
管理的技能

MANAGEMENT
TASKS, RESPONSIBILITIES, PRACTICES

管理是特殊工作，因而要求特殊技能。这些技能包括：
—— 制定有效的决策。
—— 在组织内部沟通与组织之外的沟通。
—— 恰当运用控制与衡量。
—— 恰当运用分析工具，即管理科学的恰当运用。

没有任何管理者能够对这些技能了如指掌，但每个管理者都必须明白这些技能的基本内容，诸如这些技能是什么，它们能为管理者做什么，它们对管理者的要求是什么。每个管理者都需要对这些基本的管理技能有所了解。

第 37 章 | CHAPTER 37

有效的决策[一]

日本人如何做决策——事实还是观点——不同意见与备选方案的需要——"自以为是"的陷阱——有必要做决策吗——谁必须从事这项工作——正确的妥协与错误的妥协——反馈机制——决策是有效的行动

除了决策外,管理者还做许多事情。但只有管理者才能做出决策。因此,管理的首要技能就是做出有效的决策。

讨论决策技能的书很多。在决策制定过程中,复杂的逻辑分析与精细的数学工具也随之发展起来。但关注决策实质的书籍并不多。什么是"决策"?在决策中,重要元素是什么?

日本人已经发展出一套系统化、标准化的决策制定方法。他们的决策具有很高的成效,但他们的决策方法违背了制定决策书籍上的所有规则。的

[一] 本章内容大多取材于我早期的著作《卓有成效的管理者》(*The Effective Executive*)。

确,如果遵照书中的教导,日本人将永远制定不了决策,更不用说制定有成效的决策了。所以,让我们去看一看日本人制定决策的方式,以便发现决策过程的一些要素,或许收获颇丰。

日本人如何做决策

如果要找出所有研究日本的权威人士都共同认可的观点,那一定是:所有日本机构都遵照"一致同意"原则来制定决策,无论企业还是政府机关,无一例外。据说,日本人会在整个组织内对一项决策提议进行辩论,直到全体一致同意为止。只有这样,他们才会做出决策。

每个经验丰富的西方管理者都会心存战栗地说:"这种方法对日本人管用,对我们行不通。"这种方法只会导致犹豫不决,或沦为政治把戏,或充其量就是无关痛痒的妥协——既不会冒犯任何人,也不期望解决任何问题。如果需要更多例证,美国也可以提供一些,比如美国总统林登·约翰逊(Lyndon B. Johnson)就曾尝试达成一致性意见。

然而,从日本历史乃至今天日本人的管理行为来看,脱颖而出的是他们在管理上的180度大逆转的能力,即他们善于做出激进的、极具争议性的决策。让我举些例子说明。没有国家能比16世纪的日本更加接纳基督教的了。事实上,当时葡萄牙的传教士们希望日本能成为欧洲以外的第一个基督教国家,这个愿望绝非空想。在17世纪初,日本对基督教的态度180度大转变。短短几年间,日本全面禁止基督教,并隔绝一切外来影响,切断所有日本与外界的往来,此后闭关锁国长达250年之久。直到1867年的明治维新,日本又来个180度的大逆转,全面向西方开放。这样的大转变在其他非欧洲国家中是难以做到的。

东丽公司(Toyo Rayon)是日本最大的化纤制造商,直到20世纪50年代中期，该公司只生产人造丝，后来才决定生产合成纤维。但东丽公司并没有像西方公司面临同样处境时所采取的做法那样逐步停止生产人造丝；相反，东丽公司在一夜之间关闭人造丝工厂；而且按照当时的日本雇用制度，东丽公司不能解雇任何员工。

直到1966年，当我与日本国际贸易与工业部官员讨论这件事时，他固执地反对任何日本公司跨国经营以及在国外投资制造业。但仅仅三年之后，还是那位政府官员，依然就职于保守的政府机关，但他的态度完全有别于从前，他们现在正致力于推动日本企业到国外投资。

导致这种明显矛盾的决策的关键原因是：西方人与日本人对"决策"的理解各不相同。在西方，强调决策的所有重点都放在"解答问题"上，因而所有关于决策的书籍都在尝试发展出一套系统的方法以便给读者提供答案。但对日本人来说，决策的重要元素是"定义问题"。重要且关键的步骤是先要弄清楚"是否有必要做出决策"以及"决策是什么"。正是这一关键步骤使得日本人把决策的目的锁定在"达成意见的一致"上。的确，对日本人而言，这一步才是决策的实质。"解答问题"是从"定义问题"开始的。

在决策前的论证过程中，根本不会提及可能的答案。这样做是为了避免有人被迫选择立场，一旦大家选定立场，那么决策就意味着一方胜利，而另一方失败。所以，整个决策制定过程都聚焦于弄清楚"这项决策究竟意味着什么"，而不是"这项决策应该是什么"。这样的会议必定会各抒己见，其成果也必定是集思广益而达成的"一致意见"。当然，这样的会议需要花很长的时间。当西方人与日本人讨论交易项目时，西方人会感到受挫，他们不知道事情该如何继续下去，甚至会觉得日本人在找借口搪塞他们。

举一个非常具体的实例。让美国人很难理解的是，当美国的管理者与日本人谈判一项商标权协议时，日本人会持续每隔一段时间派遣一拨新人来与西方人"交涉"，好像他们从未听过这个合作项目似的。代表团写了大量笔记之后就回日本去了。但在六个星期以后，由公司不同领域的人组成的另一拨代表团又来"谈判"，他们好像也从未听过先前的讨论内容似的，又带着大量的会议记录回去了。

实际上，这是个好兆头，它表明日本人非常认真地对待这件事；当然，我的西方朋友们很少有人相信这个解释。他们试图让所有与此项目的执行相关的人员尽可能地参与决策过程，以便"达成一致意见"。只有当所有相关人员都认可此项决策的必要时，决策进程才能继续进行下去。直到那时，真正的谈判才正式拉开序幕；之后，日本人通常会快速推进谈判进程。

有一个关于决策过程的完整记载，虽然所涉及的内容不是企业决策。这是有关日本在1941年与美国开战的决策记载。⊖

当日本人到达西方人所说的"决策关键点"时，他们说他们是到了"行动阶段"。现在，高管层会把决策事宜交给日本人所说的"适当人选"，谁是"适当"的是高管层的决定。待解决的问题的答案则完全取决于这项决策。因为在达成一致的讨论过程中，参与讨论者都已经很清楚某些个人与某些群体对这个问题的认识。当高管层把问题交给某个人或某个群体去解决时，就相当于在多个答案之间做出了选择，而到了这个阶段，采取哪个具体答案都不会让任何人感到意外。

日本的这种指派"恰当人选"的做法与美国政治进程中平行决策一样重要，美国的平行决策也同样令许多观察美国政府的外国人困惑不已——他们需要决定将某项法案交给国会委员会还是国会附属委员会裁定。这种决策方式在美国政府与政治学书籍中是找不到的，但这种决策方式决定了这项法案是否能够获得通过并成为法律，以及该采取何种形式生效，这是每个美国政治家都心知肚明的关键一步。因为每个国会委员会，诸如农业委员会、财政

⊖ 参见池信孝编译的《日本的战争决策：1941年国策会议纪要》（*Japan's Decision for War, Records of the 1941 Policy Conferences*, Stanford University Press, 1967）。

金融委员会等,都有各自的精辟见解,都有各自愿意倾听的支持者,都有各自的偏好、禁忌和供奉对象。

这种决策流程的优点是什么?我们能够从中学到什么?首先,它能够做出非常有效的决策。虽然日本人进行决策所花费的时间远比西方人多,但在决策关键问题解决之后,日本人比西方人要快得多。西方人在做出决策之后,要花很多时间去"推销"以便争取更多人来实行这项决策。通常情形下,这项决策可能遭到组织的破坏,更糟糕的是,组织人员促使决策真正生效需要花费相当长的时间,出台之时,时机已过,甚至成了错误政策。

相比之下,日本人根本无须花时间去"推销"决策,因为在做出决策的过程中已经"预售"好了;同样,在组织决策过程中,支持与反对的答案都已经显明出来。所以,有充足的时间来说服意见不同的人,或者为了赢得反对者的支持而做出些许妥协,但并不会危害决策的整体性。

与日本人做过生意的西方人都会明白,日本人谈判阶段有明显惯性,会进行看似无限期的拖延并在同一问题上反复讨论,但一旦开始行动,紧接着的行事速度之迅猛,会让谈判对方措手不及。在达成商标权协议之前,日本人花了三年时间讨论相关话题,这期间不涉及任何关于具体条款、日本计划生产产品细则或者日方需要的信息和帮助。然后,一旦协议达成,日本人能在四周内做好生产的准备,并且要求西方合作伙伴提供信息与人才,而西方人完全没做好相关准备。现在,该轮到日本人痛苦地抱怨西方人"无休止地拖延与耽搁"了;因为日本人对西方人进行决策与行动方式的理解,不比西方人了解日本人的决策与行动方法更多。

日本人制定决策的流程重点放在"对问题的理解"上。他们所要求的最终成果是人的行动和行为,因而他们的决策必须确保所有可能考虑到的备选方案。这促使管理层把注意力集中于问题的实质。在管理层决定这项决策究竟意味着什么之前,不允许任何人做出承诺。日本管理者可能会针对问题给出错误答案，比如 1941 年对美开战就是错误答案，但他们很少在错误问题上寻找正确答案。这才是所有决策者必然明白的教训：在错误的问题上寻求正确的答案，正是最危险的做法，也必将导致无可挽回的情形。

尤为重要的是，日本制度迫使他们做出重大决策，但使用日本制度来处理小事实在是用"大炮打麻雀"。日本人认为，如果需要很多的人花相当长的时间，但并不针对真正重要的事情，那就是浪费，这使得日本人只专注于处理真正涉及政策与行为变革的事情。正是由于这个原因，一些小的决策，即便是明显需要的决策，日本人也经常不屑一顾。而在西方人看来，小的决策很容易做，尤其是那些无关紧要之事的决策。任何熟悉西方企业、政府机关或教育机构的人都知道，西方管理者通常情形下会做太多的小决策。而在组织中，没有什么比小的决策更容易引发麻烦的了。无论是把饮水机从大厅的这一端移到另一端，还是逐渐淘汰过时业务，所引发的员工感情波动没什么两样。两种决策花费的时间与产生的争论都一样多。

我来举个例子来对日本决策方式与西方决策方式做出对比说明吧。我有一次观察一家日本公司如何解决由一家知名美国企业提交的合资经营的提案，这两家公司已经有多年的业务往来。在一开始时，这些日本人根本不讨论合资经营的事情，而是先提出问题："我们必须改变业务的基本方向吗？"结果，大家达成共识，一致认为变化是可取的；管理层决定关闭一些过时的业务，然后着手开发一些新技术与新市场。与美国企业合资经营必定成为新策略的重要元素之一。直到日本公司了解该项决策确实关系到企业的发展方向而且需要决策之前，他们的管理层甚至一次也没有讨论过合资经营的可行性、有利条件或基本问题。

如今西方人正在逐步朝着日本的方向前进。至少，人们正在尝试以日本方式来执行任务、长期规划以及制定策略等。但西方人并没有像日本决策流程那样，决策之前就已经"预售"了。这在很大程度上说明了为何那么多关于业务人员与规划人员的精彩报告永远只是停留于规划阶段。

美国企业的管理者希望业务人员与长期规划团队能够提出多项建议，即可以有多个备选方案。团队决定答案后，写成文件。对日本人来说，最重要的一步是要了解所有可能的选项。这一点，日本人与西方人一样都很固执己见。但日本人严格控制自己，在充分定义问题实质与达成共识前讨论多项代替方案的过程中，他们不会偏向任何一个建议。结果，日本人远不比西方人容易受到自己先入为主的答案的限制。

日本人决策方法的实质是什么呢？

首先，他们把注意力集中于确定该决策究竟意味着什么，而不是集中在提供答案上，他们聚焦于"定义问题"。

其次，日本人把各种不同观点都提出来讨论。他们在达成共识之前，并不讨论可能的答案，而是广泛讨论各种不同的观点与方法。

最后，决策的重点在于可选择的方案，而不是"正确的解决方案"。这个过程能够进一步显示出与决策相对应的层级以及具体决策者。最终做出的决策便无须推销。这样的流程将有效的执行融入了决策过程当中。

日本人的这种独特体系确实独具一格。除了日本独特的社会组织和机构之外，其他地方可能难以应用。然而，日本人在决策过程中所采用的一些原则倒是可以普遍应用的。这些原则都是有效决策的实质。

事实还是观点

每个决策都是一个判断，是在众多选择中的拣选，但抉择很少是在"对"与"错"之间选择其一。最佳决策是在"差不多对"与"有可能错"之间做出抉择。但绝大多数情形下，抉择通常面临两难之境，因为难以确定哪一条行动路线更加正确。

大多数决策书籍告诉读者:"决策的第一步是要找到事实。"然而,那些做过有效决策的管理者们都知道:决策方案并不始于"事实",而是始于"观点"。当然,这些观点都是未经检验的假设,就假设本身而言,未经事实检验的假设并没有价值。要确定什么是事实,首先要求决定相关评定规则,尤其是恰当的衡量标准。这正是有效决策的关键,也通常容易引发争议。而且,正如大量有关决策的实验分析结果所表明的那样,有效的决策并不是"以事实为依据而形成的一致意见"。正确的决策是从不同意见的碰撞与冲突中发展出来的,也是在对多个竞争备选方案的严肃考虑中脱颖而出的。

先要找到"事实"是不可能的。除非我们先有相关评判标准,否则毫无事实可言。"事件"本身并不是"事实"。唯有从观点入手,决策者才能够发现决策到底意味着什么。当然,人们会提供不同的答案。但大多数不同观点反映出一个潜在的、隐藏着的分歧,即该决策究竟意味着什么。这些分歧是针对回答问题认识上的分歧。因此,搞清楚人们实际上在讨论的是哪些问题是做出有效决策的第一步。相反,没有什么比顺着错误问题去寻找正确答案更加徒劳且有破坏性了。

有效的决策者还知道自己只能从不同的观点入手。他唯一的选择是把这些观点用作决策过程中的有效因素,或者干脆以虚假的客观性来欺骗自己。人们不会从寻找事实开始,而是从观点入手。这样做并没有什么错。一般人在某个领域有过经验之后,都应该形成自己的观点。在某个领域有过长久经历却毫无见解的人,要么根本没有走心,要么头脑迟钝。

人不可避免地会从观点开始,要求他们先从搜集事实入手,根本不可取。他们所做的,就像寻常人所做的那样:只寻找那些符合自己已经得出的结论所需的事实,而且每个人都能找到各自所需的事实。优秀的统计学家都知道这个道理,因而他们不信任这些数据。无论他们知不知道这些数据的来源,他们都会抱有质疑态度。

唯一能够帮助我们检验"事实"与"观点"之间差异的严谨方法，就是先要清醒地认识到"观点"在先，而实际本该如此。因此，参与决策的所有人都明白我们始于未经验证的假设，与科学探索一样，决策没有其他起点。人们都明白如何处理假设：不争论假设，而是对假设进行检验论证。当人们发现一种经得起检验的假设时，它就值得进一步认真考虑，同时也会排除一些经不起检验的假设。

所以，有效的决策者会鼓励人们提出不同观点。但他会坚持认为，提出不同观点的人需要审慎考虑并用"试验"加以检测，看看会有怎样的结果。因此有效的决策者会提出问题，比如"要想检验这项假设的有效性，我们必须具备什么知识？""这项假设成立所需要的事实是什么？"他养成提问的习惯，不仅是他自己，还有与他一起工作的人，他们都习惯于仔细考虑问题，并确定什么是所要寻找的、研究的、检验的。他坚持要求那些提出观点的人负责界定所需要寻找的事实以检验其观点，并担负去搜集这些事实的责任。

或许，决定性的问题是："对于正在讨论的问题与所要做出的决策，人们要采用什么样适合的衡量标准？"当人们分析一个真正有效而正确的决策是如何做出的时候，他们就会发现在寻找恰当的衡量标准方面确实投入了大量的工作与思考。

不同意见与备选方案的需要

除非一个人仔细考虑多种可行方案，否则他的思路就会闭塞僵化。这就是为什么日本人故意不按照决策教科书上的指令来做决定，反而把引发讨论与不同意见视为达成共识的方法，我想这是最重要的原因。

管理者在一片附和声中做出的决策大多不太理想。只有多个相互冲突的观点进行碰撞，不同的立场进行对话，不同的判断进行抉择，这样的决策才是最好的决策。因此决策制定的首要规则是：没有不同意见，不做决策。

据报道，阿尔弗雷德·斯隆在一次通用汽车公司的最高委员会会议上说："先生们，我想在这里的所有人都会完全同意这个决策。"办公桌旁的每个人都点头表示同意。然后斯隆接着说："我建议推迟这项决策的进一步讨论，直到下次会议，这样我们就有时间酝酿不同的意见，并对这项决策的所有相关内容有所了解。"

斯隆不是一个凭靠"直觉"的决策者。他总是强调必须在事实中检验观点，必须确保绝对不先下结论，然后再去寻找支持结论的事实。但他深知，正确的决策要求足够的不同意见。

在美国历史上，为了获取制定有效决策的不同意见，每个政绩显赫的总统都有各自独特的妙招。我们所熟知的美国总统华盛顿，他厌烦冲突和争吵，因而想要建立一个团结的内阁。然而，他深知在关键问题上不同意见的必要性，因而每逢重大事情时，他就会征求汉密尔顿与杰斐逊的意见。

做决策需要不同意见，有如下三个理由：

第一，不同意见可以避免决策者陷入组织囚笼，形如囚犯。每个人都想要从决策者那里获得一些想要的东西。每个人都有独特的利己诉求，而且通常表现得非常恳切，都希望获得有利于自己的决策。这一点，无论决策者是美国总统还是一项设计修正方案的初级工程师，都是如此。唯一能够打破这种利己诉求的囚笼与先入为主的观念的方法是：确保对不同意见进行争辩、记录，并加以审慎思考。

第二，只有不同意见才能为决策提供多种备选方案。无论经过怎样的深思熟虑，毫无备选方案的决策都是绝望赌徒的孤注一掷。无论是因为决策开始时就已经错误，还是因为境遇变化导致错误，总之决策失误的可能性非常大。在决策制定过程中，如果决策者能够就各种可行方案进行审慎分析，那么他就有回旋的余地，他就有可能使用已经深思熟虑过的、研究过的其他方案。如果没有任何可替代方案，一旦事实证明了做出的决策无效，管理者就会深陷混乱，措手不及。

德国陆军1914年的"施利芬计划"（Schlieffen Plan）与美国总统富兰克林·罗斯福1933年的"新经济计划"，都是在它们应该生效的关键时刻被事实证明有误。德国陆军自此再也没有恢复元气，再也没有提出新的战略方案，而只是从一个仓促形成的补救方案转向另一个勉强应付的方案而已。但这样的结果是不可避免的。因为25年来，德国陆军总参谋部从来没有考虑过"施利芬计划"的备选方案。于是，计划彻底失败时，没有人拿得出能够亡羊补牢的备案。德国将军们最后只得在极为不利的条件下孤注一掷了。

与此形成鲜明对比的是，在罗斯福总统就职的前几个月中，他的整个竞选活动都是以经济正统化口号作为基础的。与此同时，他募集一批能人智士，就是后来的"智囊团"，他们负责拟订另一套可替代方案——一个基于往日"进步党"思想的提案、旨在推进大规模经济与社会改革的激进政策。当金融体系的崩溃清楚地表明遵循经济学正统观念无异于政治自杀时，罗斯福总统已经预备好了一套替代方案，并从而制定出了新的政策。

第三，也是最重要的，不同意见是刺激决策者想象力的必要条件。一个人可能不需要多少想象力就能够找到问题的"唯一正解"。但这只在数学上具有价值。而管理者需要面对的是充满不确定性的事物，无论他们身处政治、经济、社会还是军事领域，他们所需要的都是一种能够开创新局面的创造性解决方法。这正意味着决策者需要想象力，需要一种感知与理解的新的不同的方法。

我承认，一流的想象力并非随处可见，但也不是人们普遍以为的那样稀缺。想象力需要接受挑战与刺激，否则它就会永远"潜在"而未被利用。不同意见，尤其是一些被迫经过理性论证、审慎考虑，而且有记录的不同意见，正是我们所知的最有成效的刺激。

因此，有效的决策制定者懂得收集不同意见。不同意见会保护他免受那些似是而非的观点所愚弄。不同意见不仅会为决策制定者提供多种备选方案，以便分析并做出抉择；而且能够确保当决策执行失败后不会迷失方向，且有余地回旋。不同意见还可以激发决策制定者及其同事的想象力。不同意见会把似是而非的决策转变成为正确的决策，把正确的决策转变成为优秀的决策。

"自以为是"的陷阱

有效的决策制定者不会预先假定一个提案是正确的，而其他提案都是错误的。他也不会预先假定"我是对的，他是错的"。他从一开始就致力于找出人们所持不同意见的原因。

有效的管理者当然知道自己身边有傻瓜和喜欢恶作剧的家伙。即便事情在自己看起来已经无比清晰，他们也不会把那些持不同意见的人假定为笨蛋或恶棍。他们深知，除非证据确凿，否则他们必须把那些持不同意见者视为合情合理的聪明人与心态良好的公平者。所以，必须假定，他之所以得出如此显而易见的谬论，是因为他看到不同的事实以及关注不同的问题。因此，有效的管理者总会提出问题："如果这个人的立场是靠得住的、合理的、明智的，那么他到底看到了什么？"有效的管理者首先要关注的是理解，然后才能开始认真思考孰是孰非。⊖

毋庸置疑，无论是不是管理者，能做到这种事的人并不多。大多数人都确信自己看世界的方法是唯一的正确方法。结果，他们并不能够真正把握决

⊖ 当然，这不是什么新思潮。这里只是重复描述玛丽·福列特的观点而已。详见她的《动态行政管理》（*Dynamic Administration*, by Henry C. Metcalf & L. Urwick, Harper & Row, 1941），在该书中，作者把柏拉图在巨著《斐多篇》（*Phaedo*）中的观点进行了延展解说。

策的实质，更不用说整场辩论的意义了。

美国钢铁产业的管理者们从未问过这样的问题："为什么我们每次提及'额外雇员'这类字眼时，工会的人都会变得如此义愤填膺？"反过来，工会的人也从未自问过："为什么钢铁行业的管理层总是对'额外雇员'这样的琐事表现得如此大惊小怪，何况他们所做的事情的确微不足道？"双方都不自省，反倒尽心竭力地证明对方是错误的。如果换位思考，每一方都尝试去理解对方的看法与理由，那么双方都会变得更加强大，钢铁产业乃至整个美国工业中的劳资关系也会变得健康些。

无论决策者的情绪有多高涨，无论他多么确定对方是完全错误的，都不重要，重要的是，想要制定正确决策的管理者都必须强迫自己认清并审慎思考反对意见，视它们为多种可行方案。管理者善于把冲突观点视为自己的工具，用来确认决策的方方面面有没有尽可能地经过周全细致的考虑。

有必要做决策吗

有效的决策制定者通常会提一个问题："有必要做决策吗？"当然，不做任何决策永远是一项备选方案。

如果什么都不做可能导致情况恶化，人们就不得不制定决策。这原则也适用于人们面临机会的情形。如果机会千载难逢，而且如果不及时把握，机会就可能稍纵即逝，这时人们就要随机应变，而且做出重大改变。

西奥多·韦尔同时代的人都同意他的观点，他们认为，企业所有权收归国有有退变危险；但他们主张通过与退变征兆做斗争，诸如与立法机构的各项法案做斗争，反对或支持不同的候选人等。但只有韦尔明白，这种对抗企业退化症状的方法是无效的。即便他们赢得了每一场战役也不可能赢得整场战争。韦尔发现有必要采取激烈行动来开创新局面。只有他意识到，私营企业必须接受公众监管才有望有效替代国有化（详见第13章）。

与之相反的情况是，在某些情况下，即便不做任何事情，事态也会自然而然地发展，虽然也要避免过分乐观。"如果不做任何事情，事态会如何发展呢？"这一问题的答案是："一切会自行发展"，人们无须干预。还有一些情形，虽然令人厌烦，但既不重要也不太可能造成重大改变，人们也无须干预。

很少有管理者明白这个道理。在金融危机中的财务主管通常会呼吁削减成本，哪怕再小的瑕疵，他都难以容忍，尽管消除了瑕疵也于事无补。比如他可能知道，大量的成本集中在销售机构与物流部门，而且他会努力工作压缩这些成本。然而，他所做的一切无非是在一个原本高效运行的工厂中小题大做地解雇了两三名"没有必要的"老员工罢了。这反而会让他名誉扫地。如果有人提出解雇这几名半退休人员也削减不了多少支出，他则会把这种观点斥为不道德。他会说："其他人都在做出牺牲，凭什么工厂员工们就可以白吃饭？"

当金融危机过去后，企业将会忘记他曾经解救过公司。但人们会记住他曾经冷酷地对待过工厂中那两三个可怜的老员工。虽然两千年前的罗马法就有规定"大法官不考虑琐碎小事"，但如今许多决策者依然需要学习这个道理。

绝大多数的决策都处于如下两个极端之间：问题虽然不会自行解决，但也不会严重恶化。机会只会带来改善，而不能真正带来变革与创新，但仍然值得认真考虑。换言之，如果我们不采取行动，我们很有可能继续生存下去。但如果我们采取行动，我们就可以使情况变得更好。

在这种情形下，有效的决策者会在采取行动所付出的努力与风险，以及不采取行动的风险之间权衡利弊。虽然这里没有现成的公式可以为正确的决策提供参考，但在具体情况下，一些清晰的原则还是可以遵循以求决策不再困难。这些原则如下：

- 如果利益远远大于成本与风险，那就采取行动。
- 要么行动，要么不行动，但绝不能"骑墙"或"妥协"。

对一个外科医师来说，切除半个扁桃体或半个阑尾在患者感染与休克方面所要承担的风险同切除整个扁桃体或整个阑尾冒的风险是一样的。如果他没有医治好病人，情况反倒变得更坏；因而他要么动手术，要么不动手术。同样道理，有效的决策制定者要么采取行动，要么不采取行动，但他决不能采取一半行动。只采取一半行动永远是错误的。

谁必须从事这项工作

想到这一步时，大多数西方的决策制定者都以为他们能够做出有效决策了。然而，日本的例子表明，还有一个关键元素依旧缺失。有效的决策是对行动与成果做出承诺。如果决策制定之后，还必须去"推销"决策，这就会导致既没行动，也没成果；实际上，等于没有决策。至少，在决策产生真正的成效之前，由于诸多耽搁，它早已过时了。

第一法则，是确保每一个能够使决策有效落实的人和能够妨碍该决策实行的人都被迫认真负责地参与讨论了。这不是"民主"，而是"推销技巧"。但同等重要的是要从一开始就在决策中建立并恪守行动的承诺。实际上，除非按照决策采取特定步骤逐步执行，并把决策落实到业务与责任之中，否则算不上成功的决策，只能算是良好的意图罢了。

许多政策声明，尤其是企业的政策声明，都面临这方面的麻烦：政策声明内容中没有任何行动的承诺，也没有明确执行这些政策的特定工作与职责。难怪组织中的人都怀着冷嘲热讽的态度，倾向于把这些声明视为高管层实际上并不想要实现的政策宣言。

将"决策"转化为"行动"要求回答如下几个明确问题:"谁必须知道这项决策?""需要采取什么样的行动?""谁来执行这项决策?""需要采取什么样的行动,好让负责这项决策的执行者能够完成它?"第一个问题与最后一个问题经常会被忽略,并可能带来可怕后果。

在管理科学家中广为流传的一个故事可以说明"谁必须知道这项决策"这个问题的重要性。一家大型工业设备制造公司决定停止某款产品。这款产品多年来一直是机械工具生产线上的标准设备,有许多地方仍然在使用这种设备。因此公司决定,在未来三年继续向现有用户销售这种老设备,好让用户有时间更换,然后就停止制造与销售。这款产品的订单多年来已经持续下降。公司决定在现有存货售完后,就不再接受老顾客的订货了。然而,竟然没有人问一声"谁需要知道这项决策"。结果,没有人通知采购部门负责采购这款产品零部件的办事员,他们依旧按照原定的指示,根据现行销售比例采购零部件。当停止销售这款产品的日期到来时,公司库房中堆积了足以生产这款产品8~10年的零部件,最后公司不得不注销这批零部件,损失惨重。

最重要的是,所要采取的行动必须与执行人员的能力相符。

在20世纪60年代早期,一家化工企业发现它在两个西非国家拥有数量巨大的但被冻结的货币。为了保护这笔资金,该公司决定投资本土企业为当地经济做贡献,替代进口。如果投资成功,当货币汇兑重新开放时,就能把企业转售给当地投资商。为了建立这些企业,该公司开发出一种简单的化工流程,以便保存这两个国家的热带水果,因为这种水果以前在运输到市场的过程中损耗巨大。

在这两个国家中投资的企业都取得了成功。但在其中一个国家的本地企业中,管理者要求高超的技能,特别是接受过技术训练的管理层,这在当地是很难找到的。在另一个国家中,当地企业管理者细致评估员工的实际能力，认为他们才是最终经营企业的主体力量；基于这种判断，管理者们努力工作，简化生产与业务流程，并且从一开始就使用所在国的员工担任管理职务，甚至是高管职务。

几年后，这两个国家的货币流通正常了。但在第一个国家中，虽然企业蓬勃发展，但找不到买主，因为当地人缺乏所需的管理与技术能力。最后该企业只能在亏损中清算了结。在另一个国家中，许多当地企业家都渴望购买这家企业，该公司除了收回投资成本之外，还有利润盈余。这两个国家中的企业所应用的生产流程与企业建构条件基本相同。但在第一个国家的企业中，没有人问："为了让这项决策产生成效，我们需要什么样的员工？他们能够做什么样的工作？"结果，决策遭受挫折。

如果一个决策需要人们改变行为模式、习惯或者态度才能产生成效的话，这些原则就变得加倍重要。在这种情形下，人们不仅必须清楚业务分配、行动责任，而且必须确认承担这份责任的人有能力从事必需的工作。人们还要确定各自的衡量标准、绩效标准和激励方法都随之同时改变，否则员工将会深陷内部情感冲突的漩涡之中。

西奥多·韦尔的决策是将贝尔系统改变成为服务行业，但如果他不采用新设计的标准来衡量管理绩效，那么他的决策将成为一纸空谈。因为贝尔系统的管理者们习惯于按照他们单位的利润率来衡量管理绩效，至少是把他们单位的成本视为衡量标准。而新的衡量标准，让这些管理者们迅速地接受了新的目标。

如果企业最大的奖励给了那些与新规定的要求背道而驰的人，那么每个人都会得出结论认为：高管层真正想要并给予奖励的是那些行为与要求相反的人。并不是所有人都像韦尔一样能够把决策的执行融入决策中去。但每个人都应该仔细想想：这项决策要求什么样的行动承诺？紧接着需要安排什么样的工作？有哪些人能够执行这项决策？

正确的妥协与错误的妥协

现在，万事俱备，可以进行决策了。规范化的内容已经深思熟虑，备选方案准备就绪，风险与收益已经权衡，人事安排已经妥当，所要采取的行动方案也已经应时就位，这就意味着决策本身应该"自然而然"地出台了。

但也正是在这样时，大多数决策会流产。因为人们都知道，这项决策并不令人愉快，并不一定受人欢迎，甚至并不容易获得成功。很清楚，决策要求正确的判断，也需要勇气。没什么道理使良药非得苦口——只是有效的药往往就是苦的。同样，决策也并非一定要让人不悦，只是有成效的决策往往就是令人反感的。

原因总是相同的："完美的"决策是不存在的。人总要付出代价，总要屈从于某些愿望（desderata），人总要在各种冲突的目标、相互冲撞的观点以及相互制约的优先性中寻找平衡。最佳的决策也只是一个近似值，更是一种风险。为了获得别人的支持，决策制定者总要承受压力，总要做些妥协，宽慰那些反对行动方案的强大对手，以求规避风险。

在这种情形下做出有效的决策，必须要求决策制定者从一开始就坚定不移地问"什么是正确的"而不是问"谁是正确的"。人们最终必须妥协。除非最后的决策是最接近目标的，并且能够真正满足目标的要求，否则就会导致做出错误的妥协，因为这样的妥协背弃了目标的本质。

有两种不同的妥协。一种妥协可以使用一句古老的谚语来描述："半块面包总比没有面包好。"另一种妥协可以用所罗门王智断亲子案的故事来描述："半个婴孩比没有婴孩更糟糕。"在第一个例子中，目标的要求还是得到了满足。面包的目的是为人提供食物，因而即使是"半块面包"也还是食物。"半个婴孩"却不再是半个活生生的、会长大的孩子了，而是分成两半的尸体。

最重要的是，担心什么是别人可以接受的，哪些最好不要提及，哪些提案会引发抗拒，诸如此类的担心毫无结果而且浪费时间。人们担心的事往往不会发生，而大家没有想到的反对意见与困难会突然成为人们难以克服的障碍。换言之，如果决策制定者从一开始就问"人们可以接受什么"，那么他可能一无所获。在回答这个问题的过程中，他们已经丧失了得出有效答案的良机，更不用说获取正确答案了。

反馈机制

决策必须建立反馈机制，这样可以根据事实对决策的预期结果加以持续检验。很少有决策能够达到预期目标，即便是最好的决策，也经常会经历一波三折，遭遇意想不到的障碍以及各种各样的意外事件。即便是最有效的决策也终将会迎来被废弃的一天。除非能够及时获取反馈信息，否则决策的预期结果很难实现。

首先要求明确说明决策的预期结果，并按书面形式记录在案。其次，要有组织地进行后续追踪工作。要把反馈机制视为决策的一部分，并在决策过程中加以落实。

当艾森豪威尔将军当选美国总统后，他的前任美国总统杜鲁门曾说："可怜的艾克，当他还是将军时，他下达命令就有人执行。现在他坐在大办公室中发号施令，但什么事都不会发生。"

"什么事都不会发生"不是因为将军比总统拥有更大的权力，而是因为军事组织中早就明白：大多数命令很难始终如一地贯彻到底，所以他们建立反馈机制，用以核查命令的执行情况。而且他们早就知道，将军亲自视察是唯一可靠的反馈。⊖所有美国总统通常只依赖各种报告，但报告的用处不

⊖ 军队组织在很久以前就建立了反馈机制。古希腊历史学家修昔底德及色诺芬都把反馈机制视为理所当然的军事技能。中国古代的兵法以及描写凯撒的著作中也是如此重视反馈机制的。

大。军事组织早就明白，发布命令的军官应该亲自督查命令的执行情况，或者至少应该派他的副官出去督查，他从不轻信执行命令的下属的报告。但这并不意味着他不信任自己的下属，而是他从不可靠的沟通经验中汲取了教训。

管理者需要获得有组织的资料，以便获取反馈信息。人需要报告与数据。但是，如果不把反馈信息牢牢建立在亲自接触的事实基础上，也就是拥有足够的自控能力去亲自督查，那么人就会陷入毫无成效的教条主义之中。

小结：做决策不是一项机械工作。做决策必须冒险，做决策会挑战管理者的判断力。"正确的答案"通常很难找到，也不是问题的核心，核心是要理解问题的实质。更进一步说，做决策并不是纯粹的智慧应用，做决策还需要调动组织的愿景、能力以及各种资源，这样才能采取有效的行动。

第 38 章 | CHAPTER 38

管理中的沟通

谈得多，沟通得少——我们学到的经验教训：沟通是知觉，沟通是期待，沟通产生需求，沟通不同于信息——信息以沟通为先决条件——为何"向下沟通"行不通——管理者能做什么——依靠目标进行管理、绩效评估以及管理报告作为沟通工具——沟通：组织模式

如今，我们越来越注重沟通，我们越来越想要与他人交谈。但对第一次世界大战时期开始研究组织沟通问题的人来说，今天通信媒体的广泛普及程度真是难以想象的。在管理学中，成功的沟通已经成为所有机构的理论研究者与从业者关注的核心，包括企业、军队、公共行政机关、医院、大学以及研究机构等；许多智慧的心理学家、人际关系专家、管理者与管理学研究者，他们以最大的努力、最专心致志的态度在重要机构中从事改善沟通的工作。

然而，沟通和独角兽一样难得。噪音杂音与日俱增，以至于没有人能够真正听清"沟通"所要传达的真实意思。但显而易见的是，"沟通"越来越少了。机构内部以及不同社群之间沟通的隔阂正在不断扩大，从而形成完全误解的不可逾越的鸿沟。

与此同时，如今正是信息大爆炸的时代。每个专业人士与管理者，事实上只要不是又聋又哑，所有人都会突然间觉得自己能够获得取之不尽用之不竭的数据。所有人都会觉得自己就像一个独自被留在糖果店中的小男孩，要吃撑了。然而，如何处理如此庞大的数据，以便能够归纳成为有益的信息，甚至提炼成为有用的知识呢？虽然我们获取了许多参考信息，但目前我们清楚地意识到，没有人真正找到答案。无论信息理论与数据处理如何快速发展，但至今没有人能够事实上看清所谓的"信息系统"或"数据库"，更不用说"使用"它们了。然而，我们能够认识清楚的一件事是：充足的信息有益于改善沟通的问题，而且让沟通问题更加迫切，甚至是让沟通问题易于驾驭。

如今，有一种放弃沟通的倾向。比如在心理学领域，当今最流行的敏感度训练的训练小组（T-group）公开宣称其训练不是为了"沟通"而是为了"自我觉察"。训练小组的重点是"我"而不是"你"。在10年或20年前，心理学强调的是"同理心"，但现在更加强调"做自己的事"。但无论"自我认知"有多么重要，沟通至少也具有同等的重要性（即便没有借助其他人的行动，即使没有沟通，自我认识也是可能的）。

虽然无论在理论还是在实践上，沟通的现状都令人唏嘘不已，但我们还是了解了许多信息与沟通的知识。不过，其中绝大部分知识并不是我们投入大量时间与精力对沟通进行研究得到的成果，而是来自许多看似毫不相关的研究领域的副产品，诸如学习理论、遗传学以及电子工程学等。我们还从各种机构的实践中学到了许多经验，虽然失败的教训居多。事实上，我们或许并不了解"沟通"的实质,但我们现在对"组织中的沟通",也就是我们所说的组织"管理中的沟通",还是有所了解的。

我们确实还远远没有完全掌握沟通的能力,即便是组织内沟通也不例外。我们所掌握的关于沟通的知识是零散的,而且很肤浅,根本谈不上应用。但我们至少越来越了解哪些是行不通的,有时还知道其为何行不通。坦率地说,无论是企业、工会、政府机关还是大学,当前大多数组织内部在沟通方面做出的大胆尝试都基于已经被证实无效的假设;因此,这些努力必然不会有结果。不过,我们或许能从中预见可行的方法。

我们学到的经验教训

通过许多失败的教训,我们学到了沟通的四项基本原则:

- 沟通是知觉。
- 沟通是期待。
- 沟通产生需求。
- 沟通与信息是不同的,二者虽然大体对立,却又相互依存。

(1)沟通是知觉。许多宗教的神秘主义者,诸如佛教禅师、伊斯兰教的智者、犹太教的律法师们都曾提过一个古老谜题:"如果森林中的一棵树倒了,而周围并无任何人听到,那么树倒下究竟有没有声音?"现在我们知道这个问题的正确答案是:没有声音。即便声波存在,除非有人接收,否则声音就不存在。声音是由知觉产生的。声音就是沟通。

这听起来显得平淡无奇,古代的神秘主义者们早已知道这个道理,因为他们坚信,除非有人听到,否则声音并不存在。然而,这个似乎平淡无奇的道理却蕴藏着深刻的意义。

首先,这意味着必须有接收者才能形成沟通。只有所谓的发出信息的人，是没法形成沟通的。他只是发出了声波。如果没有人听到，就没有沟通，发出的只是噪音而已。发出信息的人或说或写或唱，但没有接收者，这就算不上沟通。实际上他不能沟通。只有当接收者，或更准确地说是"知觉者"，感知到信息的存在时，沟通才有可能形成。

我们知道，知觉不是逻辑，而是经验。这意味着人最先感知到的总是一个整体轮廓，而不是某个特质，个体特征只是整体轮廓的局部。不能把"无声的语言"⊖，即姿态、语调、处境、文化以及社会因素等特质，与说出来的话语分割开来。事实上，没有这些"无声的语言"，人们说出来的文句也就没有意义，更不用说沟通了。

不仅如此，同样的言辞听起来也会被赋予很多不同的意思，比如说"很高兴见到您"这样的话，听起来可以使人觉得温暖，也可使人觉得冰冷；可以表示亲爱，也可以表示拒绝；主要取决于"无声的语言"的语境，比如说话的语调或场合等。更加重要的是，如果仅凭说出来的言语本身，即如果抛开言辞的整体语境与价值观等"无声的语言"特质，那么"很荣幸见到您"这样的短语根本没意义。这个短语本身不能形成沟通，它无法被理解，也无法被人听见。我们可以借用人际关系学派（human-relations school）一句古老的谚语来加以表达："只有一个字的沟通是不存在的，沟通的总是整个人。"

然而，关于知觉，我们还知道，人们只能感知得到他们能够感知的事物。正如人类的耳朵不能听到特定频率以外的声音那样，人类的知觉也不能感知得到超出其知觉范围的事物。当然，有些事物可以听见或看见，但知觉不能接受，因而不能形成沟通。这是以一种奇特的方式来表达修辞学教师早已知道的道理，但沟通实践者一再忘记这点。

⊖ 爱德华·霍尔（Edward T. Hall）在其开创性的著作中，即以此作为其书的名字（Doubleday, 1959）。

柏拉图的《斐多篇》除去存世最早的修辞学专著之外还有很多美誉，其中援引苏格拉底的观点：人必须根据对方的经验进行交谈，也就是说，与木匠谈话时，就必须使用木匠的语言，以此类推。只有使用接收者的语言或术语时，沟通才能形成，而且专门术语必须基于对方的经验。所以，试图为人解释专门术语收效甚微。当这些专门术语与各自的经验不相匹配时，人们将无法接受，因为这些专门术语超出了他们的知觉能力。

我们现在知道，经验、知觉与概念形成之间的联系，即"认知能力"远比以往的哲学家们所想象的要微妙得多、丰富得多。诸如瑞士的皮亚杰与哈佛大学的 B. F. 斯金纳、杰尔姆·布鲁纳等人在一些截然不同的研究领域已经证明一个事实：对学习者而言，无论长幼，知觉与概念是不可分离的。除非我们能够构想，否则我们将不能知觉；除非我们能够知觉，否则我们将无法形成概念。除非接收者能够认知，除非概念确实进入一个人的知觉中，否则概念沟通将不可能形成。

在作家中流行一句非常古老的名言："语句晦涩难懂意味着思想混乱；需要理顺的不是语句，而是语句背后的思想。"在写作时，我们先要与我们自己沟通，一句"意思不清的句子"说明这句话超出了我们自己的知觉能力。在语句表面上雕琢，就是通常所谓的文辞沟通，并不能解决问题。我们必须先就自己的概念，即我们想要说的话，加以深刻理解，然后我们才能写出好的语句来。

在沟通中，无论采用什么媒介，首要的问题是："这种沟通是在接收者的认知范围内吗？他能够接收到它吗？"当然，"感知范围"是生理范围，在很大程度上（虽然不是全部）受人类肉身条件的限制。当我们说沟通时，知觉的最重要限制通常状况下是文化与情感的限制，而不是身体的限制。

轻信盲从的狂热分子是不能用理性辩论来说服的，数千年来这个道理已经深入人心。现在人们开始意识到，狂热分子不是缺失"辩论"，他们缺失的是超出他们情感范围的知觉能力的沟通。因而首先必须改变的是他们的情感；换言之，没有人能够真正地"触及真实性"，如若这样，那就意味着他们已经完全地向证据敞开心扉。"心智健全"与"偏执妄想"之间的差别并不在于认知能力，而在于学习能力，即在经验的基础上去改变一个人的情感的能力。

　　知觉受制于认知能力，这一观点早在40年前就已经被人意识到了，并被广泛引述，至少组织学家玛丽·福列特㊀就曾经提出这个观点。福列特认为，意见分歧或观点冲突通常状况下很可能与答案无关，而是与那些显而易见的事情有关。在大多数情况下，意见分歧或观点冲突是认知差异的结果。在A看来非常明显的事情，B可能根本看不见。所以，A所辩论的事情，根本不在B所知觉的关注范围之内；反之亦然。福列特指出：A与B很可能都看到了"真实性"，但他们每个人很可能都只是看见了"真实性"的不同侧面。这个世界是多层面的，不仅物质世界如此。每个人在一个时间中只能看到其中一个层面的真实性。

　　人们很少能够意识到可能存在的其他层面。有些对我们来说是显而易见的事情，而且从我们的情感经验判断也是如此确实无疑，但它有可能存在着其他层面，比如还有"背面"与"侧面"，这与我们所看到的层面完全不同，从而导致完全不同的认知。在前文我曾提及的"盲人摸象"的故事中，盲人们遭遇到同一只陌生动物，但每个盲人摸到的只是大象的不同部位，比如大腿、鼻子、肚子，因而他们得出的结论也完全不同，并且他们都坚信自己的结论是千真万确的，这是由于他们各人所处的条件不同。除非他们能够了解这一点，除非摸到大象肚子的盲人能够亲自摸着象腿，否则他们之间的沟通不可能形成。换言之，除非我们先知道接收者，即真正的沟通者所能够见到

㊀ 玛丽·福列特在论文集《动态的管理》（*Dynamic Administration*, 1941）中所发表的文章已论及此观点。

的事情，以及知道他为什么如此，否则沟通的可能性就无从谈起。

（2）沟通是期待。通常情形下，我们知觉我们所期待感知的，我们看我们所期望看的，我们听我们所想要听的。那些并不被期待的事物可能因厌恶而被视为无关紧要，大多数论述沟通的作品（包括企业方面和政府方面）都是这样认为的。真正重要的是那些不被期望的事物，人们根本接收不到，或视而不见，或听而不闻，完全置之不理。更有甚者，那些不被期待的事物可能会被误解、误看、误听成为人们所期待的样子。

人们现在在这方面已经有了百年以上的实验历史了。结果很明确。人类的心智试图将观感印象与刺激因素融入期望的框架之中，因而会竭力地抗拒任何"改变其心智"的企图，诸如去认知并不期望认知的事物，或者不去认知所期待认知的事物。当然，这可能是在警告我们一个关于人类心智的事：人们所认知的正好与人们所期待的背道而驰。因此，我们首先需要知道，人类心智究竟期望认知什么。紧接着要求具备一个准确无误的信号来表明"这个不一样"，也就是一种能够打断认知连续性的震撼。如果采用渐进式的变化，以微小的、逐渐增量的步骤来促进人类心智去意识他所认知的并非他所期待的，这种做法是行不通的，而且可能适得其反——这会强化"期待"的重要性，甚至让人类心智更加肯定：他所认知的正是他所期待的。

所以，在我们能够与对方沟通之前，我们必须先了解接收者所期望看到听到的是什么。之后我们才能知道是应该利用他既有的期望来与他沟通，还是需要借用"出其不意的震撼"来"唤醒"他，打破对方的期待，迫使他认清正在发生的、预料之外的事情。

（3）沟通产生需求。许多年前，心理学家们在研究人类记忆时无意间发现了一个奇怪现象，这个现象扰乱了他们之前的所有假设。为了测试记忆，心理学家汇集了一组单词，在不同的时间展示给测试者看，以便测试他们记忆的保持能力。作为控制手段，心理学家们还罗列了一些毫无意义的、由一些零乱字母拼凑起来的单词。令这些早在一百年前实验者们惊讶的是，这些被测试者（当然大多数是学生）对每个单词的记忆保持能力参差不齐。更加令人惊奇的是，他们对那些毫无意义的单词显示出令人吃惊的高度记忆能力。第一个现象的解释相当明显。那些单词不仅是信息，还带着某种情感暗示。所以那些令人身心不悦或容易产生威胁联想的单词会被抑制，而那些令人身心产生愉悦联想的单词就会被保存。事实上，从那以后，这种由情感联想形成的选择性记忆被应用在测试人的情绪障碍与个性分析上。

对于那些毫无意义的单词所具有的高度记忆，那时是个更大的难题。心理学家们本来以为，没有人能够记住这些毫无意义的单词。若干年后，人们解开了这个谜团。人们对这些单词的记忆虽然有限，但的确存在，理由正是因为这些单词毫无意义。正是因为这些单词没有意义，所以它们毫无要求。它们是真正中立的词汇。人们对它们的记忆，真正是"无意识的"，在情感上，既不显示偏爱，也不显示抗拒。

所有报刊编辑都心知肚明的另一个相似的现象是：用于"填充"页面的三五行无关紧要的信息，就是编辑们所说的"补白"，通常具有令人惊讶的高阅读群与记忆量。为什么有人想要阅读甚至记住这些小信息呢？比如在宫廷中被人遗忘良久的公爵，每条腿穿上不同颜色的长筒袜，以带动新的流行时尚。再比如发酵粉首次使用应该什么时候，合适用在什么地方？毫无疑问，这些看似无关紧要的小花絮拥有许多读者，更加重要的是，除了报纸上刊登的有关大灾难的头条新闻之外，这些小花絮远比其他任何事件更容易被人记住。原因是这些"补白"没有提出任何"要求"。正是因为它们毫不相干，它们才被人记住。

沟通总是带着某种"宣传"色彩。信息输出者总是希望"传递一些信息给别人"。现在我们知道，虽然"宣传"比理性主义者所尊崇的"公开讨论"强大得多，但与制造宣传神话的魔力相比，简直是小巫见大巫。比如纳粹政权的戈培尔博士就是这样的宣传神话制造者，他不但自己信奉，而且想要别人相信他的话。彻头彻尾的宣传，其真正危害还不是宣传内容被人相信，而是让人彻底失去对信息的信任，怀疑每一次沟通的内容。最终，无人接受任何沟通。任何人说的任何事都可能被视为"要求"，因而遭到抗拒与厌恶。彻底宣传的最终产物并非狂热分子，而是愤世嫉俗者。当然，这会造成更大、更危险的腐败。

换言之，沟通总会产生要求。沟通必然会要求接收方变成某种人、做某些事，或相信某个道理。沟通总要诉诸某种动机。换句话说，如果沟通符合接收者的愿望、价值观与目的，那么这样的沟通就会强而有力。如果沟通与接收者的愿望、价值观和动机背道而驰，那么这样的沟通很可能根本不被接受，甚至会受到抗拒。当然，最有力量的沟通能够使人"转变"，也就是会改变人的个性、价值观、信仰以及愿望。然而，这样的效果极为罕见，因为就存在事件而言，每个人固有的基本心理都倾向于抗拒这种转变。《圣经》记载，主耶稣基督要先让"扫罗"的眼睛瞎了，才能把"扫罗"转变成为"保罗"。沟通旨在转变人心，这就必然要求人有所放弃与降服。所以，除非接收者觉得信息符合自己的价值观，至少在很大程度上适应其价值观，否则沟通难以形成。

（4）沟通与信息是不同的，二者虽然大体对立，却又相互依存。如果说沟通是知觉，那么信息就是逻辑。就其本身而言，信息纯粹是形式的，没有什么意义。信息是"不带个人色彩的"，也不牵扯"人际关系"。信息越不牵涉人性成分，也就是说，信息越摆脱人的情感、价值观、期望以及知觉，它就会越正当、可靠。只有这样，信息才能更加有效地发挥作用。

纵观历史，我们的问题在于如何从基于知觉的、建立在人与人之关系基础上的沟通中，将为数不多的信息收集起来。一直以来，我们的问题都在于如何将信息从丰富的知觉中分离出来。而现如今，出人意料的是，我们已经拥有提供信息的能力，这既是因为逻辑学家们对概念的深入研究取得进展，特别是1910年出现的罗素与怀特海的数理逻辑；也是因为数据处理与数据存储方面的技术工作，特别是因为电脑及其所具有的数据存储、数据操作与数据传输的巨大能力。换言之，现如今，我们遭遇到一个与困扰人类许久的问题相反的问题：在完全没有沟通内容的情况下，该如何处理纯粹信息本身？

有效信息的要求与有效沟通的要求恰恰相反。比如说，信息总是特定而明确的。我们在沟通中感知整体轮廓，但在信息处理过程中，我们传达个体数据。实际上，信息遵循的首要原则是经济原则。所需的数据越少，信息就越好。信息过载，即信息超过了真正所需的内容便会阻断信息传输，非但没有愈加丰富，反而消失殆尽。

与此同时，信息是以沟通为前提的。信息总是有编码的。为了接收信息，甚至是使用信息，接收者必须对信息编码了如指掌。这就要求有事前协定，也就是某种沟通。至少必须要求接收者了解数据的内容。电脑磁盘上的数字是显示山峰的高度，抑或显示联邦储备银行的现金余额？无论哪种情形，信息接收者都必须首先了解是哪一座山或哪一家银行，才能从数据获取信息。

信息系统蓝本很可能出自1918年以前的奥匈帝国陆军军语（Armee Deutsch），一种专用命令语言。军中操各族语言的军官、士官与普通士兵之间原本缺乏通用语言，后来颁行统一的命令语言，不出200个专有德语词。比如"开火""稍息"，每个词只有一个明确义项，这才能使军队管理正常运行。每个词的语义只对应一个动作，军人在行动中反复训练便可以掌握这些词，这也就是如今行为学家们所说的"操作性制约"。在历经数十年的民族主义动乱之后，奥匈帝国军队内部形势异常紧张；同一部门中不同族裔的人员之间的交往变得越来越困难，甚至难以维系。直到最后，这种信息系统终于发挥作用。这种信息系统是完全形式化的、完全僵化的、完全逻辑化的，其中的每个词只有一个可能意思；它完全依赖于预先建立的沟通系统对某种声波的独特反应。这个例子也说明了一个道理：信息系统的有效性取决于人们对所需信息进行细致考虑的意愿与能力，比如谁需要信息，为何需要信息，需要什么样的信息等。信息系统的有效性还需要在进行沟通的各方之间系统地建立起每个特定词的输入意思与输出意思。换言之，信息系统的有效性取决于沟通的预先设定。

沟通所传递的意思层次越多，沟通内容越丰富，其本身可量化的信息就越少。

中世纪美学认为，一件艺术品会传达出许多层面的意义，至少有如下三层甚至四层意义：字面、隐喻、寓意以及象征。最显著地把美学理论转化为艺术实践的佳作是但丁的《神曲》。如果"信息"是指某些可以量化的东西，那么《神曲》就没有任何信息内容可言了。然而，正是这种含蓄促进了这部不朽名作的多层面意义，从一部神话故事变成一部形而上的综合巨著，从而成为一部旷世艺术佳作，并与不同时代的读者进行最直接的沟通。

换言之，沟通或许并不依赖信息。事实上，最完美的沟通或许是纯粹的"经验分享"，无需任何逻辑性。占据"首要地位"的是知觉，而非信息。

这样总结我们已经学习到的知识显得过分简单化了，因为它掩盖了一些心理学与知觉认识上最激烈争论的问题。事实上，它忽略了认知与知觉的学者们视为核心以及重要的大多数问题。然而，本章的目的不是探讨这些大的研究领域，我的关注点不是探讨学习或知觉，我关注的是沟通，尤其是大型组织的沟通，不论是企业、政府机构、大学或军队等。

这样的总结也可能会被人批评为平庸，甚至会被视为肤浅。有人可能会说，没有人会对这样的阐述感到惊讶，因为他们认为"每个人都知道"。无论是不是真的"每个人都知道",但一定不是"每个人都会做"。相反,在组织沟通中,这些看似十分简单明了的道理所具有的逻辑内涵与目前的实践并不吻合,这实际上否定了人们数十年来在沟通领域工作所付出的诚挚而认真的研究的有效性。

为何"向下沟通"行不通

那么在组织中,人们可以从自己的认知与经验中学到什么关于沟通的知识呢?从中找到失败的原因了吗?或者从中获取未来成功的必要条件了吗?

数百年来,人们都在试图"向下沟通"。但无论人们如何努力,如何睿智,"向下沟通"都行不通。"向下沟通"之所以行不通,首先是因为它把重点集中在我们想要说的事上。换言之,它假定讲话者有在沟通。其实我们知道,他所做的只是"发出信息"而已。沟通是信息接收者的行为。我们一直在做"发射器"的工作,特别是针对企业经理、行政长官、指挥官,努力促使他们能够成为更有效的沟通者。如果"向下沟通"只是命令,也就是传达预先安排好的信号,那么"向下沟通"是无法被理解接收的,更不用说是起到积极的推动作用了。这就要求"向上沟通",由那些知觉者指向那些想影响知觉者的人。

这并不意味着管理者不应该继续在清晰地表达与书写上下功夫。绝非如此。这意味着只有在我们清楚自己"想要说什么"之后,才能谈到"如何说"。无论事情如何处理得当,我们都依靠单方面的"我跟你说"来完成。除非管理者知道员工们能够感知什么、期望感知什么、想要做什么,否则无论"告全体员工书"写得多么好,也只是一种浪费。除非以接收者的知觉为基础,而不是以发出者的知觉为基础,否则也只是一种浪费。

然而，"聆听"也无济于事。40年前，埃尔顿·梅奥的人际关系学派就已经意识到传统沟通方法之所以失败，是因为缺失"聆听"，因而"聆听"成为人际关系学的必修课。㊀高级管理者不能以"我们想要告诉对方什么"为沟通的出发点，而是要以"下属想要知道什么""下属的兴趣是什么"，即"下属善于接收什么"为沟通的出发点。时至今日，人际关系学派提出的这个"处方"，虽然很少被实际应用，但依然是一个"经典的药方"。

当然，"聆听"是沟通的一个前提条件。但只有聆听本身，不足以完成沟通。"聆听"是假定上级会明白他被告知的内容，换言之，就是假设下属能够与上级沟通。但令人费解的是，下属凭什么应该有能力做他的上司不能做的事情。实际上，并没有理由假定下属能够与上司沟通。换言之，没有理由相信，聆听所带来的误解误传会比交谈所产生的误解误传少。另外，聆听理论并未考虑到沟通是一种需求。聆听并不足以让人了解下属的偏好、心愿、价值观以及志向。聆听或许能够找到误解的原因，但它不能为理解奠定基础。

这并不意味着聆听是错误的，也并不是说"向下沟通"毫无意义，更不是说不必讲究阐明清楚自己的观点，不必在乎接收者的语言，只顾自己陈述专业用语即可。事实上，就聆听理论而言，认识到了沟通必须是"向上的"，或者宁可说，沟通必须以接收者为出发点，而不是以说话者为出发点，这一点是绝对合理的而且十分重要的。然而，聆听只是一个起点。

更多的、更高质量的信息并无益于解决沟通问题，也无法跨越沟通的鸿沟。相反，信息越多，对实用有效的沟通的需求越大。换言之，信息越多，沟通的鸿沟可能越大，信息爆炸需要能够真正发挥作用的沟通。

㊀ 尤其可见于梅奥的两部名著：《工业文明的人类问题》（*The Human Problems of an Industrial Civilization*, Harvard Business School, 1933）与《工业文明的社会问题》（*The Social Problems of an Industrial Civilization*, Harvard Business School, 1945）。

首先，信息处理过程越形式化，越不涉及人，信息就越依赖意义与应用的预先协定，也就是越依赖沟通。其次，信息处理过程越有效，信息就越形式化，越不涉及人；信息越发使人相互分离，人们需要付出重建人际关系与沟通关系的努力也就越大。我们可以说，信息处理过程的有效性越来越依赖人们的沟通能力；在缺乏有效沟通的情形下，即我们当前的情况下，信息革命并不能真正地产生信息，充其量只能产生大量数据而已。

信息爆炸是促使人们改善沟通的最迫切的理由。事实上，我们的周围存在着可怕的沟通鸿沟：在管理层与员工之间，在企业与政府之间，在教职工与学生之间，在教职工、学生与学校管理部门之间，在生产商与消费者之间，如此等等。这种鸿沟在某种程度上反映了一个道理：信息大量增加，但沟通并无相应改善。

管理者能做什么

那么我们能就沟通提出什么建设性意见吗？我们能做什么呢？我们可以说，沟通必须从接收者开始，而不是从发言者开始。从传统的组织学原则来看，我们必须从"向上沟通"开始，因为"向下沟通"不仅行不通，而且行之无效。先成功建立起"向上沟通"才能进行"向下沟通"。"向下沟通"是"反应"（reaction）而不是"行动"（action），是"被动回应"而不是"主动倡议"。

然而，我们也可以说，仅仅聆听是不够的。"向上沟通"必须把重点放在接收者与发言者双方都能感知到的事物上，把重点放在接收者与发言者双方共同关注的事物上，他们必须把注意力集中在已经激励选定接收者的事物上。从一开始，"向上沟通"就必须建立在了解接收者的价值观、信仰与愿望的基础上。

所以，依靠目标进行管理是有效沟通的一个前提条件。依靠目标进行管理要求下属细致思考自己能为组织以及所在单位做出什么样的主要贡献，承担什么责任，并把自己的考虑结论呈报自己的上司。

然而，下属所总结的很少是上司所期待的。事实上，依靠目标进行管理的首要目的正是揭示出上司与下属之间在知觉上的差异。但知觉的焦点正好体现出上司与下属双方都真正关注的事物。能够意识到上司与下属双方在同一真实性上存在不同观点，这本身就是沟通了。

依靠目标进行管理为选定的接收者，即下属，提供了增强理解能力的相关经验；他被允许接触到决策所面临的现实、问题的优先级，以及在"喜欢做什么"与"当前处境要求做什么"之间的选择，还有最重要的，对做出的决定负有的责任。他们对处境的看法可能与上司不同，事实上，很少相同，甚至根本不应该相同。然而，下属可以借此理解上司处境的复杂性，而且这种复杂性有可能并非上司造成的，而是所处境遇本身固有的。

即便最终上司否决了下属的结论，这些沟通依然明确地聚焦于预先协定的接收者的愿望、价值观与动机。事实上，这些沟通都以"你想要做什么"开始，也许会以"这就是我告诉你做的事"的命令结束。然而，依靠目标进行管理至少能够迫使上司意识到他正在忽视下属的愿望；如果不是尽力说服下属的话，也会迫使上司向下属做出解释。至少上司应该知道自己有问题，下属也是如此。

基于一个人"能做什么"与"什么做得很好"来评估工作绩效，或是探讨一个人的发展方向，这些都是沟通的基础。上司应该从下属所关切的事物开始，表达他们的知觉，聚焦于他们的期望。上司应该视沟通为"工具"，而不是把沟通视为"命令"。

这些不过是例子而已，甚至可以说是一些不重要的例子。但这些例子或许能够说明我们在沟通上的经验，大部分是失败的经验，以及对学习、记忆、知觉、动机等研究工作所总结出来的主要结论：沟通要求分享经验。

如果把沟通视为从"我"到"你"的顺序关系，那么沟通不可能发生。只有以"我们"中的一员到另一员，沟通才行之有效。组织中的沟通不是组织手段，而是组织作风；这或许正是我们沟通失败的真正教训，也是我们沟通时所需要的真正尺度。

第 39 章 | CHAPTER 39
监查、控制与管理

> 监查与控制——监查的特征：既不客观也不中立，监查是目标设定与价值设定，可测评事件与不可测评事件都需要监查——监查的规范：经济性、有意义、适当性、一致性、时效性、简易性、可操作性——组织的最终控制——监查与组织精神

在社会机构的词典里，"监查"（controls）这个词并不是"控制"（control）这个词的复数形式；不仅因为做更多的监查不一定带来更多的"控制"，更因为这两个词在社会制度的语境中有着不同的意思。监查的同义词是"测评"（measurement）与"信息"（information），而控制的同义词是"方向"（direction），属于方法，控制是为了实现目的。监查阐述事实，也就是讲明过去的事件；控制面对期望，也就是涉及未来。监查注重分析，关注过去的事物与现在的事物；控制重视规范，关注事物应该成为什么。

伴随着科技的巨大进步，我们正在迅速地获得企业与其他社会机构中设

计监查的强大能力以及快速处理大量数据的能力，尤其是把逻辑方法与数学工具应用于社会机构事件的分析中。这对控制意味着什么呢？具体而言，要使这些得到重大改进的监查能够更好地进行管理控制，到底有哪些要求呢？就管理者的任务而言，监查纯粹是为了实现目的而使用的手段，控制才是目的。

日常语言及其应用已经清楚地表明这是一个问题。企业中负责生产监查的称为监查员。即便不是所有的管理者，绝大多数包括监查员在内的管理者都认为监查员利用监查权力操控业务的行为属于严重的监查权力误用与滥用。他们相信，这将实际上导致企业完全"失去控制"。

这看似悖论的现象的成因既是人的复杂性，也是社会工作的复杂性。

如果我们在社会机构中与人打交道，那么监查必须成为驱动个人以实现控制的动力。在人类社会情境中，控制系统是一个"意志系统"，而不是一个"机械系统"。对于人类意志，我们知之甚少，但这不是问题的关键。在监查所提供的信息成为行动基础之前，需要一个转换过程，也就是把一种信息翻译成另一种信息，这个翻译过程我们称之为"知觉"。

在社会机构中，有第二种复杂性，即"不确定原则"。在社会现实中，要对某一事件做出预先的适当反应几乎是不可能的。

我们能够做，也确实这样做了，就是把监查器装置到机器中去，使得机器运转超过一定转速时就会自动减缓速度。我们也可以使用机械方法或机械仪表，向操作员显示机器转速的数据，并明确无误地指示操作员在机器运转超速时减缓速度。但当控制仪表读数呈现"利润下滑"时，并不会表明为维持利润率需要做出"提高价格"的反应，更不用说该提高多少了；当控制仪表读数呈现"销售额下滑"时，也并不意味着应当做出"降低价格"的反应，如此等等。不只是因为存在的可能反应数量过多，所以无法提前确认，而且因为事件本身并没有表明哪些反应是可行的。事件本身或许并无意义，即便是有意义，也难以肯定其意义的确定性。与事件本身相比，事件有意义的概率是更加重要的数据，而这样的概率几乎无法从事件分析中显明出来。

社会诸多情境要求以多种假设为基础来做决策，这些假设基本上与记录在案的事件无关，但与未来的期望相关；这些期望的概率是未知的，人们只能根据貌似可信的情形来做出判断。因为在现存社会空间中，并不存在与未来相联的"事实"，至少在我们微不足道的时间尺度中，周期性假设未必成立，更应该被当作不太可能的存在。

监查的特征

在企业中，监查主要有如下三个特征。

第一，监查既不是客观的，也不是中立的。在测评石块下落的速度时，我们完全处于事件本身之外。我们不会通过测评来改变事件，测评事件也不会改变我们，我们只是观察者。测评物理现象既是客观的，又是中立的。

然而，在一个复杂的知觉情境中，即在企业里我们所面临的社会情境中，测评的行为既不客观，也不中立，而是主观，且必定具有倾向性。测评的行为既能改变事件，也能改变观察者。因为测评的行为会改变观察者的认知，甚至有时会完全颠覆观察者的认知。在社会情境中，事件之所以获得价值，是因为它们被单独挑出来进行测评并引发关注。无论我们多么讲究"科学"，当这些现象被挑出来，并挨个进行"监查"时，这个事实已经体现出它的重要性了。

每个曾经看过预算制度简介的人都会理解上述情形。长久以来，在一些公司中甚至一直如此，与预算测评的经济绩效相比，人们更看重预算数据。第一次实行预算制度的管理者们通常故意压低销售与利润数据，免得承担"完不成预算"的过失。一个非常睿智的预算主管，在经过多年的历练后才能重新平衡预算。有许多其他方面很优秀的研发主管坚信，以低于预算金额获得研发结果，比花光全部"适当的"预算金额而无任何研究成果，更让人有负罪感。

在类似于企业这样的社会机构中，监查就是设定长远目标与价值。它们并不"客观"。但它们必须合乎"道德"。要逃避这一责任的唯一办法就是让主管人员淹没在大量的监查中，让整个监查制度变得毫无意义，只剩"噪音"。

如此看来，我们或许已经严重滥用了新近拥有的数据处理能力，即电脑沦为无休止地制造大量完全没有意义的数据的工具。每个早期电脑的使用者都难辞滥用之咎——但这对于甘愿被"淹没"的监查员而言或许是一件好事。

然而，通过让监查变得毫无意义来消除监查带来的伤害，实在算不上是我们使用提供监查能力的正确方法。我们必须意识到"监查创建愿景"，这才是起点。监查既能改变被测评的事件，又能改变事件的观察者。监查不仅赋予事件意义，而且赋予价值。这就意味着，根本的问题不是"我们如何控制"，而是"在我们的控制系统中，我们要测评些什么"。

第二，监查需要聚焦成果。企业（以及其他任何社会机构）的存在是为社会、为经济以及为个人做出贡献。因此，企业的成果只存在于外部，也就是存在于经济、社会，以及顾客之中。只有顾客才能为企业创造"利润"。企业内部的所有事物，包括制造、营销、研发等都只会创造成本，只是个"成本中心"。换言之，管理领域关注的仅仅是成本，而成果在创业领域。

但对于企业的"外部"信息，我们知之不多，更不用说获取可靠信息了。不仅因为获得信息的难度巨大——没有任何组织是为了获取与搜集有意义的外界信息而设立的——况且这项工作实在过于庞大，最重要的是，我们依然缺乏必要的企业概念。我们对这项工作本身尚未进行深入细致的思考——至少至今还没有。百余年来，人们已经对企业内部的管理现象、事件与数据进行耐心分析，对企业内部的个人作业、技能以及任务进行深入研究，但对于创业工作的研究少之又少。

我们能够轻易地记录工作效率，也就是努力程度，并加以量化。但我们很少有工具能够对企业外部的成效进行记录，并加以量化。即便是最有效率的马车鞭制造商也不再辉煌依旧。如果工程部门的产品设计错误，即便效率再高，也产生不了价值。美国企业在古巴的分公司比在拉丁美洲其他地方的分公司经营情况要好得多，而且是最能盈利、麻烦最少的分公司。但这并不能阻止它们被古巴政府没收的厄运。而且我敢说，在20世纪50~60年代，IBM公司大发展时期，它的作业"效率"如何真是无关紧要，因为它的基本创业理念是正确而有效的。

企业外部的成果领域要比内部更难研究。在大型组织中，高管的核心问题是他与外界的隔绝，这似乎是必然的。美国总统如此，美国钢铁公司的总裁也是这样。所以，现今的组织所需要的是对外部的综合感知器官。如果要问现代监查制度能贡献些什么，那么我想就在这里。

第三，可测评事件与不可测评事件都需要监查。与其他任何机构一样，企业有些重要成果是无法测评的。任何有经验的高管都知道，那些不能吸引或留住有能力的人才的企业或工业是必然要灭绝的。任何有经验的高管也都明白，这个事实比企业或工业的上一年利润报表重要得多。如果一位逻辑实证论者告诉高管：这份不能明确定义的报表是一份解决不了任何问题的虚假报告，那么他可能会很快而准确地被视为傻瓜，并被解雇。但这份报表的确无法明确定义，更不用说加以"量化"了。它绝非"无形的"，而是非常"有形的"（正如任何与这种企业打过交道的人很快就会发现），它只是不可测评。十年之内也不会有可测评的成果显现出来。

然而，企业也有一些具有真实的意义与重要性的成果，而且这些成果可测评、可量化。这些成果与以往所有的经济绩效有关。这些成果可以用非常特别的经济计量加以衡量，那就是金钱。这并不意味着这些成果都是"有形的"。事实上，大多数可以用金钱来衡量的事物是完全"无形的"，比如折旧，它们超出任何柏拉图式的理念，在现实世界中并无任何事物可与之相对应。但它们是可以测评的。

由此可见的第一个事实是：可测评的成果是指那些已经发生的事物，是已经过去的事物。未来并无事实可言。由此可见的第二个事实是：可测评的事件主要是指内部事件而非外部事件。外部事件的重大发展决定了马车鞭产业的消失，决定了IBM公司的兴起并发展成为大型企业，决定了美国企业在古巴的分公司被没收的厄运。这些外部的重大发展都是无法测评的，发现事实，为时已晚，难以控制。

所以，在可测评的成果与不可测评的成果之间取得平衡才是管理的核心问题，才是管理层需要真正做出决策的领域。

如果未能找出不可测评的报告背后的假设——至少可以作为参数或限制条件，就开始测评，那么这样的测评会误导他人，实际上也是误报。我们能够量化真正可测评的领域越多，我们想把全部精力投入其中的诱惑就越大，从而需要面对的危险也就越大。一些看似更好的监查，实际上意味着疏于控制，甚至是完全失去控制了。

监查的规范

为了促进管理者的有效控制，监查必须具备如下七个规范。

- 监查是一条经济原则。
- 监查必须是有意义的。
- 监查必须适合被测评现象的特征与性质。

- 监查必须与所测评的事件一致。
- 监查必须是适时的。
- 监查必须是简单的。
- 监查必须是可操作的。

（1）监查是一条经济原则。获得控制所需的努力越少，控制设计就越好。所需的监查越少，达到的效果就越好。实际上，增加监查，并不能带来更好的控制，只能造成混乱。所以，在设计与使用监查制度中，管理者首先要提出的问题是："要实现控制，我最少需要哪些信息？"

不同的管理者有不同的答案。公司的财务主管只需知道投资于库存的总额及其成果增减与否。销售经理则只需知道订购产品及其生产线，这些总共占了存货的70%，以及与之相关的详细资料，而库存总额对他而言并不重要。一般说来，财务主管与销售经理都不需要知道库存总额的数目，偶尔一年中有一两次，他们需要了解一些应该提供给他们的信息。但仓库职员需要库存的日常数据，而且需要的是详细数据。

电脑提供大量数据的能力并不能改善监查效率。相反，监查带给控制的第一个问题是："了解一种现象并能够对这种现象进行预测所需的最少的报告与统计数据是什么？"然后再问："要全面了解这一现象所需的最小数据是什么？"

（2）监查必须是有意义的。这就意味着被测评的事件必须是有意义的；或是事件本身的意义，比如市场地位；或者它们必须是至少有潜在的重大发展的征兆，比如劳动力流动率或缺席率的突然急剧上升等。

微不足道的事不应该测评。一个人可以通过控制一些对绩效与成果产生重大影响的进程而实现控制，一个人也会因为试图监查那些对绩效与成果影响不太大的无数琐事而失去控制。

监查应该总是与关键目标及其优先级相关，与"关键活动"以及"良心领域"（参见第 42 章）相关。换言之，监查应该基于一家企业的定义，诸如"我们的企业是什么""将来会怎样""它应该是什么"。

监查紧随策略

任何对成就企业目标无关紧要的事物都不应该经常监查，只要防止其恶化即可。它应该以"例外"加以严格控制，也就是应该设定严格的标准，进行周期性测评，并以抽样为基础。只有明显低于所制定的标准的情形出现时，才应该报告并加以关注。

我们能够量化某些事物，这不是我们测评的理由。我们的问题是："这是管理者应该视为重要的事情吗？""这是管理者应该集中精力的地方吗？""这是企业基本现实的真实陈述吗？""为了实现有效控制，也就是以最大的经济努力获取企业的有效方向，这是应该聚焦的关键所在吗？"如果在设计监查制度时，我们不提这些问题，那么我们最终会致使企业失控；因为到那时，除了导致控制信息泛滥成灾之外，我们别无补救办法。

（3）监查必须适合被测评现象的特征与性质。这可能是最重要的规范，但在实际的监查制度设计中，人们对它观察最少。因为监查的影响力大，所以其重要性不仅在于我们要选择正确的监查现象，而且要促使监查产生正确的愿景，并转换成为有效行动的基础。测评还必须是适合的，也就是说，监查必须在"结构上"呈现出被测评事件的真实形式。只有"形式上"的正确是不够的。

正式的投诉，即来自工作者的抱怨，通常的比例为"每千名员工每月发生五次不满事件"。这就是形式上的正确。但在结构上，这种投诉是否正确呢？或者说，这会使人误入歧途吗？首先，这样的报告给人的印象是：这种抱怨情绪是以随机的形式分布在员工当中的，这样的报告似乎是在说明一种U形的"高斯分布"。其次，从上一个印象类推出来的结论是：这些只是小问题而已，特别是每千名员工每月只发生了五次不满事件，这就更不足为奇了。虽然这在形式上是正确的，但在结构上完全是歪曲、误报，甚至是误导。

抱怨是一种社会事件。物质世界中并没有这种现象。然而，社会事件几乎从来不会遵循我们在物理世界中发现的"正态分布"。社会事件的常态分布几乎总是处于指数分布状态，按照其典型曲线，即常规的双曲线形式存在。换言之，工厂中的绝大多数部门所雇用的95%的员工，正常情况下，一年中甚至连一次投诉事件都未曾有过。但只雇有极少员工的部门反倒弥漫着严重的不满情绪，以至于"千分之五"的抱怨对于他们而言意味着"每人每年出现一次严重不满情况"（在我找到这组具体数据的现实案例中，确实如此）。如果这个部门正好是所有产品都必须经过的最终装配部门，如果管理层从各自的监查信息中误认为员工的抱怨并不严重而且未加以领会，从而导致这个部门的员工罢工，其负面影响就会非常严重，甚至会使公司破产而不复存在。

同样道理，一家企业90%的营业额通常只占整个企业产品的2%~5%；90%的订单通常只占4%~5%的营业额，却占了90%以上的成本。一架现代战略轰炸机拥有100万个零部件，但90%的成本花在非常小的关键零部件上，或许也就差不多50个零部件，整架轰炸机维护所需的花费中有90%也是集中在这些关键部件上的。但不幸的是，90%的资金与90%的维护费用很少用于同一零部件上。从实践的角度看，研究实验室中所有的创新，无论项目大小，都是由一小部分研发人员成就的。无独有偶，公司中80%的经销商最多销售20%的产品，10%甚至更少的经销商却能销售出三分之二或四分之三的产品。

无论是针对整个销售团队还是个别销售人员，大多数销售绩效的测评都是按照销售总额来计算的。但在许多企业中,销售总额的数据计算并不恰当。同样的销售额可能意味着有巨大利润,也可能意味着根本没有利润,也有可能意味着重大亏损,这取决于销售产品的组合。所以,与产品组合毫无关联的绝对销售数据并不能提供任何有效控制——既不能为个别销售人员,也不能为销售部经理或高管层提供任何有效控制。

虽然这些都是基本事实,但少有管理者了解其中道理。传统的信息系统,特别是会计系统,并不会突出这种适合性,反倒把它隐瞒起来。尤其是在开销分配方面,常常造成经济现象与社会现象真正分配状况的模糊不清。如果没有监查以清楚表明事件的真正结构,那么管理者不仅会缺乏知识,而且会做错事情。因为日常工作的重负迫使管理者倾向于按照事件数量的比例来分配自己的精力与资源。有一种常见的倾向是:管理者会把精力与资源投入到成果最小的事务上,也就是把精力与资源用于量大而毫无成效的事务中去。

(4)监查必须与所测评的事件一致。阿尔弗雷德·怀特海是个杰出的逻辑学家和哲学家,他过去经常告诫人们要提防"虚假的具体性的危险"。一个"测评值"即便是精确到小数点后第6位,也不可能完全精确,因为被测评的现象最多也只是在一定幅度内实现正确率,比如在50%～70%的范围内,也就是假定有20%的增减误差。这就是所谓的"虚假的具体性",现实中无法达到完全精确,就会产生误导。

虽然某种现象无法实现精确测评,但只要能够在一定范围内或一定数量内加以描述,那么它仍旧是重要信息。比如说,"我们拥有26%的市场份额",这信息听起来似乎很精确,但事实上这种描述并不精确,而且毫无意义。通常状况下,这种描述的真正意义是:"虽然我们在市场上不占主导地位,但目前也不是处于边缘状态。"即便如此,这种描述也不会比之前对市场情况的界定好多少。

管理者需要仔细考虑哪种测评方式可以与被测评的现象保持一致。管理者必须知道，什么时候"近似值"比看似确凿的详细数据更加精准，什么时候一个范围比单个近似数据更为精确。管理者必须知道，"更大"与"更小"、"更早"与"更晚"、"增加"与"减少"等都是一些定量用语，它们经常比任何特定数据或数据范围更加精确、更加严密。

（5）监查必须是适时的。监查的适时性与监查的一致性非常相似。频繁的测评与非常迅速的"提交报告"并不一定能够产生更有效的控制，相反会影响控制的成效。监查的适时性必须符合被测评事件的时间跨度。

近来，谈论"实时"监查已蔚然成风，即突击并持续提供信息的监查已经流行。有些事件的确合适采用"实时"监查。比如一些放在发酵槽内的抗生素会在短时间内随着温度或气压的变化而变质，因而需要持续进行"实时"监控。然而，很少事件需要这种监查。大多数事件根本不能采取这样的监查。就真正的控制而言，"实时"是错误的时间跨度。

据说，孩子们在花园中种植花草通常缺乏耐性，只要植物露出小芽，他们就会连根拔起看看是否已经生根了。这种"实时"监查显然应用错了。

当新产品首次投放市场时，产品经理可能需要市场试销的每日报告，并尽可能地接近"实时"监查。6个月后，当他已经制定出新产品的销售策略时，"实时"监查的每日报告只会使他像孩子那样——"连根拔起看看是否已经生根了"。到那时，他就需要仔细斟酌，在哪些领域，在什么时期，收获什么成果，才能实现目标。然后，他必须在关键的时刻集中注意力，及时地对成果进行测评。如果他只担心天天进行的实时测评，那么他就一定会使他自己及其同事乱成一团，甚至导致最好策略遭受破坏。

同样的道理，试图每时每刻地监查研究进展，可能会影响研究成果。正常的研究的时间跨度是相当长的一段时间。每隔两三年对研究进展与研究成果进行一次严格测评是应该的。在此期间，需要一位有经验的管理者与研究人员保持联系。他会留心观察是否有重大的意外麻烦发生，或者是否在研究上获得意想不到的突破的迹象。如果像一些研究实验室曾经试图做过的事情那样进行"实时"监控，那就是像孩子那样"拔苗助长"了。然而，这同时也有相反的危险，即测评不足的危险，尤其是在研究进展方面：一是需要相当长的时间才能获得研发成果；二是在未来某一特定时间必须加以综合才能产生最终成果。

（6）监查必须是简单的。在20世纪60年代，纽约的主要商业银行都在致力于开发内部监查制度，尤其是在成本与工作分配方面。每家银行都会花费大量时间、投入大量资金来制作篇幅巨大的控制手册。但据我所知，只有一家银行的控制手册投入使用。当人们询问这家银行的高管为什么这样做时，他的回答并不像采访他的人所期望的那样：或归功于大规模的培训项目，或谈论自己的"哲学"。相反，他说道："我有两个十几岁的女儿。她们俩根本不懂银行业务，也不擅长数学，但她们都相当聪明。每当我想出控制活动的方法时，我就会把准备好的监查制度的草稿带回家，并解释给我的女儿们听。只有当这种监查制度简单到她们可以反过来向我解释这种程序所要达到的目的，以及如何达到时，我才会继续推行。只有到那时，这种监查制度才足够简单。"

复杂的监查制度通常行不通。它们只会造成种种困惑。它们会将人们的注意力从本该关注的控制领域错误地转移到控制的机制和方法上。如果监查者事先知道该如何操作，那就根本不可能有真正的控制。如果监查者必须坐下来领会这种监查的内涵，那也不会有真正的控制。那位银行主管所用的方法确实相当好。使用新的控制方法的训练课程很难获得大的成功。让监查者来解释这种制度的目的与使用，如果监查者因为这种监查制度过于繁杂、模糊不清或太过微妙而难以解释，那就重新设计一份更简单的吧！

（7）监查必须是可操作的。监查必须聚焦于行动。监查的目的是"行动"，而不是"信息"。监查行动可能只是研究与分析。换言之，测评可能会说："事情进展如何，我们并不明白；但有些正在进展中的事情，我们需要好好了解。"然而，测评决不应该只是说："你可能会对这些事情感兴趣。"

这就意味着，无论是报告、研究，还是数据，监查结果都必须呈交给那些能够采取控制行动的人。至于这些监查结果是否应该呈交给其他人，尤其是呈交给更高层级的人，这个问题尚需讨论。然而，监查结果的首要接收人是管理者或专业人士，他们会本着自己的职业操守，依据工作流程和决策架构来采取相应行动。这就进一步说明，测评的方式必须适合接收者，并贴近接收者所需。

正如前文（第18章）所提到的，员工与一线主管应该收到测评与控制信息，以便促使他们的工作能够朝着可控制的成果的方向发展。可实际情况却不是这样。一般情况下，一线主管每月都会收到整个工厂的质量控制结果报告，但员工则什么也没收到。高管层通常会收到一些中层管理者所需和所用的信息与测评报告，但关于高管层自己工作的信息，则少之又少，甚至完全没有。造成这种情形的原因很大程度上在于把"控制视为支配他人"与"控制作为理性行为"弄混淆了。除非监查是后者的方法，而且更接近自我控制，否则监查会导致错误的行动。这样的监查就成了"错误控制"。

组织的最终控制

还有一件更重要的事要说。在社会机构中，监查存在着一种根本的、基础的、无可救药的有限性。这是因为社会机构既是"真正的实体"，又是"虚构的实体"。无论虚构还是真实，作为实体，它有自己的目标、自己的绩效、自己的成果，以及自己的生存与死亡。这些都是我们至今一直讨论的领域。但社会机构是由人组成的，每个人都有各自的目的、各自的抱负、各自的观点以及各自的需要。无论社会机构如何专制，它都必须满足社会成员的抱负与需要。虽然机构成员以个人能力来实现抱负与需要，但他们也是通过机构的薪酬与惩罚、激励与制裁来实现的。其中有些是可以量化的，比如加薪。可是，整个制度的性质并不合适量化，而且也不可能被量化。

然而，这才是机构的真正控制，也就是行为的基础与行动的动机。当人被奖赏或被惩罚时，他们就会采取行动。因此对他们而言（正如第36章中讲到的那样），这才是机构价值观的真实表达，也能够对照出机构的真正目的、立场及其社会角色。

如果监查制度与组织的真正的、唯一有效的最终控制并不一致，尤其表现在有关人的决策时，最好的状态是控制制度变得毫无成效，最差的状态是造成无休止的冲突，甚至致使组织失去控制。

在为组织设计监查制度时，人们必须了解并分析企业中的真正控制在于人的决策。否则设计出来的监查制度不会产生有效的控制。人们必须意识到，即便是由电脑、运营研究以及业务模拟组合成的最强大的"仪表盘"，也无法与任何人类组织中不可见的、定性的控制制度相比，无法与人类组织的奖惩制度、价值观以及禁忌相比。

第40章 | CHAPTER 40

管理者与管理科学

管理科学——许诺与绩效——为何管理科学未能取得绩效——管理科学是如何产生的——为何管理科学往往"不科学"——管理科学的基本假设——管理科学的第一需要——承担风险的恐惧——管理者需要知道什么——假设的检验——提出正确问题，而非要求正确答案——提供多种选择方案，而非要求解决办法——尝试理解而非寻求共识——管理科学应该研究什么——从潜能到绩效

第一个管理科学家是被人遗忘很久的意大利人，此君在文艺复兴早期发明了复式簿记。在简便、优雅以及实用方面，没有其他管理工具的设计能与他的复式簿记相媲美。复式簿记及其衍生出来的各种产物，目前仍然是唯一真正普及的"管理科学"，依然是每家企业甚至是每个机构，日常使用的唯一的系统分析工具。

然而，没有人把复式簿记称为一门管理科学（management science），因为管理科学这一术语在第二次世界大战后才正式出现。㊀管理科学这一非常术语其实就是一个"宣言"，它宣告："管理必须严格、科学、量化。"由于作业研究的领先发展，这些新工具以确定性代替猜测，以知识代替判断，以"铁的事实"代替经验。

当然，那是令人振奋的时光，人们广泛地预测电脑将会取代管理者。甚至许多管理科学家对自己闪亮的新工具充满敬畏，他们也认为自己将"接管"决策的控制权。

大多数管理者早就明白，电脑不会取代管理者（参见第35章）。大多数人也已经意识到，电脑就是工具，如果使用得当，电脑是非常有用的，但电脑只是工具而已。如今，大多数管理者意识到管理科学只是工具。实际上，应该称"管理分析学"，而不是"管理科学"，这显得慎重些，甚至显得谦卑些。

管理科学是具有很高贡献潜力的工具。没有理由要求管理者成为管理科学家，正如没有理由要求医生成为血液化验师或细菌学家一样。然而，管理者必须知道自己对管理科学的期望以及如何将管理科学当作管理工具加以恰当使用，正如医生必须知道自己对血液化验与细菌学的期望以及如何将它们作为诊断工具加以使用一样。

为此，管理者首先必须知道管理科学想做什么，以及它应该做什么。其次，管理者必须知道自己期望管理科学能做什么贡献。迄今为止，很少有管理者能够游刃有余地使用管理科学的技能去为管理工作做贡献。迄今为止，很少有管理者能够对新工具运用自如，以获得工作成效。

㊀ 管理学研究所（The Institute of Management Sciences，TIMS）是一个管理学家的专业协会，1953年成立，1954年在宾夕法尼亚的匹兹堡召开首届大会。

许诺与绩效

大多数管理者知道，他们需要更好的工具。大多数管理者从自己痛苦的经历中汲取教训：如果把直觉奉为决策的唯一基础，即便是不会导致致命危险，通常也是极不可靠的。实际上，大多数经验丰富的管理者早就对当代著名管理科学家，麻省理工学院的杰伊·弗雷斯特的观点存有怀疑，在其两部作品[一]中，他出色地阐明了观点：复杂的系统体现出"反直觉"的行为，那些似是而非的直觉往往容易出错。市场、技术与企业确实都是非常复杂的系统。杰伊的观点并无令人惊讶之处，毕竟，再也没有比"地球是平的以及太阳绕地球转"等直觉更加似是而非的了。

所以，当管理科学首次出现时，管理者们高兴得热泪盈眶。从那以后，一个全新的专业学科进入世界：管理科学家们拥有自己的专业协会、自己的专业学术期刊，他们在大学中设立了管理学系、独立的商学院与科技学院，并且在行业内部创造了大量不错的就业机会。

然而，管理科学的发展迄今为止令人失望，因为它尚未兑现许诺，尚未在管理实践上实现变革。实际上，很少有管理者特别关注它。

管理科学家与管理者双方都知道管理科学提出的主张与许诺和管理科学在企业中的实践应用之间的差距正在不断扩大，对管理科学的认可程度也深感遗憾。他们之间互相指责，并不奇怪。管理者们埋怨管理科学家只关注各自的琐事，翻来覆去地白费力气；而管理科学家们则以耸人听闻的"保守派管理者抵抗"故事反唇相讥。

双方的抱怨愈演愈烈。但问题的真相错综复杂，而且显然比谁应该受到责备重要得多。

[一] 《都市动力学》（*Urban Dynamics*, MIT Press, 1969）与《世界动力学》（*World Dynamics*, Wright-Allen Press, 1971）。

为何管理科学未能取得绩效

所有管理科学都基于一个基本洞见，即企业是一个具有最高秩序的系统：组成系统的每个人都自愿为共同的事业贡献各自的知识、技能，并恪尽职守。有一个元素塑造了所有系统的特质，不论机械系统（比如导弹控制系统）、生物系统（比如一棵树），还是社会系统（比如工商企业），这个元素是"互相依存"。如果只是系统中的特定职能、特定部分得以改进或效率提高，这并不意味着整个系统一定会得到改善；实际上，整个系统有可能受到损害甚至遭受毁灭。在某些情况下，加强系统改善的最好办法可能是削弱某些特定部分，比如降低其精确程度或者降低其效率。因为在任何系统中，整体绩效都是最重要的。这是成长、动态平衡、调节以及整合的结果，而不只是技术效率的结果。

所以，在管理科学中，把部分效率摆在首位加以强调，一定会造成损害。它必然会通过牺牲整体的健康与绩效来优化某一工具的精度（企业是社会系统，而不是机械系统，这更加扩大了这种危险，因为其他部分并非静止不动。它们有可能做出反应，从而促进失调现象遍及整个系统，或者出现集体怠工）。然而，当我们看到管理科学家们在企业中所做的实际工作时，我们发现他们很少遵行管理科学所崇尚的基本洞见。

迄今为止，管理科学家们所做的大部分工作都是在改进现有特定技术性工具的功能，使之更加精准，诸如质量控制、库存控制、仓库选址、货车分配、机器装载、维护调度以及订单处理等。大量工作只不过是对工业工程、成本会计或程序分析等稍微改进而已。只有少量精力放在对事业部工作的分析和改进上，其中主要集中在制造相关的部门，虽然也从一定程度上涉及市场营销以及资金管理。

然而，对于管理一家企业的系统性思考较少，诸如制造风险、承担风险、进行决策等。整个管理科学，包括文献与实际工作，强调的重点是技术而非原则，是机械性能而非决策，是工具而非成果，最糟糕的是强调部分效率而不是整体绩效。

就技术而言，所有这些工作都很出色。然而，危险正在于此。在技术工作与职能工作层面来说，这些新工具比原有工具有力得多，因为它们是经过反复试验与不断修正的工具；如果误用或漫不经心地使用这些工具，势必造成损害。

也有一些重要的例外。通用电气公司通过近20年的努力形成了足以体现整个企业的基本经济特征以及主要相互关系的真实模式。英国国家煤炭局（NCB）也曾做过类似的工作。换言之，管理科学的发展潜力正在这里。但大部分实际工作只是在我们原有如何操作的基础上做些改进。毕竟，在管理科学出现之前，我们确实已经控制了库存及其货运调度。任何企业都不太可能因为我们现在已知如何把这些事情做得更好，甚至是取得长足进步，而影响其存亡盛衰。

该如何解释对这种具有强大潜力的工具的忽视或误用呢？

或许，第一个线索应该追溯到管理科学的起源，管理科学的起源的确非同寻常。人类所有其他学科都始于粗略地尝试界定其课题，然后，人们采用流行的概念和工具进行这个领域的研究工作。然而，管理科学从一开始就运用了大量其他学科的概念和工具。这些概念和工具是根据各个学科的特定目的而发展出来的。管理科学或许始于令人兴奋的发现：从前用来研究物理学的数学技巧如今也可以用来研究企业运营。

结果，管理科学的大部分工作并不是集中于一些重要问题，诸如"什么是企业？""什么是有效管理？""此二者做什么？它们需要什么？"相反，管理科学把重点放在"我在哪里才能施展我这套华丽的小伎俩呢？"管理科学强调的是锤子，而不在意是否把钉子钉进去，更不用说注重建造房子了。在运营管理的研究文献中，我见过不少"线性规划的 155 种应用"诸如此类的论文，但我从未见到有"典型的企业机会及其特征"之类的研究专论发表。

这表明了管理科学家对"科学性"存在严重误解，许多管理科学家天真地认为"科学性"就是"量化"的同义词，而事实并非如此。如果"科学性"就是"量化"的同义词，那么占星术就可算为科学的女皇了，实际上占星术连科学方法的应用都算不上。占星术士也会观察天象，并且推断出一些空泛的假设来，然后再进行有计划的观察以便验证其假设。占星术是迷信，而不是科学；因为占星术幼稚地认为黄道十二宫确实存在，并且认为这些天象阵势如同地上的鱼或狮子的形象，从而认定星座具有鱼或狮子的特征与性质。事实上，这些星座不过是古代航海者易于辨别航向的记忆图像而已。

换言之，"科学性"必须以科学领域的理性定义为前提条件（即必须被认为是真实且有意义的现象），并且简明阐述一套恰当的、一致的、综合的基本假设或要求。在科学方法能被应用之前，无论多么不成熟，都必须先界定科学领域以及设定基本要求。如果没有完成这些工作，或是做错这些工作，那么科学方法将没有用武之地。如果这些工作顺利完成，而且做得正确，那么科学方法将能够得以运用，而且的确会强而有力。

管理科学依然必须面临界定其领域的工作。如果界定工作完成，那么迄今为止所做的一切将会富有成果，至少能为真实的成就做些准备并奠定训练基础。因此，如果管理科学要想有所贡献，而不是歪曲事实或误导方向，那么它的首要任务必须是界定其研究课题的特殊性质。

这可能包括一个基本定义：企业是由人组成的。这些假设、观点、目标甚至是人为错误（尤其是管理者的错误），都是管理科学家面对的重要事实。在管理科学中，有效的工作的确都必须始于对这些重要事实的分析研究。

基于对研究对象的认识，管理科学紧接着就必须建立起它的基本假设与主张。

它可能首先包括一个至关重要的事实：所有企业都生存于经济与社会之中；即便是最强大的企业，也是所在环境的"仆人"，它有可能被随意地解散。但即便是最弱小的企业，也有可能适应环境，并且影响与塑造经济和社会。换言之，企业生存于极为复杂的经济和社会的生态环境之中。

一些更进一步的基本看法如下：

- 企业既不生产物品，又不生产思想，而是生产人为决定的价值。除非对顾客产生效用，否则即便是设计得美轮美奂的机器，也只不过是一堆废铁而已。
- 企业中的测评是极其复杂的象征，甚至带有形而上的意味，比如金钱，既高度抽象，又极为具体。
- 经济活动的必要性就是把现有资源投入到不可知且不确定的未来；换言之，是对期待的允诺，而不是对事实的确定。经济活动的实质就是风险，企业的基本职能就是制造风险并承担风险。不仅是企业主管需要承担风险，整个企业中贡献知识的所有人，即每个管理者与专业人士，都需要承担风险。这种风险与统计学家的概率风险大不相同，它是独特事件的风险，会不可逆转地从本质上破坏既有模式。
- 无论是在企业内部还是在企业外部，都在不断地发生着不可逆转的变化。在企业的内部和外部经常发生着不可逆转的变化。事实上，在工业社会中，企业就是作为促变因素而存在的；它必须既拥有通过有目的的演化适应新形势的能力，又具备通过有目的的创新以改变所处环境的能力。

这些基本观点经常被写进管理科学书籍的序言之中，但这些话也就只是留于序言罢了。为了促进管理科学能对了解企业有所贡献，甚至促使它发展成为一门"科学"，上述观点应该成为管理科学工作的组成部分。当然，我们需要量化；但在学科发展到最后阶段时，量化才趋向成熟（比如直到如今，科学家才真正能够在生物学中获得量化）。我们需要科学方法，我们需要研究特定的领域和具体的操作，尤其是那些需要小心翼翼的、一丝不苟的细节工作。但最重要的是，我们需要认清企业的独特性质以及研究企业所需要的独特要求。我们必须把管理科学建立在这样的愿景基础之上。

因此，管理科学的第一需要是：充分地尊重自己是一门独特且真正的学科。

承担风险的恐惧

造成如今管理科学的应用缺失的第二个线索是，在整个管理科学的文献与研究工作中充斥着以"促使风险最小化"或"消除风险"作为管理科学的目的以及作为研究工作的最终目标。

企业试图消除风险是徒劳的。风险是现有资源对未来期望的承诺，是企业经济活动所固有的。实际上，经济的发展可被定义为承担更大风险的能力。试图消除风险，甚至使风险最小化的尝试，只能促使风险变得不理性而且难以承受。这只能导致最大的风险——僵化。

管理科学的主要目标必须是加强企业承担正确风险的能力；事实上，就是加强企业承担更大风险的能力：通过提供可替代的风险与可选择的期望的知识与了解，通过识辨预期成果所需的资源与努力，通过动员各种力量以求贡献，通过对照期望目标来测评成果，以便能够为及早改正错误的或不恰当的决策提供方法。

以上论及的内容似乎只是在玩弄文字游戏。然而，管理科学文献中"促使风险最小化"的说法只会让人对制造风险与承担风险产生敌对态度，即对企业产生敌对态度。管理科学文献中的许多论调仿佛就是上个时代的技术官僚论调的回声。因为管理科学想要让企业附属于技术，并且想把经济活动归属于物理决定论的领域，而不是明确行使负责任的自由与决策的领域。

这比错误更糟糕。这是对自己的课题缺乏尊重，没有任何科学和科学家能承受得住这样的事。即便是最优秀、最认真的人（在管理科学界中，这种人才从不缺少）所做的最好的、最严肃的工作也终归无效。

因此，管理科学的第二需求是：严肃地对待自己的课题。

管理者需要知道什么

对于管理科学的实际贡献与潜能之间的差距，管理者也负有责任。大体而言，管理者所要负的责任可能更大，管理者需要做但没有做出的贡献，正是管理科学与管理科学家们真正重要的需要。

然而，坦率地说，管理科学家对管理者的典型抱怨实属荒谬。他们埋怨管理者从不学习管理科学，因而继续愚昧无知。要求工具使用者了解工具构造，正是承认工具制造者的无能。如果工具制造得很好，工具使用者根本无须实际上也不应该对工具深入了解。

基本问题比管理者不愿意学习一些数学技术要严重得多。一般而言，管理者未能成功地与管理科学和管理科学家们分担管理责任。他们拒绝接受如下事实：正如其他高级专家一样，管理科学家依赖管理者为他们提供方向并提高成效。他们对管理科学放任不管，因此，管理者在很大程度上对管理科学沦为解答根本就不存在的问题的"诀窍"和"工具盒"负有责任。

尽管管理者们在管理科学首次出现时表现出明显的热情，但一般说来，管理者们并没有对管理科学应该做什么贡献以及能够做什么贡献进行深入思考。

通常状况下，我们知道管理者们需要什么，他们需要的是：在复杂多变的技术、经济与社会中，有系统地向企业提供有组织的知识，以帮助企业做出制造风险与承担风险的决策。

测评预期与成果所需的工具可以使许多不同职能与专业人士拥有共同的愿景与沟通的有效方法。每个专业人士都有各自的知识、各自的逻辑、各自的语言，但为了企业能够做出正确的决策，为了使决策具有成效，并且能够产生成果，所有专业人士的共同努力就显得举足轻重。

管理者需要一些可以教、可以学的东西，因为我们的世界需要许多具有管理远见与管理能力的人，依赖少数"天才"的知觉是不切实际的，只有遵循学科通则与概念才能做到真正的教学。

如果我们对管理科学已经产生成果的一些领域进行考察，就会一目了然。并不是因为管理科学家在这些领域做了他们在其他领域没有做的事情，而是因为管理者提出了正确的问题，并且对管理科学进行了管理。

有一个例子，讲的是一家拥有大生产线的大型制造商，通过百货公司、廉价商店与五金店等数以千计的销售渠道向公众直售产品。它的高管对管理科学家说："这个行业中的每个人都知道，向批发商与零售商赊销是扩大销售的方法。但每个人也都知道，当赊销叠加到一定程度后，额外信用风险就会抵消额外销售收入。我们基于这样的假设制定销售和信用政策对吗？"六个月后，管理科学家回来告诉他们说："不对，这是错误的假设。正如经常发生的一样，众所周知的未必正确。实际上，在我们行业中，给最好的、最大的，也是信誉颇佳的客户更多的信用额能够增加额外销售；给最小的、最差的，也是信誉糟糕的客户更多的信用额也能够增加额外销售。但对那些'不大不小'、信誉'居中'的顾客授予更多的额度，并不能获得额外销售。"结果，基于管理科学家的这番话，该企业完全改变其销售政策，削减对小客户的赊销。虽然销售量有所减少，但销售与绩效大为提高，而且扩大了对最大、最好的顾客的赊销。目前，与以前收紧赊销政策相比，如今的赊销金额有所下降。然而，现在企业对赊销、销售以及信用风险之间的关系有了更加理性的了解。

更有教育意义的或许是下面的例子，一家大城市的大型医院的案例。这家医院的管理者问管理科学家："你能否找出就诊人数中的规律，以便我们能够制定医院的基本服务日程，并进一步规划服务项目、设备以及员工的使用？这是我们的根本问题。但我们甚至不知道我们是否问对了问题。"经过两年的艰苦研究之后，管理科学家出示了针对长期与短期的可预测模式，表示有可能高概率地预测出稀缺设备的使用情况，诸如X射线室、X射线技师、化验室、手术室、病人的住院天数以及病人与病床的利用情况。但他们也指出，"有一个领域你们并没有问对问题：我们需要哪种病床以及需要多少？医院现有的所有病床都是供重病患者使用的，也就是说，这要求很高的资本投资。而实际上，在任何时间，只有不超过三分之一的重病患者需要这类病床与设备。另外三分之一的患者实际上只需要疗养病床，资本投资不超过重病病床的一半。其他三分之一的病人所需要的只是普通简易病床，只需要最低限度的服务与最少的资本投资。"

换言之，为了促进管理科学能够做贡献，管理者需要对那些需要验证基础假设的领域进行深思熟虑。

管理者们都期望管理科学家能够提供正确答案，但没有人向他们提出正确问题。管理者们期望管理科学家，即专业技术人员，能够比他们更了解企业的需要、问题以及存在的困难。

最重要的是，管理者总是对"最终答案"充满期待。然而，管理科学的最大强项是有能力提出正确问题，无论是采用物理学的方法、经济学的方法还是社会学的方法，实际上一个优秀的管理科学家需要具备这三个领域的方法。管理者本身必须给出答案。因为在企业中，答案总是意味着"判断"，总是在不同的替代选项与不确定的风险之间做出抉择，总是要融合诸多的知识、经验与希望。

·为了促进管理科学能够做贡献，管理者必须要求他们自己提出正确的问题。

通常状况下，管理者们会希望管理科学能为他们带来最佳解决方案。然而，管理科学所能够做的贡献只是为管理者提供可选择的替代方案。他们应该说："这里有四五个不同的行动方案，这些方案无一完美，每个方案都有各自的风险、不确定性、局限性以及所需的成本。但每个方案至少可以满足一些基本要求。作为管理者，你必须做出选择；你必须决定其中的可行方案，至少做到'两害相权取其轻'。你选择哪个方案都是你自己的决定，你要根据自己企业所能承担的风险来做出判断，根据你所能做出的牺牲与你必须坚持的事做出判断。但现在你至少知道你拥有哪些选择。"

关于未来，根本没有"万全之策"可言，有的只是不同行动方案之间的抉择。每个方案都不完美，都有风险，都不确定，而且每个方案都要求付出不同的代价，付诸不同的努力。然而，帮助管理者获得多种可替代的选择方案及其含义，这就是大的贡献了，这便是管理科学家所能提供的不同精确程度的方案。

最后，管理者应该期望管理科学家能提供给他们的是"理解"，而不是"公式"。公式是管理科学家的工具，于管理者无益。如果管理者不能确定管理科学家深谙管理之道，那么他最好另请高明。然而，他应该请管理科学家帮助他明了决策的真正意义。管理科学所能够并且应该做的贡献是：理解并辨别决策，比如一项貌似制造的决策，而实际上是一项市场营销的决策。决策必须以顾客所需、以顾客的支付意愿以及顾客想要购买什么为基础。管理者应该期望管理科学家说："瞧，你交给我们的问题是错误的。这才是我们应该研究的问题。"

一批管理科学家对他们服务的制药公司所做的最大贡献不是提供答案，而是对公司管理层说："你们的所有努力、所有能量以及所有注意力都集中在新产品上了。然而，在当前甚至在可预见的将来，有四分之三的收入将会来自存放于仓库三年之久的旧药品。没有人管理它们，没有人推销它们，也没有人知道如何处理它们。事实上，没有人对它们感兴趣。我们知道的唯一事情是，在市场中保持旧药品的方式与引进新药品的方式完全不同。但我们不知道如何管理现存的旧药品的生产线。这正是我们应该研究的。"

如下是四种要求与期望：
- 管理科学家验证假设。
- 管理科学家辨别出要问的正确问题。
- 管理科学家提供备选方案，而不是解决方案。
- 管理科学家聚焦于理解，而不是公式。

这四种要求与期望是促进管理科学具有生产力的关键。所有这些都基于如下假设：管理科学并不是计算方法，而是分析工具。所有这些都假设：管理科学的目的是"协助诊断"。这四种要求与期望都只是"诊察"，而不是"药方"，更不是灵丹妙药。

然而，它们也要求管理者对管理科学承担责任。它们还要求管理者对这些工具进行管理。它们要求管理者与管理科学家紧密合作，并决定管理科学家应该研究的方向与内容。管理科学家不应该研究那些只有他们自己感兴趣，且易于检验他们工具的事物；相反，他们应该研究那些管理者急需知道的领域。如果这些领域不是管理科学家的工具所能特别适应的领域，比如说，一些难以量化或不可能实现量化的领域，管理者或管理科学家也不应该因此停滞不前。深入洞察、理解、安排优先顺序以及对一个领域之复杂性的"感知"，都与精确而优美的数学模式一样重要；事实上会更有用得多，甚至更体现其"科学性"。它们反映出管理者的现实世界以及管理者的使命。

把管理科学的潜能发挥出来并转变成为绩效，这是管理者的责任。为了实现这一目标，管理者不仅必须了解管理科学是什么，而且必须了解管理科学能做什么。他必须了解管理科学本身因为起源与历史所产生的特有的局限性。最重要的是，管理者必须了解，管理科学是管理者的工具，而不是管理科学家的工具。管理者必须促使这些工具集中应用在管理任务上，并且引导它们为管理做出贡献。

7

第七部分

管理的组织

MANAGEMENT
TASKS, RESPONSIBILITIES, PRACTICES

在管理学中，组织结构是最古老而且最彻底研究的领域。但在组织中，我们面对新的需求，这些需求不能用众所周知并久经验证的"功能化"与"分权化"的组织结构设计来加以满足。因而新的组织设计出现了，诸如"任务团队""模拟分权""系统管理"等。我们已经知道，组织并非始于结构，而是始于基本的建构单元。我们已经知道，并没有唯一正确或普遍通用的组织设计，每家企业的组织设计都必须围绕适合于各自使命与战略的主要活动。我们已经知道，运营、创新以及高层管理，这三种不同的工作必须融合于同一组织系统之中。我们已经知道，组织结构既要"以使命为中心"(task-focused)，又要"以人为中心"(person-focused)；既要尊重"职权轴线"(authority axis)，又要遵行"责任轴线"(responsibility axis)。

第41章 | CHAPTER 41

新需求与新方法

管理热潮对组织结构的强调及其主要原因——结构错乱的危险——组织结构对小型企业的重要性——过去的最终答案——法约尔的"职能型组织"与斯隆的"联邦分权"——传统的假设与当前的需求——我们学到什么——第一步：辨别构建单元——"结构顺从战略"——关键活动——三种工作：运营、高层管理与创新——我们需要抛弃什么——"以使命为中心"与"以人为中心"——"层级制度组织"与"自由形态组织"——"宪法律师"与"教育者"——从"单轴组织"到"多轴组织"——"必须有个最终答案"

"组织研究永无终止"，这或许是发自一位现代赞美诗作者的感叹吧！因为组织研究导致了企业、部门和职能的重组，这种现象在最近数十年已经成为"快速发展的新行业"的一道靓丽的风景线。政府部门、军队、研究实验室、天主教会、大学管理部门，甚至医院，以及数不清的企业，所有组织似乎都在忙于重组，甚至正在接受重组。三四十年前，管理咨询师主要关注的领域是工作研究、生产流程以及销售培训。到了20世纪60年代，他们从组织研究中获得大量的作业并从中获益，尤其是针对大型企业与政府部门的组织研究。

即便是300年来几乎不允许外人踏进大门的英格兰银行也终究接受一家大型美国咨询公司的重组，雪上加霜的是，英国工党政府居然强迫这位"针线街的老妇人"（英格兰银行的绰号）接受组织研究，深受隐私被侵犯的屈辱。

这些人对组织问题如此感兴趣，并且坚信传统的组织结构或"刚刚成型的"组织结构已经不可能适应企业的需求，其中缘由颇多。首先，我们已经认识到组织结构错乱导致的危险。最好的组织结构尚且未必能够保证成果与绩效，错乱的组织结构就更谈不上绩效保证了。它只会造成摩擦与挫败。错乱的组织会把重点放在错误的问题上，扩大一些无关痛痒的争论，夸大其词、小题大做，强调弱点与缺陷，从而削弱优点与强项。所以，正确的组织结构是绩效的先决条件。

与大型企业一样，小型企业也急需正确的组织结构；与大型企业相比，小型企业更难建立正确的组织结构。

数十年前，对组织结构的这种兴趣只有在少数大型企业中才能找到。更早些的例子，比如20世纪20年代早期斯隆的通用汽车公司的组织结构，就可以算是大型企业的典型了。

如今，我们知道，当小型企业成长到中等规模，由单一业务发展为多种业务时，组织就会变得非常关键，举足轻重（详见第53章）。所以，小型企业想要成长，即便只是想要成长为中等规模的企业，它也必须对组织结构进行细致考虑，并且制定正确的组织结构，这样才能使它在保持小型企业经营特点的同时茁壮成长。同样的道理，只有单一产品与单一市场的企业，当它想要增加一点多样性或者提高复杂度的时候，它就必须面对决定性的组织问题。

直到20世纪50年代中叶，管理者都仍然不愿意相信自己需要把注意力集中在工作组织以及组织结构的设计上。

在20世纪50年代早期，大多数顽固反对通用电气公司重组的人，并不是那些看上去反对激进提案的人，而是那些通用电气公司的管理者们，他们当时并未意识到组织变革的需要。他们承认，原有的组织结构已经错乱无序，企业早已停滞不前了。他们问道："为什么要在组织结构上浪费时间呢？我们制造并销售涡轮发电机，为什么要去操心谁做什么事呢？"十年后，当保罗·钱伯斯作为英国帝国化工（ICI）的新总裁开始解决另一个"刚刚成型"的大型企业的组织结构问题时，许多管理者依然做出同样的反应。与此相反的是，如今人们经常需要说服管理层，劝说他们不要急于进行组织研究，不要迷恋组织重组，以至于误认为组织重组本身就是目的，或者视其为企业决策与战略规划的替代品。

过去的最终答案

当我们接受组织与管理结构的重要性时，我们正在超越过去的"最终答案"。

在短暂的管理学历史中，我们确实曾经拥有过两次关于组织的"最终答案"。第一次大约是在1910年，即法国工业家亨利·法约尔对制造业公司的职能部门进行深入研究之后，所归纳出来的组织结构沿用至今。当然，当时的制造业公司的确称得上是真正重要的组织问题。

一代人后，又有了一个"我们知道了"；法约尔为单一产品的制造业企业提供了"答案"。20世纪20年代初，当斯隆组织通用汽车公司时，又迈出了一步。斯隆为组织复杂而大型的制造业公司提供了"答案"。㊀斯隆的路线是，采用法约尔的职能型组织来构建次级单位，即企业的各个"部门"；但企业业务本身的协调必须遵行"联邦分权"，也就是在权力下放与集中控制的基础上执行分权。斯隆的"联邦分权"成为第二次世界大战之后全世界流行的组织模式，尤其是被广泛应用于大型组织中。

又过去一代人之后，即到了 20 世纪 70 年代初期，通用汽车公司的组织模式显然已经不再适合当时的时代现实，或者至少已经无法应对组织中最重要的挑战。与法约尔的职能型组织模式不能适合斯隆当时所面对的非常大型企业的现实一样，也正如斯隆把通用汽车公司重组成为可管理的组织，使之走上管理的道路一样。

当法约尔模式与斯隆模式适合组织结构的设计者与建造者所面对的现实时，我们可以说，这两种模式至今依然非常卓越。法约尔的"职能型组织"依然是小型企业，特别是制造业小型企业组织结构的最佳模式。斯隆的"联邦分权"依旧是多产品线大型公司组织结构的最好模式。事实上，只有"职能型组织"与"联邦分权"能够较好地满足组织结构的设计要求；而在第二次世界大战后数十年中出现的新的组织结构设计中，尚无一种设计能够与企业发展相吻合（参见第 45 章到第 48 章内容）。然而，需要结构设计与组织形式的机构中仍然适合套用上述模式的越来越少了。事实上，无论是斯隆模式还是法约尔模式，它们的重要假设已经无法应对大型组织的需求与挑战了。

传统的假设与当前的需求

或许，解决组织结构当前需求的最好办法，就是把斯隆成功设计建造起

㊀ 当斯隆早年服务于杜邦公司时就曾认真地研究过皮埃尔·杜邦。这一点可参见阿尔弗雷德·钱德勒的有关著作。

来的通用汽车公司的组织结构与组织结构的当前需求和现实做比较分析。

（1）通用汽车公司是一家制造业公司，生产并销售高端工程产品。法约尔关注的也是物质产品制造业，他是基于一家中型煤矿公司构建其模式的。如今我们面临的挑战是如何组织大型企业，这种企业并非纯粹的制造业企业，其主要业务范围也不在制造业。我们要面对的不只是大型金融机构与大型零售商，还有全球运输公司、通信企业，以及一些类似的，尽管也进行生产指导，但以客户服务为业务重心的企业（诸如大多数的电脑公司）。当然，还有许多非营利服务机构，这在前文中已有论述（从第11章到第14章）。这些非制造业机构逐渐成为发达经济体的重心。它们雇用大多数的人力，它们从国民生产总值中得到的最多，它们也是现今基本的组织问题。

（2）通用汽车公司本质上是一家单一产品、单一技术、单一市场的企业。五分之四以上的营业额来自汽车销售。通用汽车公司销售的汽车讲究细节上与众不同，比如尺寸、功率与价格等，但这些汽车在本质上是同一产品。实际上，美国大多数"通用制造"的汽车，无论品牌标志是什么，都是在同一装配厂、在同一名管理者的监督下生产的。一位来自庞蒂亚克装配线的员工很难在雪佛兰装配线上找出区别，即便是到德国的欧宝汽车装配线，也不会发现惊奇之处。

相比之下，如今的典型企业却都拥有多类产品、多类技术以及多类市场的业务。它们或许称不上"综合性大企业"，但它们是地地道道的"多元化企业"。它们面对的核心问题是通用汽车公司前所未有的问题：组织结构的复杂性与多元性。

（3）从根本上说，通用汽车公司依然是一家美国公司。它一直努力进军国际汽车市场，但在国外市场的销售份额始终不大（虽然不应如此）。在美国，通用汽车公司处于统治地位；但在美国之外，只有澳大利亚，即通用汽车公司的次生市场，是它主导的非美国市场；在欧洲，它顶多排行第四。从组织上看，对通用汽车公司而言，美国之外的世界仍然属于"隔离区""局外者"。通用汽车公司仍然是一家美国公司，它的高管层主要关心的还是美国市场、美国经济、美国劳工运动以及美国政府，如此等等。

与此相比，最近25年来成长最快的是跨国公司，它们横跨许多国家，涉及众多市场，每个市场都具有同等的重要性，或者至少对公司而言意义重大。

（4）通用汽车公司是单一产品与单一国家的公司，信息并不是它的主要组织问题，也无须成为主要关心的组织问题。在通用汽车公司中，所有员工说同一种语言，无论是汽车工业语言，还是美国英语，都是这样。大家充分理解其他人正在做的事，或者应该做的事情，因为大家都在做着相似的工作。所以，通用汽车公司可以根据市场逻辑以及权力与决策逻辑来组织企业，无须在组织中太多关注信息逻辑以及信息流通问题。

相比之下，拥有多元产品、多极技术的跨国公司则必须根据信息流通来完善自身的组织设计与组织结构。它们至少必须确定它们的组织结构不会违背信息逻辑。就这点而言，通用汽车公司无善可陈，因为它根本不需要处理这些问题。

（5）通用汽车公司五分之四的员工是生产工人，他们要么是体力工作者，要么是处理日常事务的办事人员。换言之，通用汽车公司雇用的是"昨天的劳动者"，而不是"今天的劳动者"。

然而，当今组织的基本问题是知识工作与知识工作者。他们是企业中增长最快的元素。在服务机构中，他们是核心就业群体。

（6）最后，通用汽车公司是"管理型企业"，而不是"创业型企业"。斯隆的组织模式的优势在于它的管理能力，取得的管理成效也有口皆碑。然而，通用汽车公司缺乏创新力，整个汽车产业自第一次世界大战前到现在就没有过创新（通用汽车公司曾经也有过创新，但那次创新本质上应该归功于凯特林一人的贡献，他确实是个一流的创新天才。不过，客观地说，通用汽车公司本身并没有创业精神与创新意识）。

然而，创业精神与创新意识对企业的挑战正在日益增加。除了日常管理的组织之外，企业所需要的是创新的组织。对此，通用汽车公司的确无可借鉴。

所以，当前组织领域对新方法的需求，犹如当年法约尔与斯隆进行开创性重组一样伟大。"联邦分权"被奉为通用模式的时代（大部分是在管理热潮的前25年）已经结束了。

然而，从法约尔针对组织进行的第一代研究到现在已经过去了75年，我们在此期间学到了不少。我们知道了职位的意义。我们知道了主要的方法。我们知道了工作的优先顺序。虽然我们并无把握哪些方法行得通，但我们知道了哪些方法是行不通的。我们知道了组织结构的目的，从而认识到成功的组织设计要能经受得起怎样的考验。

我们学到了什么

（1）我们学到的第一件事是，法约尔和斯隆的正确认识：组织结构不会自行"进化"。组织中唯一能够自行进化的是混乱、摩擦，以及产生的不良绩效。任何凭借"直觉"认为正确的组织结构，实际上并不比希腊庙宇或哥特式主教座堂的结构好多少。传统方法或许可以指出问题和事故的成因，但它无助于找出解决方法。组织设计与组织结构要求思考、分析以及系统的方法。

（2）我们学到的第二件事是，设计组织结构不是第一步，而是最后一步。第一步是去分辨和整理组织机构的基本构建单元，也就是那些必须包含在最后结构中并且能够承受大厦"结构负荷"的主要活动。

当然，这就是法约尔理论中的职能部门。然而，麻烦不仅在于这些职能只适合于制造业公司；最重要的是，法约尔是根据不同的工种来尝试设计职能部门的。

现在，我们知道，基本构建单元是根据各单元所做的不同贡献来决定的。我们也意识到，传统对贡献的分类实际上对理解组织结构，阻碍多、帮助少，比如传统的美国组织理论注重"行政与直线"的概念，便是如此。

可以说，基本构建单元的设计是整个组织设计的"工程阶段"，它为组织设计提供了基本"材料"。与所有建筑材料一样，这些基本构建单元也各具特性。它们各就各位，并且以不同的方式组合在一起。

（3）"结构顺从战略"。组织不是机械，不是"装配组合"，也不能被"预先制造"。组织是有机体，对每家企业或机构而言，组织都是独一无二的。因为我们现在已经知道，为了组织的成效与健全，结构必须顺从战略[⊖]。

结构是实现组织目标与组织目的一种手段。因此，任何与结构相关的工作都必须以目标与策略为出发点。这或许正是我们在组织领域中所获得的最富有成效的新洞见。它听起来似乎浅显易懂，事实也是如此。然而，组织建设中的一些最严重的错误，通常是因为人们急于把一个"理想的"或"通用的"组织机械模式强加在一个活生生的企业之上。

战略就是要回答诸如"我们的事业是什么，应该是什么，将会是什么"这类问题；战略决定结构的目的，因此，战略决定了一家企业或服务机构具体的关键活动。有效的结构设计就是促进这些关键活动发挥其作用并获得绩效，而这些关键活动正是一个能够发挥作用的组织结构中"担负重任的元素"。组织设计主要应该关注的是"关键活动"，其他都是次要的。

⊖ "结构顺从战略"的观点详见阿尔弗雷德·钱德勒的《战略与结构》（*Strategy and Structure*, MIT Press, 1962）。该书以杜邦、通用汽车和西尔斯等美国大型公司为研究对象，深度分析了现代组织设计的诸多问题。

三种工作：运营、高层管理与创新

把组织的基本构建单元界定为不同种类的工作，这是一种误解。然而，每个组织都存在不同种类的工作，无论这些工作多么小、多么简单。

第一类工作是组织的日常运营工作，即对已经存在的、知道的工作进行管理，合理安排、发挥潜力以及解决问题。

第二类工作是高层管理工作。这是根据各自的使命，按照各自的要求进行的不同工作（我们将在第 49 章到第 52 章中谈到）。

第三类工作是创新工作。这也是不同的工作（将在第 61 章中论及），与运营管理和高层管理不同，也有不同要求。

正如本篇之后的各章中将要讨论的内容那样，没有任何一个组织设计原则能适用于这三种不同工作。但这三种工作都需要加以组织，它们需要被整合到一个统一的组织之中。

我们需要抛弃什么

有些事是我们需要抛弃的。在组织理论与管理实践中，一些最嘈杂、最耗时的纷争论战纯粹是无聊的骗局。它们强调"非此/即彼"，正确的答案却是"两者兼有——所占比例不同而已"。

（1）第一个需要最快抛弃的无聊论战是：职务设计与组织结构中是"以使命为中心"还是"以人为中心"？我们重复一遍第 32 章中已经讲过的，组织结构与职务设计必须"以使命为中心"；但工作任务分派必须既要顾及员工利益，又要考虑实际情况的需要。把这两个问题混淆起来争论不休，实在无聊透顶。再说一遍，虽然职务本身是由人担任的，但工作本身是客观的、不带个人色彩的。

（2）第二个需要最快抛弃的无聊纷争是：与上一个旧有争议存在关联的"层级制度组织"与"自由形态组织"的论战。传统组织理论知道只有一种结构适用于构建单元或整个建筑，即所谓的"分层组织"，即上级与下级之间构成层级阶梯式的金字塔组织。传统组织理论认为这种结构适合于所有任务。

今天，另外一种具有同等教条性质的组织理论正在流行。这种理论主张，组织的形态与结构就是也应该是按照我们想要的模式，那就是"自由形态"。每个事物诸如形态、规模、任务等都是从人际关系衍生出来的。事实上，组织结构的目的就是促使每个人"做他自己的事情"。

关于这个争议，我要说的第一点是，认为这些组织形式中有的严密管制，有的放任自由，这种认识是根本错误的。这两种组织形式都需要相同的纪律，不过分布方式不同而已。

层级制度组织并不像它的批评者们所断言的那样，会促使上级的权力更强大。恰恰相反，层级制度组织的首要效果就是保护下级免受上级的权力侵犯。"分层组织"或"层级制度组织"仔细地规定了下级拥有权限的范围以及上级不得干预的范围。它保护下级，使得下级可以说："这是指派给我的职务。"保护下级也是分层组织原则的内容，它确保每个人只有一位上级。否则下级就可能深陷要求冲突、命令冲突、利益冲突以及忠诚冲突的泥潭中。一句古老的乡村谚语说得好："一个坏主人也比两个好主人容易伺候。"

现代西方第一个组织结构可以追溯到800年前的天主教会建立的教会法。它建立了一套严格的教阶制度。教会法中的大多数条款都在处理天主教会的结构与组织，界定只有教区神父，即处于金字塔底部的人，才能处理教区事务。主教任命教区神父，且只有在明确规定的程序范围内，才可以免去教区神父的职务。但在教区内部，只有教区神父才能行使神职职能，如洗礼、婚配礼、告解礼等。即便是教宗，也必须在接受教区神父的正式邀请下，才能在该教区内行使这些神职职能。

与此同时，层级制度组织还给予个人最大的自由。只要在职者做好指派给他的职责任务，他就完成了他的职责。他无须承担本职工作之外的任何责任。

时下谈论最多的话题是关于个人"做自己的事"。但唯一可能超越距离实现这种想法的，只有层级制度的组织结构。这种组织结构把个人服从组织目的的要求，或者个人行动配合其他人的需要或要求，降到最低。总体而言，组织结构对工作、权力、关系规定得越明确，所需要的个人自律和自我从属感就越低。

当然，"自由形态组织"的表达的确用词不当。它要表达的真实意义是：组织设计是为"特定使命"，而不是为"想象中的不朽的目的"，在那些工作由小组与小团队完成的组织中尤其如此。

这种组织首先要求团队中的每个成员具备非常严格的自律（我们将会在本篇之后的各章中论到）。每个人必须做"团队的事"。每个人必须为整个团队以及团队的整体绩效负责。大多数的人是软弱、胆怯、脆弱而易受伤害的，因此马斯洛对 Y 理论（参见第 19 章）提出批评，理论的要求对于大多数人来说是非人道的，对自由形态组织尤其如此。组织越灵活，就要求每个成员越强大，他们担负的工作也就越重。

还有，在任何结构中，各个成员与整个组织都需要适当的层级区分。必须有人做出决策，否则组织就会沦为无休止地闲聊。知识型组织特别需要明晰的决策权限以及特定的"渠道"（参见第 35 章）。每个组织都会发现自己处于某一种共同的危险境地。除非组织赋予某一个人以明确的、毫不含糊的、认定的指挥权，否则组织将面临灭顶之灾。

在政治理论中，"层级制度组织"与"自由形态组织"之间的论争，事实上是最古老的"法治"与"人治"之争的翻版。宪政法学家们坚持认为，必须有良好且明确的法律；教育家们则坚信，如果没有优秀且正直的统治者，再好的法律也无济于事。

正如政治家很早以前就已经明了的那样，好的法律与好的统治者都是必需的，所以组织的建设者们（甚至包括组织的理论家们）也必须知道：健全的组织结构既需要有职权、决策权和金字塔式的层级组织结构，也需要具备把任务小组、团队以及独立个体组织起来的能力。

"层级制度组织"的拥护者与"自由形态组织"的拥护者在不知不觉中都会假设，一个组织必须具备一个轴线，要么是"层级制度"，要么是"自由形态"。但这仅仅是一种机械性假设，事实上，组织是一种社会现象。

诚然，古典组织结构假定只有一条轴线：自上而下的正式权力与自下而上的"汇报"。但20世纪20年代"人际关系学派"早期著作关于实际组织的最初研究中就曾提出，在所研究的每个工作团体中都存在着第二种组织结构（见第2章内容，尤其是埃尔顿·梅奥的观点）。人际关系学派称这种组织结构为"非正式"组织结构，这的确会误导人。称为"未成文的"组织或许更好些。"非正式"组织中没有任何事情是"非正式的"。这种组织结构以习惯为基础，而不是以显式规则为基础，它倾向于更加正式，但最重要的是，它比正式的组织图所划定的规则更不讲究弹性。即便如此，人们仍然相信组织结构应该是"单轴"结构。

然而，比最简单的无机物机械组合更复杂的所有系统都是"多轴"系统，类似于人体的动物身体都有骨骼肌肉系统、神经系统、进食消化排泄系统、呼吸系统、感觉系统、生殖系统等。每个系统既独立自主，又全部相互作用。每个系统都是"组织的轴线"。

没有任何企业的复杂性能与生物有机体的复杂性相比拟。但我们需要对组织进行设计、进行建设，企业与公共服务机构的组织都有多条轴线：既有决策轴线，又有信息轴线；既有使命的逻辑，又有知识的动态。我们在第

32 章中已经讨论过，在设计与定位各个职务时，我们要考虑多条轴线，诸如任务与工作指派、决策与责任、信息与关系等。

这个道理同样适用于组织设计与组织结构。

（3）无论是"以工作为中心"与"以人为中心"之间的论战，还是"层级制度组织"与"自由形态组织"之间的论战，这些无聊论战反映出传统组织理论的基本信念：一定有"一种最好原则"存在，而且只有它是唯一"正确"且永远"正确"的。一定有一个"最终答案"。

但即便有，我们也不知道它。

与"唯一正确原则"相反，第二次世界大战结束后的 25 年间新出现了三种主要的组织设计原则，与法约尔的"职能组织"和斯隆的"联邦分权"并列。这三种组织设计，即任务团队（the team）、模拟分权（simulated decentralization）以及系统管理（systems management），它们并没有取代原有的组织设计。这三种组织设计中没有一种堪称"通用原则"；事实上，它们都存在着严重的结构缺陷与应用局限。但对某种工作而言，它们是最好的答案；对某些任务而言，它们是最好的结构模式；对某些重大的组织问题而言，它们是最好的解决方法，诸如高层管理、创新、材料工业、运输业、金融产业以及跨国公司等。

所以，我们必须抛弃的最后传统是："必然存在一个最终答案"。凡是能让人产生绩效以及做出贡献的组织结构，都是正确答案。因为组织的目的是解放与调动人的活力，而不是匀称或调和。人的绩效就是组织的最终目标和检验。

CHAPTER 42 | 第42章

组织的构建单元

组织者的四项任务——关键活动——致命弱点——价值观——当关键活动必须重新分析时——贡献分析——产生收益的活动——产生成果的活动——辅助活动——"良知"活动——促使服务人员工作有成效——信息的"两面性"：一个尚无答案的组织问题——卫生保健与总务活动——贡献决定职能

在设计组织构建单元时，组织者必须面对如下四个问题：

（1）组织应该具备哪些业务单位？

（2）哪些部门应该合并在一起，哪些部门应该分开？

（3）与不同部门相适合的规模与形态是什么？

（4）与不同业务单元相称的位置与关系是怎样的？

早在100年前，当人们最初开始从事组织方面的工作时，组织者在设计结构之前必须先弄清楚上述问题。

因此，我们现在才拥有了相当多的经验。构建单元的设计或组织结构本身的设计并无良方可寻，但人们可以清楚地认识到何为正确的方法，何为不可行的方法。

识别组织的基本业务单元的传统方法是，分析企业绩效所需的全部活动㊀，由此罗列出制造业企业或零售业的典型职能的清单。这种罗列典型职能的方法把组织视为"机械性"的职能整合。然而，组织必须是"有机的"。组织的确有赖于典型活动，但这并不意味着要用上所有的典型活动。如何建立组织结构取决于所需的成果。组织工作必须从预期的成果开始。

关键活动与致命弱点

我们所需要知道的不是组织结构中必须容纳的所有活动，我们所需要知道的是在组织结构中"担负重任"的部分，即"关键活动"。因此，组织结构设计应该从如下问题着手：

为了实现公司目标，哪个领域必须要求表现出色？

哪些领域绩效不佳可能殃及企业的整个成果，甚至祸及企业的生存发展？

以下这些例子可以说明如上问题所引出的若干结论。

美国的西尔斯与英国的玛莎百货在很多方面极其相似，但不要认为这是因为玛莎百货的创始人与建设者有意识地复制西尔斯的模式。这两家公司的"研究所"在组织中的地位与角色上存在着明显差异。西尔斯把自己的企业界定为"美国家庭的采购者"，它把"研究所"用于检测它所购买的商品。因此，虽然"研究所"规模庞大，能力很强，也很受尊重，但从组织结构的

㊀ 我依然遵循《管理的实践》（*The Practice of Management*）一书中的这种方法。

角度来看，它属于次要位置。然而，玛莎百货把自己的公司界定为"为工人阶级家庭研发上流社会商品"（见本书第 8 章内容），结果可想而知，"研究所"成为玛莎百货公司组织结构的核心。是"研究所"决定什么才是称心如意的产品，而不是采购者；"研究所"研发、设计、检测并最终生产新产品，采购者只是接受新产品。结果，玛莎百货公司的研究实验室的主管是高管中的资深成员，在许多方面，他是该企业的主要业务规划者。

任何取得杰出成就的公司都会把关键活动视为组织结构的核心和担负重任的要素，尤其是那些为了获得公司绩效与实现业务目标必须表现出色的关键活动。

然而，同样重要的是如下问题："哪些领域的职能失调会对我们造成严重损失？哪些领域是我们的致命弱点？"这些问题很少有人经常关注。

总体而言，纽约的证券经纪公司就未曾提过此类问题。如果它们曾经关注过此类问题，那么它们就会意识到，处理顾客订单、账目以及证券事务的"后勤服务办公室"发生故障会严重危及整个企业的绩效。1969 年与 1970 年席卷华尔街发生严重危机，并使得许多成就非凡、显赫一时的证券公司严重损失的最重要原因，正是未能把"后勤服务办公室"作为关键活动加以有效组织。然而，只有一家华尔街证券公司，就是美林证券公司，提出了这些问题并把"后勤服务办公室"作为担负重任的关键活动加以组织，从而在这次危机中，一跃成为证券经纪行业中的巨人。

最后应该提出的问题是："在本公司中，哪些价值对我们是真正重要的？"答案可能是产品或安全程序，可能是产品质量，可能是公司经销商为顾客提供周到服务的能力，等等。无论这些价值观是什么，都必须牢牢扎根在组织设计中，必须由组织中相应的部门来负责，这个部门必须是关键部门。

这三个问题将确定关键活动，它们也将成为担负组织结构重任的要素。其他元素都是次要的，无论它们多么重要，无论它们代表着多少金钱，无论它们雇用多少人员。显然，关键活动必须在结构中加以分析、组织以及配置。然而，首先要关注的必须是那些对企业战略的成功与业务目标的实现至关重要的活动。这些关键活动必须加以辨识、界定、组织，并置于核心位置。

已经经营了一段时间，尤其是经营成功的企业，分析关键活动显得尤为重要。这类企业的关键活动的分析必然会揭示一些不良端倪，比如一些重要活动要么无人提供，要么随意应付，毫无绩效保证。在分析中还会发现，有些曾经非常重要但现实已经丧失意义的活动，还被继续当作关键活动加以组织。分析结果表明，一些曾经很有意义的活动，如今不再有意义，甚至已经成为企业绩效的障碍。分析也有利于发现一些不必要的活动，从而应该予以淘汰。

新创办的企业需要对此审慎思考。然而，最需要进行关键活动分析的是快速成长的企业（参见第60章）。快速成长意味着组织混乱，而这种混乱也是一个过程。可以这么说，企业从一个低矮但将就运作的两间小屋开始，然后逐步成长，并不断扩大，这里添一间新的侧屋，那里加盖一个阁楼，别处再增加一个隔间，直到变成拥有26间房屋的"庞大怪物"。这时，恐怕除了最资深的老员工外的所有人都需要一只"圣伯尔纳犬"才能从饮水处回到办公桌。在这种情形下进行机械性的重组——也就是通常的做法——只会使事情变得更加糟糕。在这种情形下模仿"通用汽车公司组织模式"，只会增加"行政服务人员"与"协调员"之类的上层结构，而对改良基础结构的缺陷无济于事。只有从企业目标与企业战略着手进行关键活动的分析，才能为企业提供真正需要的组织结构。

当企业战略改变时，组织结构的分析势在必行。无论出于什么原因——市场变化还是技术变化，多元化还是设立新目标——只要企业战略改变，就得对关键活动进行新分析，并且调整组织结构以适应新的关键活动。相反，如果企业战略没有改变，而进行组织重组，要么多此一举，要么说明从一开始组织结构就是杂乱无章的。

贡献分析

一百年前，从组织备受关注的最初时日起，最具争议的问题是"哪些活动应该合并？哪些活动应该分开？"如今已经有了许多答案。

或许最早的答案是一个德国人将企业部门一分为二：一是"技术部门"，负责研发、工程与生产；二是"商业部门"，负责销售与财务。稍后一些出现"业务部门"与"行政部门"的分类，目的在于区分"经营"活动与非经营的"顾问"活动。最后就有了法约尔的职能分析，他把职能界定为"相互关联的职能组合"；尽管这看似太过狭窄，但依然是目前大多数典型组织的运营基础。

以上这些答案各具优点。但我们依然需要更多的研究分析，按照关键活动所做的贡献加以归类分析。大体来说，按贡献区分，关键活动可分为如下四类：

第一是"产生成果的活动"，即产生与整个企业的绩效与成果直接相关或间接相关的可测评的成果的活动。这些活动中有些是直接产生企业收入的，其他则是为可测评的结果做出贡献的活动。

第二是"辅助活动"。这些活动是必需的，甚至意义重大，但它们本身不直接产生成果，而只是借助企业中其他部门，通过它们创造的"产出"产生成果。

第三是"卫生保健与内务工作"。这类活动与企业的成果没有直接或间接关系，是纯辅助性的活动。

第四是"高层管理活动"。这类活动有别于前三类活动，我们将会在第

49 章到第 52 章中论到。

产生成果的活动

第一组"产生成果的活动"指一些可以直接带来收入的活动（或者在服务机构中直接产生效应的，例如"病患护理"或"教学"类活动）。属于这类的活动有创新活动、销售活动，以及进行系统的、有组织的销售工作所需的一切活动，诸如销售预测、市场调研、销售训练与销售管理等。这类活动还涉及财务职能，即企业的资金供应与财务管理。

在商业银行中，所有信贷业务、管理客户金融信托活动以及银行本身的赚钱业务，也就是银行本身的流动资产管理，这些都是产生收入的活动。在百货公司中，买卖行为都属于产生收入的活动（在玛莎百货公司中，创新也被视为产生收入的活动）。在人寿保险公司中，保险销售显然就属于产生收入的活动。如果精算活动能够开发出新的保险种类，这也属于产生收入的活动。最后，在许多保险公司中，投资也是重要的产生收入的活动，甚至有些保险公司把投资视为最重要的产生收入的活动。

第二组"产生成果的活动"是指那些虽然并不产生收入，但与整个企业或者生产主要收入的部门的成果直接相关的活动。我称它们为"成果贡献"，而不是"成果生产"。制造业就是这些活动的典型。员工训练、员工的最初招聘与雇用，也就是为企业提供合格的、训练有素的员工的活动也属于这种活动。采购与物流是"成果贡献活动"，而不是"产生收入的活动"。正如大多数制造业企业所理解的那样，"工程"是"成果贡献活动"而不是"产生收益活动"。在商业银行中，数据分析与文件处理等具体"操作"，也属于这种活动。在人寿保险公司中，理赔业务也是如此。劳务磋商以及许多类似的"劳资关系活动"，虽然算不上是"产生收益活动"，但应该属于"成果贡献活动"。

第三组"产生成果的活动"是信息活动。信息活动确实生产出系统中每个人所需的"成品"。信息绩效是可界定的、可测量的，或者至少是可评估的。但信息本身不能产生任何收入，信息只是收入与成本中心的"补给品"。

辅助活动

这些"辅助活动"中首要的是"良知"活动。辅助活动本身不生产"产品"，而是对其他活动进行"投入"。在企业所有需要获取杰出绩效的关键领域中，这些活动都要设立标准，创造愿景，追求卓越。

在大多数组织中，良知活动往往被人忽视。但每家公司，甚至是每个服务机构，都需要为自身及其管理者们提供愿景、价值观、标准以及针对这些标准的绩效审计所做的规定。

实际上，在所有比较大型的企业中都有人从事这项工作，通常状况下，这些人是"行政服务人员"的主要负责人。然而，他们的首要职责不是要成为组织的"良知"，而是成为经营管理者的"仆人"与组织的"顾问"。结果，他们很少有机会系统地从事良知的工作，而只能忙于应对各部门的运作而已。

另一种支持职能是"规劝"与"教导"，即传统意义上的"行政服务人员"的职能。这种活动的贡献不在于活动本身做什么或者能做什么，而在于这些活动对其他人所做之事及其做事能力的影响。这些活动的"产品"正在于提高组织的其余部分的绩效能力。

许多"关系"活动也属于"辅助活动"，比如法律顾问或专利部门的活动。

卫生保健与内务工作

本章要提及的最后一类活动，根据其贡献来界定，那就是"卫生保健与内务工作"，包括从医疗部门员工到清洁工人，从工厂自助餐厅的管理到退休养老金的管理，从寻找厂址工作到政府要求的档案资料保管工作，如此等等。这些职能对企业的绩效与成果并无直接贡献，如果这些职能混乱，企业势必受损。它们能够满足法律要求，提高员工士气，承担公共责任。在所有活动中，它们是最变化多端的；在大多数组织的活动中，它们受到的待遇是最不客气的。

以上只能算是非常粗略的分类，也实在谈不上是具有科学性的。有些活动可能在这家企业中归此类，在另一家企业中归彼类，而在第三家企业中因太过模糊而根本无法划分清楚。

在一些制造业公司中，制造是成本中心。它贡献成果，却不产生收益。然而，一些真正的制造业企业的收入是由制造部门产生的，而不是从研究、工程或销售获益。还有一些企业的收入主要来自授权与专利权交易。

一般情况下，虽然采购是一种"辅助活动"，但有时也可被视为"成果贡献活动"的一部分：物资管理、物资生产、物资分配，此三者结合起来可以促使所需商品与资金成本的最小化，甚至可以促使产品质量、商品递送以及顾客满意度的最大化。

为何要对活动进行分类呢？答案是：这些活动所做的贡献不同，因而应该区别对待。贡献决定岗位设置和职务级别。

"关键活动"决不应该从属于"非关键活动"。

"产生收入的活动"决不应该次位于"不产生收入的活动"。

"支持活动"决不应该同"产生收益的活动""成果贡献活动"相混淆。它们应该分开。

"良知"活动

组织的良知活动绝不应该从属于任何其他事情，也不应该与其他活动混杂一起，而应该明确分开。

良知职能旨在提供愿景、价值观、标准以及针对这些标准的审计绩效所做的规定，因此良知职能基本上属于高管层的职能，但良知职能必须与整个管理团队相互合作。每家企业，即便是小企业，也必须具备良知职能。在小企业中，不必设置独立的良知职能部门，但必须把它列入高管层工作的一部分。而在中等以上规模的企业中，良知职能通常需要单独设置，并配备专人负责。

但实际上，能够担此良知职务重任的应该只是少数人；良知职务并非由一群人承担，而只能是单一个人来承担。良知职务应该由一位在绩效上已经赢得管理团队尊敬的人担任，而不是由"专家"来担任。担任此项要职的最好人选是管理团队中的资深成员，他们的绩效记录证明他们在相关职务领域的关切、洞察力以及兴趣。

只有那些对企业的成功与生存极具重要性与中心意义的少数领域才配称为良知领域。目标与战略决定了企业所需的良知活动。人员管理永远都是良知领域，市场营销也是如此。企业对环境的影响、企业的社会责任以及企业与外界社区的基本关系，这些也是基本的良知领域。对大型企业而言，创新也可能成为良知领域（无论是技术方面的创新，还是社会方面的创新）。

然而，除此之外，没有公式可循。

良知工作与日常经营和顾问咨询并不相容。

唯一应该向负责良知工作的人"报告"的活动是审计管理者的实际绩效。因为仅仅树立愿景与设定标准是不够的，应该要经常对照这些标准来评估组织的工作绩效。

很多人认为,"良知"这个词不仅非常陌生,而且过于强烈,但"良知"是一个正确的术语。良知活动的任务不是帮助组织把正在做的事情做得更好,而是要不断提醒组织应该做而未及时做的事——面对现实高举起理想的旗帜,维护那些不受欢迎的新事物,与权宜之计做斗争。

然而,这要求担任良知职务的管理者有自律能力,组织则必须承认其能力与正直。

作为一般原则,担任良知职务的管理者的人气应该是有限的。无论担任良知活动职务的管理者多么受人尊重,曾经工作多么成功,他的正直或受人欢迎的程度最终都会消失殆尽。这是资深管理者结束其杰出职业生涯的好地方。较为年轻的人在担任此职务数年后,即可调离,最好回到实践性工作上去。

促使服务人员工作有成效

在顾问与教导工作中,也就是在与服务人员相关的活动中,也需要类似的严格规则。

他们的人数应该很少,应该只是在关键活动领域中设立。在每个职能领域都设立服务人员,结果会适得其反。有效工作的秘密在于专心致志,而不是忙忙碌碌。

从事顾问工作与教导活动的服务人员不应该把精力分散在所有事情上,而应该把注意力集中于少数关键领域。他们无须服务每个人,而应该选择"有机会的目标",比如组织内部管理者们已经愿意接受服务,不再需要被说服的服务领域,以及会对整个企业产生"多重影响"的领域。这些人员及其活动都应该保持精简,适合这项工作特质的人并不多。

从事顾问与教导工作的人需要真心地期待别人获得赞誉,需要这个人以帮助他人达成目标为初衷，而对于这个目标的唯一限制就是它必须符合道德而且合乎情理。从事顾问与教导工作要求人拥有允许别人学习的耐性，而不是自己帮人完成工作。最后，从事顾问与教导工作的人不能利用自身在总部比较接近权力中心，从而玩弄权术、操纵他人、营私舞弊。具备这种人格品行的人很是稀少。但让那些不具有这种人格品行的人来从事服务工作，只会造成危害。

顾问与教导人员必须遵守的一条基本规则是：在开始新的活动之前必须放弃旧的活动，否则他们很快就会开始"建立自己的帝国"，或者开始生产"罐装食品"，也就是说明书与备忘录，而不能培育从事生产工作的经营人员的知识与绩效方面的能力。他们也将被迫使用二流人才，而非拥有杰出才能的人。只有在开始新的活动之前放弃旧的活动，才能保证组织中的一流人才被任用。

顾问与教导活动绝不应该"参与经营"。顾问者与教导者的共同弱点是直接从事经营活动。他们举办劳资谈判，做许多总务琐事，比如忙于管理自助餐厅或亲自做培训工作，到头来，顾问与教导工作却没能完成。"经营"中的"日常危机"占据了优先位置，导致顾问与教导工作总是被迫推迟。把顾问与经营相互混淆意味着建立庞大的行政团队，而不是提高绩效。

正如顾问与教导工作一样，其他服务人员也会犯"忙于做事"的错误，从而顾此失彼。

一家公司可能需要声学工程，但公司中没有单独部门需要承担的工作量大到需要配备声学工程师。因而把声学工程师纳入"制造服务"或"工程服务"，这种做法看起来符合逻辑。声学工程师并非顾问，他们是成果生产者；哪些部门需要完成声学相关工作，他们就去哪些部门。公司所期望他们的不是建议或教导，而是做事。如果把他们安置在服务部门，将很难具有生产力；能干的员工会觉得屈才，因而不太可能久留。

如果需要"联合作业"——实际上也确实经常需要——那就应该成立独立的中央运营中心，不必分技术领域，由一位管理者负责统筹安排所有工作。所有联合作业的管理问题都是相同的：关系、任务分派、优先次序以及标准。

在第 11 章到 14 章中，我们讨论过，顾问工作与教导活动都是服务机构。他们应该要求自己在设定目标、确定对象、决定优先次序等方面严格自律，并以此衡量自己的成果。他们不应该垄断。如果咨询与教导工作超出自己的领域，那就应该请外面的人来担任。只要有可能，他们的"客户"，即企业中不同部门的管理者，应该有权选择是使用内部的顾问与教导人员，还是到外部寻找合适人选，或者根本不用任何顾问。

顾问工作与教导活动不应该成为长期职业，不应该成为一个人正常情况下长期从事的工作，而是应该成为管理者或专业人士成长过程中的必修课。如果作为长期职业来做，它会腐蚀人；容易养成瞧不起"那些愚蠢的操作者"的不良心理，即对"朴实劳作"的轻视；容易苛求"聪明"，轻视"恰当"。顾问工作与教导活动也会使人产生挫折感，因为不容易看见自己的成果，反倒容易看见他人的成果。

然而，这是极佳的训练，绝好的培养，也是对一个人的性格与能力的严峻考验，可以锻炼一个人在没有职权命令他人的条件下有效开展工作的能力。这是每个升到组织高管的人都应该具备的经历，但这也揭示出一个道理：没有人应该毫无期限地忍受这种痛苦。

近来人们一直在讨论，顾问工作与教导活动是否要求高度专业知识；或者，在顾问工作与教导活动中，优秀的"通才"是否可以快速掌握一些专业知识以便有效地"现学现卖"。在任何顾问实践中，这种争论都会永远继续下去，而且不会有结论；事实上，这个问题可能提错了。很清楚，在一些领域中，专业知识与高度专业化的能力是必要条件。假设一家公司在一些高级领域，比如在合成化学或高度复杂而具有风险的国际资本交易方面需要咨询与教导服务，那么那些具有市场营销或采购背景的人才，无论他是多么优秀、多么富于洞察力的咨询师，也难以胜任这种工作。然而，在顾问工作与教导活动的许多领域中，那些好学上进，又能关注"客户"关系，以及对自己的贡献负责的"通才"们，可能比那些高度专业化的专家要做得好些，因为这些专家容易自命清高并蔑视那些不具备同等高级专业知识的"门外汉"。实际上，在大多数成功的顾问工作与教导活动中，专家起到的作用只是作为一名"内行"为顾问提供工具，而其本人并不热衷于参与顾问和教导工作，也就谈不上有成效了。

信息的"两面性"

信息活动呈现出一个特殊的组织问题。借用一个化学术语来说，它们是个"二价体"（bivalent）。信息有两张脸，两个维度，要求两种不同的"价链"。与大多数其他的成果生产活动不同，信息活动不关注过程中的某一阶段，而是关注整个过程本身。这意味着信息活动必须同时做到"中心化"（centralized）与"去中心化"（decentralized）。无论是会计工作还是运营研究，信息生产活动类似于生物有机体的神经系统，能"集"能"散"：能集中到身体的中枢，又能分布到身体最细小、最遥远的细胞。

所以，信息活动在组织中有两个"家"，而非一个。

传统的组织结构图以两条不同的线来表达信息活动与"上司们"的联系：一条实线，与信息提供者的单位头领相连；一条虚线，通向核心信息部门，比如公司总监。由此得出结论认为，信息工作应该同其他种类的工作区别开来。

美国企业就是违背这条规则的典型实例，例如，将"会计"这一传统信息活动与"出纳"这一通过企业资金供给和现金管理来生产经营成果的工作放在一个部门里。它们给出的理由是，会计与出纳都是"处理金钱的"。会计所处理的当然不是"金钱"，而是"数字"。传统方法的后果必定削弱财务管理。以前融资成本低，或者只是让人觉得低，这样做还勉强说得过去，但现在这样的借口就站不住脚了。

信息活动方面的棘手难题是：哪些应该合并，哪些应该分开。现今讨论的热门话题是"全面整合信息系统"。这当然意味着所有的或至少是大多数的信息活动应该整合到一个部门中。这意味着新的、不容的信息活动，例如运营研究或电脑系统，不应隶属于传统的会计部门。至此，这种看法很有道理。然而，它们究竟应该互相协调，还是分开？

迄今为止，虽然人们清楚地知道这是一项关键的活动，但如何组织信息工作，人们尚未有清晰的答案或令人满意的方法。没有人看见过一套完整的信息系统，或许永远也不会有人看见。然而，随着人类信息处理能力的发展，我们必须努力解决这个组织问题，我们必须找到答案，或者至少可以找到一些方法。

卫生保健与内务工作

根据贡献，最后一类活动是卫生保健与内务工作。这类活动应该与其他工作分开，否则它们将无法完成。问题并不在于这些活动特别困难，其中的确有非常困难的活动，但许多活动并不困难。问题在于这些活动与成果没有间接联系，因而容易被组织的其他部门忽视；因为这些活动既不是产生成果的工作，也不是专业工作，所以它们不过是"呆板单调的苦活儿"而已。

在美国，卫生医疗保健成本大量增加的理由之一是：像医生、护士这些医院的主体员工在管理上忽略了"住院服务"的工作。他们全都知道,"住院服务"是非常重要的工作,除非病人住得舒服、吃得好、经常更换床单、清扫房间,否则他们就不容易康复得好。但对医生、护士以及放射科技师来说,住院服务不算是他们的专业活动。只是他们不愿让步,让负责住院服务的员工做好他们的本职工作,也不愿让住院服务的代表出现在医院的高管层中。结果,医院中没有"德高望重的"管理者愿意负责住院服务相关的活动。这些活动无人管理,而这意味着住院服务又差又贵。

企业很少碰到医院出现的这类问题,可能是因为在我们的价值体系中,人们对医生尊重有加,并把医生推到社会阶层中较高的位置上。而在企业中,即便是选择厂址或建造厂房这类重要职能,也经常被企业内部的人视为"外部"活动。一些看似关系不大的活动,无论是停车场、自助餐厅,还是常规维修,都容易被轻视、被忽略。

这甚至会殃及金额巨大的活动。例如,在美国,尽管牵涉到员工的巨额养老金以及对企业未来的严重影响,但还是很少有企业对员工年金进行足够合理的管理。因为这看上去是与成果毫无关系的活动,因而容易被人推来推去。

解决办法之一是把卫生保健与内务工作移交给社团经营(参见第21章)。这些活动都是"为"员工而设,因而最好"由"员工管理。或者,这些活动可以部分转让给专门办理养老基金或自助餐厅的人去经营。

不过,有些事情企业管理层还要亲自处理,诸如选择厂址与建造厂房等,这是企业必须自己完成,至少是要积极参与的活动。卫生保健与内务工作就应该和其他工作分开,这些活动要求不同的人员、不同的价值观,以及不同的衡量标准,企业管理层则无须过多监管。

其中一个例子是,一些大型企业建立的自主房地产管理公司,主要用以处理房地产的采购、房屋或工厂的建设、建筑物的管理与维修等相关事宜。

另一个例子是美国政府的行政管理总署，主要负责处理所有政府机构的各种事务工作。对美国农业部门的资深土壤科学家来说，管理单位的车队就像打杂，既无兴趣也不重视。然而，这事显然与大量金钱有关，车辆需要组织有系统地购买并加以合理配置，以及有系统地维修。对美国政府的行政管理总署而言，管理车队正是它的工作，而且可以组织得当。

有一条普遍的规则可以遵循：做同样贡献的活动可以合并到一个部门，由一位管理者统一管理，无须在技术专业上分门别类。一般情况下，不做同类型贡献的活动则不必合并在一起。

把所有的顾问工作与教导活动，包括人事、制造、市场营销、采购等归到一个"服务部门"，由一位管理者来负责管理，这是完全可行的，事实上，通常也是最好的办法。同样的道理，除了大公司，任何公司都应该在主要的良知领域设置一人作为企业的良知。贡献决定职能，而不是技能决定职能。

CHAPTER 43 | 第43章
单元的相互连接

决策分析——这些工作应该归属哪里——关系分析——这个特别单元应该归属哪里——保持最简单的关系，但每个单元都要靠得住——病态组织的症状及其病因——层级累赘——组织问题重复发生——会议过多——过度关注"感受"——依赖助理——"组织炎"是一种慢性病

识别关键活动以及分析这些关键活动的贡献，就可界定组织的各个单元。然而，要把组织的结构单元组建起来，需要另外两项工作：决策分析与关系分析。

决策分析

为了获取必要绩效以便实现目标，企业需要什么样的决策？它们是哪个

种类的决策？这些决策应该由哪个层面的组织来制定呢？这些决策会牵涉到或影响到哪些活动？哪些管理者必须参与这些决策的制定，或至少应该在事先征求他们的建议呢？哪些管理者必须在决策之后通知他们呢？这些问题的答案在很大程度上决定具体工作的归属。

有人认为，我们不可能预测未来将会发生哪些种类的决策。虽然决策的内容不能预测，但决策的种类与主旨在很大程度上具有可预测性。

在一家大型企业中，管理者在五年内必须制定的决策，超过百分之九十都是"典型"决策，而且可以归纳为数量不多的几类。如果提前对问题进行认真细致的考虑，那么只有在极少的个案中才有必要提出"这项决策归属哪里"的问题。但因为没有决策分析，借用企业中常用的一个短语，差不多四分之三的决策必须"寻找归属"，而且大多数决策归属于比实际需要高得多的管理层。企业各部门根据雇员工资单上的数额来配置，而不是按照部门决策责任的大小来安排，从而应该制定关键决策的活动被安排在极低的部门，而这些部门既没有权力，也没有充足的信息。

要为不同类型的决策配置相应的职权与责任，首先要求根据不同种类与性质对决策进行分类。按照一般标准分类，比如"政策性决策"与"经营性决策"之类的划分实际上意义不大，反倒会引发高度抽象且永无休止的争论。根据所涉及的金额进行分类，那就更加于事无补了。

如下四个基本特征可以决定企业决策的性质。

第一，决策所具有的"未来性"。这项决策能够影响公司未来多长时间？这项决策多快时间可能发生逆转？

西尔斯公司不对采购员的采购数量设限，实际上，采购员可以代表公司做出承诺。倘若没有采购总监的批准，任何采购员都无权减少已有产品，也不能增加新产品。传统上，在西尔斯公司整个组织中，采购总监是二号或三号人物。同样道理，在大型商业银行中，传统上外汇交易员在交易量上的限制是最为宽松的。然而，如果没有银行最高权力机构的批准，外汇交易员不能启动任何新的外币交易；而且只要超出固定而短暂时限，无论金额多少，他都不能继续持仓。

第二，决策对其他职能、其他领域，甚至对整个企业的影响。如果决策仅仅影响到某一职能部门，那么这项决策应该属于最低管理层级，否则这项决策就应该由可以考虑所有被影响职能的更高层来制定，或者，这项决策应该与其他受影响职能的管理者密切磋商制定。可以用技术术语表达如下：一个职能或一个领域的流程与绩效的"最优化"必须不以牺牲其他职能或领域为代价，因为这是最不可取的"次优化"。

一种看似仅仅影响某一领域的纯"技术性"决策，实际上会影响到许多领域。举个这方面的例子：某项决策在一家批量生产的工厂中，改变维持零配件库存的方法。这项决策影响到所有的生产作业，造成装配作业做出必要而重大的改变，影响货运日期，也可能影响营销与定价，比如抛弃某些计划与模式，以及取消某些价格折扣等，甚至可能要求在工程设计上做重大调整。虽然维持存货的技术问题也很重要，但与其他领域产生的问题相比，也就是因为库存方法改变所产生的问题，反倒使库存问题变得无关紧要了。为了库存方法的"最优化"，而牺牲其他领域，这种做法是不能容许的。为了避免这个问题的发生，只有把这类决策摆在相当高的序位上，从影响整个流程的角度来看待：要么由高于工厂的管理层来做决策，要么与所有相关部门的管理者密切磋商。

为了顾及决策的影响，为了预防"次优化"，可能促使决策的重点发生变化。下面的例子正好能够说明这个问题。

早期的杜邦公司还只是一家炸药制造商，也是当时世界上最大的硝酸盐买家，但它自己并不拥有任何硝酸盐矿场，而其采购部门却有充分的权力采购硝酸盐。杜邦公司的采购部门完全可以自由地处理采购硝酸盐事宜，而且事实上，从采购的观点来看，的确做得很成功。在市场价格低时，采购部门购买了硝酸盐，并成功地为公司获得了至关重要的原材料，其价格远低于竞争对手通常需要支付的价格。但这仍然是"次优化"行为。因为价格低廉的硝酸盐与具有竞争力的成本优势，导致大量资金被困在存货上。首先，这意味着价格低廉的硝酸盐所获得的成本好处是虚假的，这些得到的成本好处被投入资金的利息抵消了。更加严重的是，它还意味着当生意不景气时，企业就会深陷资金流动困难的危机之中。所以在廉价原料、成本好处以及资金流动困难的危险之间进行权衡利弊，这种决策应该由高管层来制定。但在规定好新的库存量/额之后，采购决策就是采购员的事了。

第三，定性因素的个数决定了一项决策的品质。这些因素包括：行为的基本原则、伦理价值、社会信念与政治信念等。在必须考虑价值因素的时候，决策的级别也要升高，必须由更高管理层来决断或复审。最重要且最普通的定性因素是人（当然，这就是为什么我们在第 36 章中强调，高管层成员要积极参与到中层管理者的晋升决策中去）。

第四，决策还可以根据其是否周期性频发还是偶发（或者是独一无二的特例）来分类。循环复发的决策要求建立通用规则，即决策原则。比方说，将一名员工停职只涉及一个人，但其规则应该由组织中的高管层来制定。把规则实施于特定案例，虽然也是决策，但可以由较低层级制定。

至于不常发生的决策，必须以独特事件对待。事件发生时，必须认真思考，严谨处之。

决策的制定始终应该尽可能在最低层进行，并尽可能地贴近行动现场。然而，决策的制定又始终应该确保被影响的所有活动与目标得以充分考虑。第一条规则告诉我们应该在多低的层级做出决策。第二条规则告诉我们能够在多低的层级做出决策，以及哪几位管理者必须参与决策，哪些管理者需要被告知该项决策。综合这两条规则，我们就能够确定某些活动应该安排的合适位置。负责日常决策的管理者的级别应该足够高，能保证他们拥有足够的相关业务职权；他们的级别又要足够低，以确保他们拥有足够详尽的知识和第一手经验，知道"从哪里入手"。

关系分析

设计组织单元的最后一个步骤是关系分析。关系分析告诉我们特定部门应该归属何处。

负责某项活动的管理者必须跟谁一起工作？他必须为负责其他活动的管理者做何贡献？反过来，哪些管理者又该对他做何贡献？

在组织结构中设置一项活动的基本原则是：尽可能牵涉最少关系。动用尽可能最小数目的关系。与此同时，这项活动应该处于决定性的关系中，也就是能够决定其成功以及贡献的成效的关系中；它应该简单易行，而且直指核心。规则是：保留最少的关系，但确保每个都落到实处。

这项规则说明了职能部门为什么是传统组织理论中所说的，只是"把相关技能集中在一起"的结果。依照他们的逻辑，我们就会把生产计划纳入规划部门，让所有规划人员在那里一起工作，因为生产计划所需的技能与所有其他作业计划所需的技能密切相关。但实际上，我们把生产计划人员纳入制造部门，使他尽可能地靠近工厂经理与一线监工；因为根据他涉及的关系来看，这才是他应该归属的地方。

根据决策分析进行安置与根据关系分析进行安置，两者之间经常发生冲突。大体而言，人们应该尽可能地遵循关系逻辑。

如果为了避免次优化，组织设计必须遵循决策逻辑（就像会计职能所发生的次优化情形那样），那就应该按照关系分析逻辑对工作本身加以划分，即尽可能地靠近行动现场。工作的方向、规则的设定、标准的制定，以及对工作的测量与评价，都应该遵循决策分析逻辑，安置于既能纵观企业全局，又能深入思考各种影响的核心部门之中。

以上这四种分析，即关键活动分析、贡献分析⊖、决策分析与关系分析，应该尽可能保持精简、扼要。在小型企业中，这些分析通常在几个小时内完成，文件篇幅也不宜过长。在大型而且复杂的企业中，诸如通用电气公司、花旗银行、联合利华，更不用说国防部等，分析工作可能要求历经数月的调研，而且需要应用高度先进的分析与综合工具。然而，这些分析从不应该被忽视或随意应付。在每家企业中，这些分析都应该被视为企业必要的、必须做好的任务。

病态组织的症状

没有完美的组织。组织结构不会引发麻烦，便算是组织的最佳状态了。然而，在组织单元设计以及组织单元连接中，最常见的错误是什么呢？什么是严重缺陷的组织最常见的症状呢？

病态组织的第一个最常见、最严重的症状是管理层级数量过多。组织的基本原则是尽可能少地建立管理层级，尽可能锻造最短的指挥链。

每增加一个层级，就会为达成共同方向与互相理解制造更多困难。每增加一个层级，就会歪曲目标并分散注意力。数学上的"信息理论"有个定律：在通信系统中每增加一个继电器，就会致使"信息"减半、"噪音"加倍。组织中的每个"层级"就好比这类"继电器"，增加指挥链中的每一环节，都意味着增加额外压力，并会带来更多的惰性、摩擦与懈怠的根源。

对企业而言，尤其是对大型企业而言，每增加一个层级，就会增加培养

⊖ 关键活动分析与贡献分析已经在前一章中讨论过了。——译者注

未来管理者的难度：既会增加管理者从基层晋升的时间，又会使员工在晋升过程中更多地发展成为专业人士，而非管理者。

今天，在一些大型企业中，从一线主管到公司总裁，居然存在12个甚至15个层级。假设一个人在25岁担任一线主管，每个层级需要花费5年时间，当然此二者都是最乐观的估计，那么当他可能被考虑担任公司总裁时，至少要有80岁或90岁了。通常的"治疗方法"——为晋升阶梯另设特别渠道，精心挑选一批年轻"天才"或"王储"之类，而这犹如饮鸩止渴。

究竟需要多少层级，可以从最古老、最庞大以及最成功的西方组织——天主教会可见一斑。在教宗与最低层级的教区神父之间只有一个职权与责任层级，那就是：主教。

病态组织的第二个最常见、最严重的症状是组织问题反复发生。一个看似已经被"解决"的问题，不久又以新的形态复发。在制造业企业中，典型的例子是产品开发。营销人员认为产品开发属于他们的事情，而研究与开发部门的人员觉得产品开发是他们的工作。无论公司把这项任务交给任何一方，问题都可能反复出现。实际上，这两种安置方法都是错误的。对于一家想要创新的企业来说，产品开发既是关键活动，也是产生收入的活动。产品开发不应该从属于其他任何活动，而应该在组织成立独立的创新部门（详见第61章内容）。

反复出现的组织问题说明应用传统的"组织原则"时未经思考，诸如"典型的职能"或者"行政与业务"这些设计原则。答案取决于所做的正确分析，也就是前文讨论的关键活动分析、贡献分析、决策分析以及关系分析。如果组织问题一而再再而三地重复发生，那就不能用"照葫芦画瓢"的机械方法来解决了。它说明组织对问题缺乏思考、缺乏明确认识、缺乏理解。

病态组织的第三个症状与前两个症状同样具有普遍性与危险性，那就是组织机构把关键人才的注意力集中于错误的、毫不相关的、次要的问题上。组织应该把人员的注意力放在重大的企业决策上，放在企业的关键活动上，放在企业的绩效与成果上。相反，如果组织把注意力放在举止得体上，放在繁文缛节上，甚至放在裁定冲突上，那么组织就起到了误导作用。这样，组织就成了绩效的障碍。

再强调一下，这是机械地构建组织而不是有机地构建组织的后果。这是简单粗暴地发布一些所谓的"原则"而没有对企业所需的组织战略进行深入思考造成的后果。这是将注意力聚焦在组织结构上，而不是绩效上的后果。

没有组织结构示意图会被陈列在艺术博物馆中。重要的不是示意图而是组织。组织示意图不过是一个简单化的图表，为了让人在讨论组织结构时更加确定所讨论的是同一件事。人们从来不会为了把组织示意图变好看而进行组织变革，因为这只可能导致组织畸形。

通常状况下，病态组织还有一些常见症状，无须做进一步诊断，即可知道。最明显的症状是：太多人参加太多会议。

各级管理者都是通过会议进行工作的，大型企业尤其如此。通用汽车公司的高级董事会就是一个典型例子。新泽西标准石油公司和杜邦公司由高管层组成的董事会也属于这类例子。然而，这些评议机构是例外——它们没有经营功能，而且照常规来说，也不具有决策功能。这些机构成员负责指导、反思以及回顾，或许成员们最重要的职能就是迫使那些负责运营的高管们与委员会成员坐下来认真思考一下自身方向、需求以及机会。

然而，除了这些通过会议行使职能的评议机构外，会议应该被视为组织不完善的一种让步。理想的状态应该是不开会议，组织也能运作正常，如同理想的机械设计那样——在机械装置中只有一个移动构件。在所有人类的组织中，需要的合作、协调以及人际关系实在太多，因而不得不增加许多会议。会议中的人充满变数，复杂异常，这使会议成为难以完成任何工作的糟糕工具。

除了最高管理层之外，无论何时，只要管理者花在会议上的时间超过了其他工作总时间的极小部分，大概是四分之一或更少，就可以初步认定（prima facie）该组织患病了。会议过多表明职务尚未界定清楚，表明组织结构设计太过狭窄，表明责任尚未分明。会议过多还显示出决策与关系的分析未做到位，或者尚未付诸实施。规则应该是把召集许多人一起完成任何事情的需求减少到最低程度。

当组织内部人员一直关注其他人的感受，在意其他人喜欢什么或不喜欢什么，这就表明这个组织中的人际关系不好；或者说，这是一个具有不良人际关系的组织。良好的人际关系就像良好的教养一样，常被当作理所当然的事。经常因为别人的感受而焦虑，那就是最坏的人际关系。

如果组织出现这种病症，实际上许多组织的确如此，那我们就可以毫不含糊地说，这种组织得了"冗员"重病。也许是因为活动过多导致员工过多，表明组织并没有把注意力集中在关键活动上，反而试图什么事情都做一点，尤其是顾问工作与教导活动方面。也有可能在个别活动上严重冗员，大家拥拥挤挤在房间中，互相刺激对方神经，你的胳膊碰到了我的眼睛，我的脚踩着了你的脚趾。倘若有足够的距离，他们就不会相互磕磕碰碰了。臃肿的组织只会制造工作，不会创造绩效，只会造成摩擦、敏感、恼怒以及过度关注"感受"。

依赖"协调员""助理"或其他没有担任职务的人，这也是病态组织的又一症状。这种情形表明活动与职务的设计过于狭窄，或者说明活动与职务的设计并没有对明确的成果负责，而只是期望完成许多不同的任务。这种情形通常还揭示了，组织部门大多根据技能加以组织，而不是根据生产过程中各自的位置或贡献加以组织。因为技能所做的贡献经常只是局部，而不是整体成果，从而就需要协调员或其他没有担任职务的人，依赖他们把那些原本不应该分开的事情拼凑一起。

"组织炎"是一种慢性病

的确，有许多企业，尤其是大型且复杂的企业长期深陷"组织炎"的病痛困扰。每个人都关注组织的问题。企业不断进行"重组"。一旦出现某种麻烦征兆（即便只是采购员与工程人员在产品规格上的小争执），就会大吵大闹到"组织医生"那里去，这些"组织医生"就是来自外部的顾问或内部的行政服务人员。任何组织解决方案都不能维持长久，实际上，大部分组织安排还没能得到足够长的时间来验证其实践成果，之后的组织研究就启动了。

在一些案例中，这种情形确实暴露了组织的病症。如果组织结构没能把握上述基本要领，就会患上"组织炎"。尤其是当企业的规模与复杂性，或者企业的目标与策略，发生重大变化时，没有进行反思与重新建构，那么企业患上"组织炎"病症也就在所难免了。

然而，"组织炎"经常是自己造成的，是一种多疑症。所以应该强调的是：组织变革不应该经常进行，不应该轻率进行。组织重组是一种外科手术，即便是门诊小手术，也会有风险。

对组织发生的小毛病就提出组织研究或组织重组的要求，我们应该拒绝。没有组织是完美的。某种程度的组织摩擦、组织失调与组织混乱都是不可避免的。

以上两章着重讨论了组织的"工程"方面：组织的构建单元、如何安置以及组织单元间的连接关系。然而，组织还需要"体系架构"，需要结构逻辑与结构原则，需要理解组织结构需要满足的"要求"，即"组织的设计规格"。

CHAPTER 44 | 第 44 章

设计逻辑与设计规范

> 五种"设计原则"——还有额外的尚未知道——局限性与要求——设计逻辑——规范——明确——经济——愿景的方向——理解自己的使命与整个组织的使命——做决策——稳定性与适应性——永存与自我更新——运营结构、创新结构、高管结构

"组织体系结构设计师"如今可用五种设计原则,也就是五种不同的组织结构,用于活动安排与关系排序。其中两种是传统的,而且多年来一直被视为组织设计原则:亨利·法约尔的"职能结构"与斯隆的"联邦分权"。

还有三种崭新的原则,尚且鲜为人知,更不用说被人承认为组织设计原则了,它们是:团队组织、"模拟分权",以及"系统"结构。

这五种组织设计原则皆来自经验,且为特殊需要而发展。因此它们给人的第一个印象是,它们不过是权宜之计,而不是精心设计,更谈不上严谨逻

辑。㊀但实际上，这些原则表达了不同的组织设计逻辑。每种组织设计原则都采用组织管理中的一个通用维度，并围绕这个维度来建立相应结构。

设计逻辑

工作与任务肯定是管理的一个通用维度。有两种组织设计原则是围绕着工作与任务建立的，那就是：职能原则与团队原则。

这两种组织设计原则在平衡"静态"与"动态"方面所采用的方法不同。在职能组织的"工作阶段"，比如制造与市场营销，以及像会计这样的"技能"工作，都被设计为"静态"的阶段，"工作"则从一个阶段移到下一个阶段。在团队结构中，工作本身被视为"静态"的，而且需要各自"技能"，即由制造、营销和会计等方面的专家组成特定工作团队，完成所要求的特定"任务"。

职能组织与团队组织通常被认为是对立的，以"现代"团队对抗"老式"职能。在第 41 章中，我们讨论过，团队并不是"自由形态"组织，而是一个纪律严明、结构严谨的组织形式。然而，认为职能组织与团队组织二者相对立的观点是个严重误解。事实上，二者甚至都不能相互替代。就许多组织设计的问题而言，其中一种才是唯一合适的设计原则。但对组织中最大的问题，即知识工作结构问题而言，这两种组织设计原则可以相互补充。

成果与绩效也是管理的真正维度，就像工作与任务的维度一样重要。围绕这个维度建立起来的组织原则，有两种"分权制"：一是"联邦分权"，二是"模拟分权"。此二者都是"以成果为中心"的设计。

㊀ 这种最中肯的表达，来自一位最受人敬重的组织理论家哈罗德·孔茨的一篇文章《管理理论丛林》(*The Management Theory Jungle*)，刊于 1965 年 12 月号《管理学术季刊》(*Journal of the Academy of Management*)。

然而，不像职能组织与团队组织那样，此两种分权制并不互补，也不会彼此替代。"联邦分权"是一种"最佳状态"，"模拟分权"是一种"较少的恶"的选择；只有在"联邦分权"的严格要求无法得以满足时，才会采用"模拟分权"。

关系也是管理的一个通用维度。最后一种有用的组织设计原则是"系统设计"，这种原则是"以关系为中心"的设计。

和工作与任务维度相比，或者同成果与绩效维度相比，毫无疑问，关系维度所涉数量更加繁多，定义更加难以明确。因此，"以关系为中心"的组织结构既高度复杂，又缺乏明确。与"以工作为中心"的设计和"以成果为中心"的设计相比，"以关系为中心"的设计显然难度更大。然而，面对关系非常复杂的组织问题，只有"系统设计"才是唯一合适的设计原则。

以上这种粗略的分类表明，至少另有一种组织设计原则尚待发展。如同工作与任务维度、成果与绩效维度，以及关系维度那样，决策也是管理的一个重要维度。但迄今为止，我们知道尚无"以决策为中心"的组织结构设计原则。㊀目前我们只有理论推测。但"以决策为中心"的组织设计原则至少理论上具有可能性。如果有朝一日发展成为可实际应用的组织结构，那么它所产生的影响将会相当大。

由于以上每一种组织结构的设计原则都是围绕着一个多维度的实体中的某个管理维度建立起来的，因而每个维度都有各自的局限性。每个原则必然会最适用于某一特定的结构化的任务；对另一种任务而言，虽然也可以用，但其低效率会日趋显露；而对第三种任务来说，可能完全不适用。每个原则必然有各自的条件，并对企业与管理提出各自的要求。

㊀ 赫伯特·西蒙（Herbert A. Simon）及其学派一直尝试发展这一原则。至少当我读西蒙的《行政行为学》（*Administrative Behavior*, Macmillan, 1957）以及西蒙与 J. G. 马奇合著的《组织》（*Organization*, John Wiley & Sons, 1958）的时候发现是这样的。

规 范

只要是结构,就必须满足那些源自其本性的要求,这些要求与其目的毫不相干。组织结构就是"形式",形势就必须满足"规范"。

组织结构特别需要满足的最低要求是:明确、经济、愿景的方向、理解自己的任务和整个组织的使命、决策、稳定性与适应性、存续性与自我更新。

第一是明确。每个管理部门以及组织内部的单独个体,尤其是每个管理者,都需要知道自己属于哪里,知道自己所处的位置,知道到哪里能得到自己所需的信息、合作或决策,并且知道如何才能到那里。"明确"与"简单"不是同义词。实际上,有些貌似简单的结构一点也不"明确",有些貌似复杂的结构或许非常"明确"。

哥特式主教座堂的结构明晰,而现代办公大楼几乎说不上是有结构。在哥特式教堂中,无须别人引导,每个人都知道各自的位置,知道自己应该去哪里。即使是不懂基督教奥秘的人也能立即知道这座建筑存在的意义,以及这座建筑如何与信仰相联。然而,哥特式教堂也极为复杂,表现出高度抽象的形而上学原则与美学原则,丰富的装饰品、数不清的典故以及象征。相比而言,现代办公大楼在结构上尽可能简约,简直就是立方体的组合。然而,如果没有标识指示,没有人能够在现代办公大楼中找到出口,即便是有示意图,也还是会容易弄错方向。

没有详细的组织手册,就没有人知道自己的组织结构,自己属于哪里,自己必须去哪儿以及自己所处的位置;这种情形就会制造摩擦、浪费时间、引发争吵、增加挫折、延误决策;这种情形只会帮倒忙,无助于发展。

第二是经济。与明确紧密相关的是经济需求。要想控制、监督甚至是鼓励人们产生绩效,最低限度的努力是必需的。组织结构应该促进自我控制成为可能，还应该鼓励人们自强不息。组织必须以最小的人力，尤其是使用具有高度绩效能力的人才，投入最少的时间与精力去推进机构继续前进，即以最少的人力去"管理"，去"组织"，去"内部控制"，去"内部沟通"，以及去解决组织的"人力资源问题"。

在任何组织中，一些努力必须是内部导向的，一些努力是保障组织的正常运作以及维护组织的良好状况所必需的。在物理学中，永恒的运动是不可能的，"摩擦"总是不可避免的，在组织中也是如此。然而，组织用于维持运作或润滑摩擦点的"投入"越少，"产出"就越多，组织就越经济，"投入"也就越多地转化为绩效。

第三是愿景的方向。组织结构应该把个人和管理部门的愿景引向绩效，而不是引向努力。组织结构应该将愿景引向成果，即引向整个企业的绩效。

绩效是一切活动的终点。组织可以被比作传送带，把所有活动转化成"驱动力"——绩效。传送越"直接"，组织运作效率越高，即个人活动的速度与方向变化越小，取得的成果与绩效就越高。绝大部分的管理者发挥的应该是"业务人员"的作用，而非"专家"或者"官僚"的作用。管理者应该根据绩效与成果来评测，而不是根据行政技能或专业能力标准来评测。

组织结构不能误导愿景朝向错误的绩效。组织结构不应该鼓励管理者把主要注意力集中于过时的、容易而乏味的产品与业务上，从而忽略新的、正在成长的但或许有难度的产品与业务。组织结构应当杜绝不产生利润的产品与业务，以防止其牵连那些盈利的产品线，并防止组织结构把努力看成终点，成果与技艺本身更加重要。简而言之，组织结构必须促使意愿与能力为成果服务，而不是为工作而工作；应该为未来而工作，而不是沉迷于过去的成就；应该增强实力，而非增肥。

第四是要理解自己的任务和整个组织的使命。组织应该促使每个个体，尤其是管理者与专业人士，以及每个管理部门，充分理解各自的任务。

当然，这意味着工作本身必须专业化。工作始终是特定而具体的，一个人只能理解可以明确界定的任务，一项任务需要达成什么是任务本身固有的一部分。完成任务所需的条件应是该项任务的固有条件。同时，组织应该促使每个人理解共同使命，即整个组织的使命。为了把个人努力与共同利益联系起来，组织的每个成员都需要明白如何把各自的任务与整个组织的使命连接起来，以及明白组织的整体使命对所有成员各自的任务、贡献以及方向所具有的意义。所以，组织结构必须有助于沟通，而不是成为沟通的障碍。

第五是决策。没有任何组织设计原则是围绕"决策模式"建构的。然而，决策必须奠基于正确的问题，由恰当的组织层级来完成，做出的决策必须转化为工作与成就。因此，必须在是阻碍还是强化决策过程这方面对组织设计进行检验。

倘若一个组织结构使得必须由尽可能高的层级来决策，而不是由尽可能低的层级来决策，这显然就是阻碍；同样道理，倘若一个决策结构使得制定重大决策的需要变得模糊不清，或把注意力集中在错误的问题上，比如管辖范围的争执，这种情形也是阻碍。

倘若一项决策未能在工作与行动中得以落实并取得成就，那么这项决策始终只是个良好的意图罢了。没有组织结构凭借自身力量就能达到这个目标。但在促使决策转化为组织承诺与个人工作方面，不同的组织结构会产生不同的困难。

第六是稳定性与适应性。组织需要相当程度的稳定性。无论世界多么动荡不安，组织必须能够保持运作。组织必须有能力在以往的绩效与成就的基础上发展。组织必须有能力规划自己的未来及其持续性发展。

每个人都需要一个"家"。没有人能够在火车站的候车室中完成任何工作，没有人能够以过客的心态完成许多工作。每个人都需要归属于某个"社区"，在"社区"中，他可以了解他人，也被别人了解，从而建立稳定的社会关系。

然而，稳定性不是指僵化的铁板一块。相反，组织结构要求高度的适应性。一个僵化的组织结构是不稳定的，是脆弱的。当组织结构能够适应新情况、新需求、新条件，并且能够展示自己的新面孔、新个性时，这个组织才能继续生存。所以，适应性是重要需求。

第七是永存与自我更新。最后，组织需要有能力使自己生存发展下去，组织需要具备自我更新的能力。这两个需要涵盖许多需求。

组织必须有能力在内部培养未来的后继领导者。正如前文已经论及的那样，培养明天的领导者的最基本要求是：组织不应该设置太多管理层级，否则被提升到管理岗位的青年才俊，比如25岁的年轻人，无法在年富力强、卓有成效的年龄经由正常的晋升阶梯进入高层。

重要的不是最高管理层的级别数目。在军队服役结构中，当士兵晋升到将官时，他已经身居"高层"，虽然将官有三四个不同的级别。重要的是当一个人晋升到组织"高管层"之前所必须跨过的"层级"数目。

然而，比层级数目更加重要的是，组织结构提供的或想要的经验与经历。组织结构应该帮助每个人在其任职期间的学习与发展，组织结构应该是为每个人的持续学习而设计。

组织自我更新的规范是：一个组织结构要帮助任何层级的人晋升到更高层级做好准备并进行相关考察，尤其要培养与考察未来有可能成为高层管理者或进入高管层的基层与中层经理们。为了续存与自我更新，组织还必须接受新的思想，愿意且有能力做新的事情。

运营结构、创新结构、高管结构

这些"规范"适用于任何组织结构，包括小型企业与大型企业、简单企业与复杂企业、营利机构与非营利的服务性机构等。

这些规范也适用于企业必须系统地构建起来的三类管理模式：一是经营管理，负责执行企业的当前工作以及提供即时成果；二是创新管理，负责创造企业的未来；三是高层管理，负责指引方向、描绘愿景、为企业的今天与明天的发展制定方针。

这些规范显然存在互相冲突之处。没有任何组织原则能够完全满足所有规范。然而，任何有能力获取绩效并持续发展的组织结构都必须在一定程度上满足这些规范。这就不可避免地意味着妥协、取舍与平衡。这还意味着，即便是简单的组织，也必须拥有多种设计原则，而不是仅靠一种原则。因为只要这些规范中的任何一种完全没有得到满足，企业将无法产生绩效。所以，组织建设要求理解现有的设计原则、各自的要求、各自的局限性，以及相"匹配"的设计规范。

CHAPTER 45 | 第 45 章

"以工作为中心"的设计和"以任务为中心"的设计：职能结构与团队结构

工作组织与任务组织的三种方式——职能结构及其优势与局限性——职能结构的缺点能够弥补吗——韦尔的"怪物"——通用电气公司的"职能目标"——有限范围——职能主义在哪里行得通——团队结构——一些例子：医院、塑料模具公司——教训——有效工作团队的要求：使命的持续性、明确的目标、领导力、团体责任——团队领导者的首要工作：明确——团队原则的优势与局限——一个团队能有多大——团队组织的范围——高管团队——创新团队——团队设计与职能结构——团队设计与大批量生产——团队设计与知识组织

所有工作，无论物质的还是精神的，皆可用如下三种方式加以组织。

一是根据流程阶段来组织工作。好比一个建筑，我们先建好地基，然后搭建框架与屋顶，最后内部装修。

二是工作必须随着每个步骤所需的技能与工具而移动。比如，在传统的加工定制金属产品的工厂中，第一排安设钻床与车床，第二排安设钢模压印机，第三排安设热处理装置，金属工件从熟练作业工人那里由一组工具转移向另一组。再举另一个例子，大学里的学生，也就是教育过程的"原材料"，他们从一间教室移向另一间教室，经过这位教授送到另一位教授那里，再从这门课程继续到另一门课程。每门课程的教授只传授他所专长的科目，学生最终成长为一名"受过教育的人"，或者至少成为一名拥有毕业证书的人。

三是我们可以建立一个工作团队，集中拥有不同技能、使用不同工具的工作者，把他们移动到不同的工作上，但工作本身是固定的。比如一个电影制片团队，导演、演员、电工技师、音响工程师等，必须"随场地移动拍摄"。每个人都做着各自高度专业化的工作，但他们是一个团队。

"职能组织"通常将工作组织描述成为"紧密相关的技能组合"。事实上，"职能组织"既有按阶段组织工作的意思，又有按技能组织工作的意思。一些传统职能，像制造与市场营销，它们都是由许多互不关联的技能组成；比如制造职能包括机械师的技能与生产规划师的技能，市场营销职能则包含销售员的技能与市场调研员的技能。然而，制造职能与市场营销职能都处于生产流程的不同阶段。其他职能，如会计与人事，可根据各自的技能加以组织。但在任何职能组织中，工作是根据阶段的不同或技能的不同而移动的。工作是移动的，但工作者的职位是固定的。

然而，在团队结构中，工作与任务可以说都是"固定的"。拥有不同技能以及使用不同工具的工作者们被整合到一个团队或一个任务小组中，完成被指派的工作或任务，可能是一项研究课题，也可能是从事一栋办公楼的建筑设计。

职能结构与团队结构都是非常古老的组织设计。美索布达米亚的灌溉城市与埃及金字塔的建造者都是遵循职能原则来组织工作的。有组织的、永久性的"狩猎团队"甚至可以追溯到更远的冰河时期末期。

然而，作为有意识的、精心设计的组织结构来说，职能结构与团队结构应算为新的；职能结构是由20世纪早期的亨利·约法尔定义并设计的；团队结构现在才被人们承认为组织设计原则。

工作与任务都必须被结构、被组织。任何组织都必须在工作与任务上应用其中一种设计原则，或者职能结构与团队结构两种设计原则都应用。在本章的末了部分我们将讨论到，许多组织通常应用两种设计原则，所有组织都需要理解这两种设计原则的内涵。

职能结构及其优势与局限性

职能设计的最大优势是明确。每个人都有一个"归属"，每个人都明白自己的任务。职能结构设计是个具有高度稳定性的组织。

然而，职能结构的明确与稳定性的代价是：从普通员工到高管层，每个人都很难了解组织的整体使命，以及与整体使命相关的各自任务。虽然组织稳定，但是结构僵化，适应性非常差。它不帮助人们明天做好准备，不训练和考验他们；整个组织倾向于把已有的事情做得稍好一些即可，不必主动接受新思想与做事的新方法。

职能原则的优势与局限性赋予其在经济规范方面具有独特之处。就其最佳状况而言，职能组织的运作具有高度的经济性。高管层中只有少数人需要花费许多时间在维持组织的运作上，诸如"组织""沟通""协调""调解"等。其余的人可以从事各自的工作。就其最糟糕的情形来说，职能组织的运作非常不经济。一旦组织达到中等规模或一定复杂程度，"摩擦"就会形成；组织很快就会深陷误会、争执、派系的泥潭，甚至建起"柏林墙"。组织很快就需要动用一些煞费苦心的、昂贵的、笨拙的辅助管理办法，诸如协调员、委员会、各种会议、纠纷调解员、特派专员等。通常状况下，这些办法浪费每个人的时间却解决不了多少问题。这种退化的倾向不仅在不同职能部门中大行其道，大型职能单位及其下属部门之间的内部工作也会很快陷入效率低下，因为要求越来越多的管理努力才能维持自身的内部运作。

换言之，应用得当的话，职能设计对人们的心理需求最小；在工作关系与人际关系上，员工享有高度的安全感。当将职能设计应用于超出其狭隘的适用范围或复杂程度时，就会造成情绪紧张、敌意与不安全感。然后，员工就会感觉自己及其所在部门被贬低、被围攻、被侵害。他们会认为自己的首要职责就是捍卫各自的职能部门，使其免受其他职能部门的掠夺，确保它"不受排挤"。人们经常会听到这样的抱怨："没有人知道公司是'靠我们这些工程师''靠我们这些销售人员''靠我们这些会计师'而维持下来的。"于是，与企业的繁荣兴盛大业相比，击败内部"邪恶敌人"是更加令人兴奋的胜利。正是因为职能设计很少要求职能部门的员工为组织的整体绩效与成功承担相应责任，所以，运作拙劣或被滥用的职能结构都容易导致员工的不安全感与心胸狭隘。

职能组织的基本优势是"以努力为中心"（effort-focused），但这也是它的基本缺点。每个职能的管理者都会认为自己的职能是最重要的。这会导致高度强调工匠精神与专业标准。然而，这还会使得职能单位的员工把其他职能部门的利益置于自己部门的利益之下，甚至会把整个企业的利益置于自己部门的利益之下。没有任何真正的补救办法可以规避职能组织的这种倾向。每位管理者都渴望做好工作获得赞赏，而其代价是欲求强化各自职能的重要性。

在小型职能组织中，沟通相当好。一旦职能组织发展到一定规模，沟通就会发生故障。即便是在单一职能单位内部，比如在市场营销部，如果单位发展壮大而且变得复杂，沟通就会开始变弱。员工逐渐成为专家，员工的主要兴趣都集中在各自狭窄的专业领域。

最为极端的例子是综合大学——最大且高度专业化的职能组织。然而，一个大型的制造部门或一家大银行的商业贷款部门也会像综合大学的教授们所描述的那样一针见血："一群除了共用停车场之外毫不相干的无政府主义者"。

作为决策制定结构，哪怕是很小的职能组织也做得很糟糕。通常状况下，决策必须由职能组织的最高层级制定。只有最高层的管理者才能纵观企业全局。结果，决策容易被组织误解，而且执行不力。人们通常把决策视为"谁是正确的"，而不考虑"什么是正确的"。由于职能组织的稳定性很高，但其适应性很低，因此对全新的和完全不同的事情的挑战，通常采取压制的做法，既不愿意公开探讨，也不敢勇于面对。

在培养、预备以及考验人才方面，职能组织的表现也很不尽如人意。职能组织必然重点强调员工获得的相关知识与能力。但职能组织中的专业人士在其愿景、技能以及忠诚方面可能趋向狭窄。职能组织还存在一种业已形成的偏见：不要对其他职能部门或专业技能的工作表现出"不恰当的好奇心"，也就是强调狭隘的本位主义思想。

此外，职能组织还趋向于使人不适合从事管理工作，因为主要强调的是职能技术，而不是成果与绩效。诚然，从职能的角度来说，组织单位的职能技术程度越高，对管理的重视程度就越低，因而就越难以培养管理人才。

法国的企业在结构上趋向于严格的职能化。所以，大型的法国公司的高管人员通常状况下不是从企业内部选拔，他们认为企业内部员工的资历并不适合担任高管层的职位（参见第 35 章），这种看法完全合乎逻辑。但错误不在于员工,而在于职能组织的应用范围已经超出了它所能适应的规模与复杂程度。

职能结构的缺点能够弥补吗

职能组织的这些局限性与弱点从一开始就很明显。因此人们想出许多办法尝试弥补这些局限性,尤其是针对其最突出的弱点:职能组织容易将职能人员的愿景从贡献与成果误导成为努力与碌碌无为。

在第 13 章中我们谈论过,第一个尝试来自贝尔电话系统的西奥多·韦尔。他所设计的"标加系统"(bogeys),即韦尔从整个企业的定义以及电话公司的企业目标出发,为职能工作发展出来的特殊目标与测评方法。虽然"标加系统"远远尚未完美,许多数据甚至容易引发困惑,但多年来,他们把职能管理者的努力引向绩效,而且促使职能管理者们能够立即"读取"他们为关键成果所做的贡献。

然而,任何类似于韦尔系统的设计能否适用于面对复杂环境的职能系统,这确实令人生疑。电话系统毕竟只有一种产品,直到最近,它只拥有一个市场,没有竞争。虽然电信技术经历过巨大而且连续不断的变革,但顾客所购买的东西完全没有改变。

换言之,韦尔为职能结构所设计的反馈控制,只适用于单一产品与已知市场的垄断企业,无论是私营企业还是国有企业。它们确实是许多非营利服务机构的模式,甚至是大多数非营利服务机构所体现的情形,比如医院。

然而,在典型企业中,这些情形并不存在。而且看起来并不大可能针对复杂企业的职能工作设计出反馈控制系统,至少目前还没有人有能力做到这一点。

迄今为止,最全面的尝试是由通用电气公司做的。最近数十年,该企业致力于为职能工作发展绩效目标。然而，该企业所成就的一切只是制定了"良好的制造工作标准"或"良好的会计工作标准"，即聚焦于职能本身的标准，而不是对企业的整体贡献。

有限范围

即便职能组织的应用得以施行，它的范围也只是局限在操作层面的工作。高管层是特殊的"工作"（参见第 50 章），但它不是"职能化的"工作；对高管层而言，职能组织是错误的组织模式。职能组织的应用容易造成高管层软弱无力。

1900 年之后的大型德国企业倾向于遵循职能原则建构高管层，如今许多德国公司依然如法炮制。它们确实有高层管理团队，即德国公司法中的董事会，但只有一个人关注高层管理工作，那就是董事长。高层管理团队中的其他成员都是各主要职能的主管，他们主要关心各自职能领域的工作。结果，董事长成了"独裁者"，董事会的职能退化，徒有虚名，或者高管层根本就不复存在，每个职能各行其是。

职能原则更不适用于创新工作（参见第 61 章）。在创新中，我们尝试做以前尚未做过的事，也就是尝试做我们尚不知道的事情。在创新中，我们确实需要多种学科的个人技能。但我们不知道何时何地需要它们，多长时间需要，何种程度需要，或者多少数量的需要。所以，不能在职能组织的基础上制定创新任务，创新任务与职能组织格格不入。

职能主义在哪里行得通

在那种以职能原则设计的企业中，职能主义畅通无阻。20 世纪初期，亨利·法约尔亲自经营的煤矿公司就是他的职能设计典范。这家企业在当时可算是相当大的企业，而如今只是一家小型企业而已。除了雇用的少数工程师外，其他都是从事同一工种的体力工作者。煤矿只有一种产品，只是顾客的规模有所不同。除了简单的洗煤与分拣以外，煤块无需其他处理。至少在那个时候，煤矿只有三个市场：钢铁厂、发电厂以及家庭用户。在法约尔的时代，虽然采煤技术的变革突飞猛进——当他开始工作时，炸药尚未开始使用；当他退休时，机械碎煤机已经应用上了——但采煤流程本身完全没有改变。从煤矿中所能得出的唯一东西就是煤。没有多大的创新空间。

法约尔的公司算得上是按照职能设计原则组织良好的企业。任何更加复杂、更加动态，或更具有创业精神的企业都要求多种绩效能力，而这正是职能原则所不具备的。如果应用超过法约尔模式的限度，那么职能结构的成本就会迅速提升，势必花费大量的时间与精力，风险也会加剧，企业的精力不是导向绩效的获得，而是误导向碌碌无为。对那些在规模、复杂程度、创新范围等方面都已经超出法约尔模式的企业来说，职能设计只能作为"一种原则"应用，而不应该视为"唯一原则"应用。甚至对那些适合法约尔模式的企业来说，高管层的结构与设计仍然要求不同的设计原则。

团队结构

一个团队，通常人数相当少，由不同背景、不同技能、不同知识的一些人组成；从组织的不同领域抽调出来，去完成特定的、具体的任务；一般情形下，一个团队有一个领导者或一名组长，在团队执行任务期间担任团队的领导工作。然而，其领导权是根据任务进展情形的工作逻辑与具体阶段随机应变的。团队领导权没有上下级之分，只有资历深浅之别。

所有企业以及所有机构都曾经使用团队结构来完成一些非常规性任务。

但直到最近,我们才公认冰河时期的游牧祖先早已知道的事:团队结构是一种永久的组织结构设计原则。团队的使命是完成特定任务:远征狩猎或产品发展,但团队本身也可能是长久的。团队的组成可以随着任务的不同而改变,即便个别成员可能分散于不同任务之间,或者同时属于不同团队,但其基础保持恒定。

一些例子:医院、塑料模具公司

关于团队的话题时下已经非常流行,而且确实正在经受赶时髦而受损的危险。关于"任务小组""项目团队""自由形式组织""小团体"等方面的书籍数不胜数。然而,关于"何为团队""团队如何运作""团队结构的基本要求"以及"团队不能做什么"等一系列问题,与其纸上谈兵,不如实例分析。

医院可能是最简单的例子。医院中的结构部门是为每个病人的需要而专设的"服务"机动团队,医生就是这个机动团队的"队长",护士则是这个团队的执行人员。

在医院中,每个人都直接关注病患的医疗护理,即团队中的每个成员都应该为整个团队的努力承担个人责任。在医院中,医生的命令就是法律。比如说,当理疗师按照医嘱给病人做康复锻炼时,如果病人有发烧迹象,理疗师可以停止这种锻炼,而且应该立即通知护士测量病人体温。他可以在自己的专业范围内毫不犹豫地撤销医嘱。医生可能会指示矫形患者配制拐杖,并教他如何使用。但理疗师或许会在观察病人之后提出建议:"你不需要拐杖,只需要一根普通手杖就可以了,或者不需要支撑工具而尽量自己走路即可。"

与医院相似的企业实例是一家欧洲中型规模的组织。该企业设计、制造塑料模具,并为数百家顾客提供服务,主要针对欧洲共同市场中的大型企业，诸如大型汽车制造厂等。在该企业中，制造模具的工作严格按照职能原则进行。这种工作要求高度技能，并要求独自完成。虽然组织系统图上明确区分职能，诸如模具设计、销售与顾客服务等，但实际工作并没有按职能进行。每个模具设计师都是以一个（或几个）团队成员的方式开展工作，共同为个别顾客或多个顾客负责。小组领导人则可能来自任何一个职能部门——销售部门、服务部门或模型设计部门。团队领导者可以来自任何职能，比如销售部、服务部或模具设计部等。

绩效责任取决于团队。每个团队的领导者可根据需要动用整个组织的各种资源。比如在某个阶段，他可以使用模具设计师，在另一阶段则会使用销售员，在特定阶段又会调动顾客服务人员等。即便是销售员，也不能安排长期与顾客接触，他们也会被分配到生产线上参与工作。然而，承担主要责任的团队领导者倾向于多次与职能领域中的同一拨人（三四位）一起工作；而这拨人中的每个人都与三四个团队的关系"密切"；团队领导者也经常会找从未谋面的专家加入团队，以便处理一些罕见的新问题。

一位担任过客户服务团队领导者的模具设计师说："我的职责是为我的团队决定所需的服务工程。我的任务便是引进合适的服务工程师——一位我认识、信任并可以推荐给我的顾客的人。然后，至于需要做什么，那就是服务工程师的工作了。如果他决定我们必须为顾客重新设计模具，那么我们就必须重新设计模具，直到顾客满意模具工程师所提出的设计规格——那个时候他就是我的'上司'。"

同一位模具设计师，除了带领"客户服务团队"服务最大与最有利润的顾客之外，他还是其他两三个团队的成员，这一点所有其他人也都清楚。他解释说："那些团队要求我一年去六次，在他们遇到模具设计问题时，这些问题对他们而言是相当罕见的，而对我所带领的团队来说犹如家常便饭。因此我就加入他们的团队，成为普通成员，做他们所需的任何设计工作。"

教　　训

以上这两个例子说明，工作团队的特征不是"自由形式"或团队纪律缺失。塑料模具公司的团队的确具有高度的灵活性，而且团队内部也没有严格的指挥链。团队领导权因任务变化而调整。然而，很少有社会组织像医院那样严格。医院的结构犹如一根"指挥棒"，而不是一个"指挥链"。然而，塑料模具公司与医院都组成并运用了真正的"团队"。

基于团队的设计要求有一个持续的使命作为指引，在其范围内具体任务则经常变化。如果没有一个持续不变的使命，就没有一个将"团队"作为永久性组织设计的小组了，只会是一个临时组建的工作组而已。如果具体任务没有改变，或者任务间的相对重要性或次序没有变化，那就根本不需要团队组织，组建团队组织也就无从谈起。

一个团队需要清晰又极其明确的目标，它必须时常从目标中得到反馈信息，以便促使整个团队及其每个成员对照各自的工作与绩效。

一个团队需要领导力（leadership）。它可能是一位长期的领导者，比如在医院中，医生与护士组成的病人治疗团队，或是高管层中公认的领袖。或者，领导力也可随不同阶段而改变。正如塑料模具制造公司所表明的那样：在特定阶段，必须明确指定团队领导者，以便完成特定阶段的任务。领导者的责任不是决策制定与发号施令，而是负责决定哪个团队成员应该参与特定阶段工作或应对特定挑战，并可拥有决策权与指挥权（这一点可详见第37章中关于日本的决策方法的相关讨论）。所以，如果"民主"只意味着投票制定决策，那么团队就不"民主"，因为它强调权威，而这种权威是"以任务为驱动"并"以任务为中心"的权威。

作为一个整体，团队必须始终为任务负责。每个人贡献独特的技能与知识，但每个人必须始终对整个团队的产出与绩效负责，而不是只对各自的工作负责。团队是个完整的单位。

团队成员无须完全相互了解对方才能执行团队任务，但他们必须彼此清楚各自的职能与潜在的贡献。"默契""同理心"以及"人际关系"在团队工作中并不需要，对各自工作的相互了解以及对共同任务的共识才是最主要的。

使用团队制作广告或拍摄教育影片，就是一例。

与制作电视节目或大型娱乐片的团队不同，制作广告与拍摄教育影片的团队通常由雇用来生产影片的"自由职业者"组成，一般情形下只需工作几个小时或几周时间。每个导演在各个领域都认识十几个技术人员，比如电工技师、音响工程师、摄影师、灯光人员等，导演与这些人以往共事过，并且信任他们。导演还知道这些领域中的另外几个人，也听说过他们的好口碑。每个技术人员也知道导演的要求与标准。在拍片任务中，用人必须取决于当时可以雇到什么人，而接到通知时往往时间很紧。结果，拍片团队成员经常是在拍片前几分钟才第一次谋面。他们甚至从来不打听对方的姓名，只是在整个拍片过程中，他们相互呼叫"音响"或"灯光"之类的。但他们马上就能组成团队。当导演一声令下，"开拍"，而音响技师可能叫导演暂停，并说："我听到有噪音"。于是，各项工作都得停下来，直到发现并消除了噪音源。摄影师也可能说，"墙上有反光。"于是，各项工作都得停下来，直到灯光调整完毕。当拍摄任务完成时，团队成员各奔东西，可能数年不得再见。但当他们一起拍片时，他们紧密合作，俨然一个完整的团队。

所以，团队领导者的首要职责是建立"明确性"：目标要明确，每个人的角色要明确，也包括领导者自己的角色明确。

团队原则的优势与局限

团队原则有明显的优势。每个人都了解工作的整体性，而且自愿为之承担责任。团队优势还表现在它非常善于接受新理念以及做事情的新方式，并且具有很大的适应性。

然而，团队原则也有很多缺点。除非团队领导者创建，否则团队无法具有明确性。团队的稳定性不好。团队很不经济；团队要求持续地关注管理工作，持续关注任务团队内部的人际关系，持续关注给他们分配工作，持续去解释、商议、沟通，等等。所有团队成员都要把相当大的一大部分精力用在维持各项事务运转上。虽然团队中的每个人都明白团队的共同使命，但他们不一定总是能够理解各自的独特任务。他们或许对别人正在做的事情感兴趣，但对自己的工作未必足够上心。

团队具有适应性。团队非常善于接受新思想、做事的新方法以及试验法则。团队是克服职能隔离与狭隘主义的最佳方法。在职业生涯中，任何专业人士都应该为多个团队服务。

但在培养员工担任更高级别管理职务，或者检验员工的工作绩效方面，团队结构比功能组织只是略胜一筹。团队既没有清晰的沟通，也没有明确的决策。整个团队必须不断地向自己以及组织中其他管理者做出解释：团队试图做什么，正在做什么，以及已经完成什么。团队必须确保不断地将要做的各项决策公之于众，否则团队就有做出不该做的决策的风险，比如代表整个公司做出无法挽回的承诺。

例如，在塑料模具公司中，"销售团队"在未告知任何人的情形下制定价格决策。即便这些定价决策只是为某一顾客制定，也立即会影响到整个企业。

团队的失败（其实失败率是相当高的）主要是因为它们缺乏自律与责任感。由于组织所提供的高度自由，团队更需要自律与责任加以制约。没有任何团队既能做到"放任自由"，又能充分发挥职能。这就是那些受过高等教育的年轻人嚷嚷着要组织团队，实际上却经常抵制团队的原因。团队要求具有高度的自律性。

然而，团队结构的最大局限性是规模。当团队成员不多时，团队工作运作最佳。原始土族的狩猎团队一般是7~15位成员。运动团队诸如足球队、篮球队以及板球队也是如此。如果一个团队太大，就会显得笨拙，优势就会衰弱，比如团队成员的灵活性与责任感就会削弱。团队的局限性，比如明确性缺失、沟通出现问题、过分关注内部关系与内部机制等，就会演变成为致命弱点。

团队组织的范围

团队规模的局限决定了组织的团队原则的适用范围。

对高管层的管理工作而言，团队是最好的组织设计原则。的确，它可能是唯一适用于高管层的设计原则（将在第51章中讨论）。同样，团队也是创新工作优先考虑的设计原则（参见第61章）。

但对大多数经营工作来说，无论是团队自身，还是单独应用，团队并不适合作为组织设计原则。团队只能作为组织设计原则的补充，但的确是一种极其重要的补充。团队可以促使职能原则充分有效，并促使各个职能做到设计者所希望做成的事。

大批量生产作业可能正是这种情况（参见第21章）。大批量生产，特别是"硬性"大批量生产是职能组织的极端应用。每个人都是一个具有独特职能的"单位"，工作从人的职能单位逐一向下移动。在大批量生产系统中，鼓励人们组成团队，正如IBM公司多年来所做的那样，以及像某汽车制造厂目前依旧正在做的那样，按照职能原则将工作组织得具有生产力，而让员工从团队中获得工作的成就感，两方面都要做出成果。

团队设计与知识组织

以团队设计作为补充职能组织，可能做出最大贡献的领域是在知识工作领域。知识型组织（参见第 35 章）可以平衡如下二者的关系：作为员工"归属"的"职能"与作为员工"工作场所"的"团队"。

"知识工作"顾名思义就是指"专业化的工作"。因此，从中层管理到知识型组织的转变为管理团队引进的不是行政服务人员，而是具有专业技能的操作人员。典型职能制的传统模式正在被大量新型的职能制所取代；当然，许多职能是能够而且应该组合在一起的。但税务专家经常与其他"财务人员"放在一起，比如会计部门或财务部门，但他的工作的确是不同的，而且应该独立出来。这也同样适用于生产经理与市场经理，他们与传统市场营销职能、传统研究开发职能、传统的制造职能具有类似的关系，也被放在了传统职能部门里。

这就要求更好的职能管理。必须决定所需的专业，否则组织将会深陷无用、无效的知识泥潭。有必要认真思考有哪些关键活动需要高度专业化的知识，并且确保关键领域中的知识工作有深入而高质量的保障。这还要求其他领域的知识工作要么根本不要做，要么保持低调。

专业也需要管理，以便确认该专业建立的初衷是为企业做贡献。今天，有必要预测未来所需的新专业，并且在现有专业的基础上，预期未来的新需求。换言之，有必要从职能的角度关注我所称为"管理能力提升"（详见第 33 章）的内容。

对专业人士来说，他们本身也需要关注与管理。比如他们是在从事真正重要的工作，还是在浪费时间？他们是在重复已经熟悉的工作，还是在创造新的潜能与绩效能力？他们的生产力是否被充分使用，还是依旧碌碌无为？同时要关注他们作为专业人士和作为人的成长。

这些重要的问题不能通过检查一个人工作多少小时来回答。这些问题需要职能领域与真正的职能管理的专业知识才能答复。毫无疑问，大量的知识工作必须在严格的职能基础上加以合理组织。许多知识工作也会由个人完成，而事实上，正是这些人"构成"了组织。

税务专家就是一个例子。税务专家有自己的"归属"，通常情况下，他被归为财务或会计的行列。但事实上，除了公司，他没有老板；除了公司，他没有顾客。他不太关注会计部门的其他员工在做什么。他实际上是领着雇员薪资的外部顾问。但这些孤立的个人，诸如税务专家与公司法律顾问、医疗主任与政府关系顾问，很少制造组织问题或结构问题。

然而，日益增加的知识工作者将会拥有"职能归属"，他们在团队中从事各自的工作，并与来自不同职能与学科的其他知识工作者们一起工作。知识工作者的知识越先进，就越有可能在多职能团队中发挥作用并做出贡献，而不是在自己的职能部门内。因为知识越先进，专业化程度必须越高。专业化的知识即便不是纯粹的"数据"，也应该是"碎片化"的知识。专业化的知识只有与其他人的知识结合在一起才具有生产力。专业化的知识只有投入到其他人的决策、工作、理解中去才能生效。专业化的知识只有在团队中才能有"成果"。

因此越来越多的知识型组织将会有两个"轴"：一是"职能之轴"，管理人及其知识；二是"团队之轴"，管理工作与任务。从某一角度来说，这会侵蚀并破坏职能原则；而从另一角度来看，这也会拯救职能原则并促进职能原则更加具有成效。知识组织确实需要强而有力的、专业的、有成效的、职能的管理者与职能部门构件。

很显然，团队并不是许多"小型群体"与"自由形式组织"所鼓吹的灵丹妙药。团队是一种艰难的组织结构，要求高度自律。团队也有严重的局限与致命的弱点。

然而，团队也不像许多管理者们仍旧坚信的那样，为了处理一些孤立的"特殊事件"而采取的权宜之计。团队是一种与众不同的组织设计原则。对一些长期性组织任务而言，比如最高管理层的管理工作与企业创新工作，团队无疑是最佳组织设计原则。对职能结构来说，团队的确是重要的，或许是具有互补性的组织构件——在大批量生产作业中，无论是在体力工作还是在文职工作中都是如此，在知识工作中尤显重要。在知识型组织中令职能部门的技能得以充分有效发挥，比起其他方法，团队最为关键。

第46章 | CHAPTER 46
"以成果为中心"的设计：
联邦分权与模拟分权

分权组织与职能组织——联邦分权的优势——联邦分权与管理者培养——联邦分权应用于非商业组织——联邦分权的要求——强有力的高管层履行高管职责——"预留的"领域——集中控制和共同评估的必要性——自主业务的需求——规模要求——规模大小的问题——行政服务人员的角色——什么是"业务"——创新型单位——模拟分权——"材料"公司——IBM公司——商业银行——模拟分权的问题——范围限定——模拟分权是最后手段——模拟分权的未来

在"联邦分权"（federal decentralization）⊖中，公司由一些自主业务单

⊖ 常用的词是"分权制"（decentralization），日语中常用"分部管理制度"（divisionalization）。但这种说法不仅令人混淆，而且会误导他人，因为还有其他形式的"分权制"。这种组织设计原则的最佳名称应该是"联邦原则"（federal principle）。

位组织。每个单位对各自的绩效、成果以及对整个公司的贡献负责。每个单位拥有各自的管理层,这些管理层事实上是在经营各自的"自主业务"。

在第41章中,我们已经论及,联邦分权最初是由皮埃尔·杜邦在1920年重组其家族拥有的杜邦公司时制定的,当时只是粗略的纲要。杜邦公司原本是一家旧式职能结构的企业,在第一次世界大战期间已经发展起来了。稍后不久,当皮埃尔·杜邦接任通用汽车公司总裁职务时,该公司正处于进退维谷之境。杜邦发现时任通用汽车公司常务副总裁的斯隆已经拥有一套相似的但更为完善的"联邦分权"。斯隆提出的"总部政策控制下的分权经营"在1921~1922年期间生效,并成为联邦分权的原型⊖。后来有许多企业仿效并加以改进。通用电气公司于1950~1952年进行重组时提出的联邦分权,在"管理热潮"时期成为全世界流行的标准模式。

联邦分权的基本前提是:自主业务单位中的各项活动都是基于职能原则组织起来的——当然也不排除团队原则的使用。分权结构中的自治企业被设计得足够小,以促进职能结构扬长避短。

然而,分权制的起点有所不同。职能组织与团队组织是以工作和任务为出发点的;它们认为,成果是所有努力的总和;职能组织与团队组织的基本前提是:"只要各种努力能够被组织得恰到好处,正确的成果必定水到渠成。"相比之下,分权制截然不同,它从问题开始:"我们想要获得的成果是什么?"分权制试图先建立正确的业务,即首先建立有能力获得最佳成果的单位,尤其是能够获得市场成果的单位。然后提出问题:"在自主业务中,必须组织哪些工作、做什么努力以及组建哪些关键活动?"

当然,最好在一家公司的全部或大多数自主业务单位中,建立同样的或至少是类似的职能结构。比如西尔斯公司的所有商店,无论规模大小或位置

⊖ 关于斯隆的"联邦分权"原型可详见我的《公司的概念》(*Concept of the Corporation*)。

如何,都配有一名店长、一位业务经理,以及主要商品类别(如日用品)的部门经理。通用汽车公司的所有制造部门都配有同样的七个关键职能:工程、制造、机械、采购、市场营销、会计、人事管理,七个职能的主管直接向该部门总经理汇报。

必须注意的是,应该避免这种理想的"团结一致"(unity)发展成令人窒息的"整齐划一"(uniformity)。

通用电气公司在1950~1952年的机构重组为我们提供了一个可以说明"不该做什么事"的例子。通用电气公司明确了"典型的制造企业"所具备的五种关键职能:工程、制造、市场营销、会计,以及人力资源。当然,每个人都能够看出,这种规定并不合适于像通用电气信贷公司这样的非制造企业。然而,有两件容易造成重大损害的事情人们却没有看出。第一,一些制造企业需要额外的、不同的关键职能,或者至少需要相同职能工作的不同安排。电脑业务便是其中一例。在电脑业务中,产品开发与顾客服务都非常重要,因此它们不能从属于工程和市场营销。通用电气公司在电脑业务中的失败有诸多原因,但主要原因可能是它采用了典型的制造企业职能结构。第二,一些业务貌似制造业务,实则属于创新业务。这些单位是真正的事业与成果中心,只是它们本身不生产"产品",但它们能开发产品。它们本身没有"市场",却拥有研发合同,这些合同大部分来自美国政府。它们本身不"制造",最多也只是拥有一个模型制造工厂,用以建造一些原型产品。然而,它们被强制要求实现一家典型制造企业的职能。在这些创新发展事业中,有些只能通过暗中抵制正式结构才能继续存活下来,其他则受到严重破坏,其中有些难以挽回。原因是它们必须承担许多不需要的大量职能,最致命的是,它们的愿景与努力方向因此被误导了。

这是对联邦分权的真正优势的误用:以成果为中心。在使用联邦分权时,首要问题应该是:"这种'自主单位'的业务是什么?它将会是什么?

它应该是什么?"然后,关键活动才能显现出来,并遵照职能原则或团队原则加以有效组织。

联邦分权的优势

目前,在所有组织设计原则中,联邦分权不仅最接近于满足所有的设计规范,而且应用范围最广。经营工作与创新工作都可以按照分权化的自主业务单位加以组织。显而易见,最高管理层不能被设立为一个自主业务单位,自主业务单位的联邦分权如果实施得当,会促使最高管理层变得更强大而且有效。联邦分权将最高管理层从日常经营中解放出来,专注于高管层应该完成的任务。

联邦分权具有很强的"明确性"与相当好的"经济性"。联邦分权有益于让自主业务单位的每位员工轻松地理解各自的任务与企业的整体使命。联邦分权还具有很高的稳定性与适应性。

联邦分权能够促使管理者把自己的愿景与努力直接聚焦于企业的绩效与成果。联邦分权大大减少了自欺欺人行为所带来的危险;大大减少了只关注已经习以为常的老旧业务,却对具有困难的新兴业务漠不关心的危险;大大减少了默许毫无利润的生产线拖垮有利润的生产线的危险。在联邦分权中,真相不容易被日常开销所掩盖,也不容易被隐藏在销售总额的数字中。

在沟通与决策方面,联邦组织是我们拥有的唯一令人满意的设计原则。因为在整个管理团队,或者至少在高管层中,从上至下鼓励,而非反感,各种不同人员之间的交流。决策也轻而易举地交付给了最合适的层级,决策的焦点汇聚在正确的问题上,错误的问题则被摒弃;决策的焦点集中于重要的事务而非琐碎之事。

重视管理者能力培养是联邦分权的最大优势。在现有已知的组织原则中，只有联邦分权在组织发展早期阶段就为高管层担负起预备并考验人才的责任。这个优势让联邦分权比其他任何组织原则更受人欢迎。

在联邦分权的组织结构中，每个管理者都与企业的绩效与成果保持足够紧密的关系，因而他们更加聚焦于绩效与成果。管理者与成果的关系密切，因而他们可以及时从企业的绩效上获取各自的任务与工作的反馈，即便是他们从事纯粹的职能工作也是如此。所以，联邦原则能够帮助人们把庞大而复杂的组织划分成为许多小而简单的业务单位，以便管理者能够清楚自己正在做什么，并且能够指引他们为企业的整体绩效而努力，而不受制于各自的工作、努力与技能。

因为当"依靠目标与自我控制进行管理"生效时，一个管理者领导下的员工与单位的数目就不再受到"控制的跨度"（span of control）的限制，而只受到更加宽广的"管理责任跨度"（span of managerial responsibility）的限制。

西尔斯公司的副总裁可能拥有300家商店，每家商店都是自主经营单位，负责市场营销与利润。每家商店的经理可能领导30位部门经理，这些经理经营各自的自主单位，也负责市场营销与利润目标。结果，在西尔斯中，在最低管理职务与总裁之间只有两个层级：店长与区域副总裁。

最重要的是，分权制企业中的总经理，哪怕只负责一个很小的业务单位，都是真正的高层管理者。通常情况下，除了他不需要承担的金融资源及其供应方面的责任外，他面对绝大多数独立公司最高管理层所要面对的挑战。他必须做决策，必须建立团队，必须考虑市场与生产流程、员工与资金，以及目前状况与未来发展等。因而他在一个"自主"但不"独立"的单位中接受考验。然而，这是他在其职业生涯早期，在较低层级上接受的考验。所以，即便犯错，也不至于对公司造成太大损失；同等重要的是，不至于对他本人造成太大伤害。无论是在企业中，还是在其他任何机构中，就培养与考验未来员工晋升到领导岗位需要而言，没有其他已知的组织原则能比联邦分权原则更加令人满意的了。

探索一个能够培养与考验未来领导者的体制是政治理论与政治实践的最古老的问题。至今尚无任何政治体制能够充分地解决这个问题。当然，联邦分权的原则也不能完全解决这个问题。分权制企业的自治管理者仍然无法面对高管层的全部责任，更不用说面对那种完全的孤寂。然而，联邦原则比其他任何现有的组织设计更接近解决这个问题的方案。

联邦分权原则是为了商业目的而发展起来的。但联邦分权原则同样适用于非商业组织，也就是服务机构。

未来的医院或许可以重组成为自治型联邦单位。比如说，这种联邦单位可能负责照顾为数不多的病人，大约是普通医院某特定时期病人数量的四分之一至三分之一，这些病人需要重症监护与住院治疗。另一单位可能负责照顾大量无需重症监护和动手术的门诊病人或短期住院病人。还有单位可能收治大量的外科手术患者，这些病人或者无须住院治疗，或者只需在酒店般的"简易病房"中停留一两天而无须住进昂贵的"医护病房"。另有自主单位可以用于心理治疗，大部分是流动的患者。还有单位可用于康复治疗。还有一种类似于"简易病房"的单位，主要用于分娩后健康的产妇与婴儿留院观察。当然，以上这些单位可以共享服务资源，比如化验室、营养师、厨房、社会福利工作者、维修人员、精神病学专家、理疗师等。无论如何，如今这些服务仍被当作医院的服务核心来进行组织。

联邦原则同样适用于自主型联邦企业内部次级单位的组织工作。

1920年，皮埃尔·杜邦建立的自治部门都已经成长起来，并且每个部门都分发出许多自治小单位，在杜邦公司中，这些小单位被称为"事业部"，每个事业部都有各自的总经理，承担该事业部的盈亏责任，并对影响到整体业务的各项职能负责（除了会计，因为就算会计不是公司级的部门，也至少是部门级的职能）。在这些自主单位中，甚至在更小的一些自主单位中，它们都拥有各自的产品线、各自的市场，以及各自的业务责任。

联邦分权的要求

联邦分权具有严格的要求，在责任与自律方面也有非常实质性的要求。

分权制绝不是削弱中心。相反，联邦分权的主要目的之一正在于加强高管层的管理工作，促使高管层有能力做好各自的工作，而不是被迫地从事监督、协调和突如其来的经营性工作。只有对高管层的工作进行清晰界定与深思熟虑，联邦分权才能生效。

任何联邦分权系统都存在的问题是："高管层的任务是什么？高管层怎样才能有时间、有精力、有远见地去完成它？"如果应用得恰到好处，联邦分权可以促进高管层有能力精确地履行自己的职责，因为它不必为日常经营操心，而是集中精力关注组织未来的发展方向、战略、目标以及关键决策。

尽管"分权"（decentralization）这个名词容易产生误导，但它目前已经约定俗成，很难更改了。

联邦分权有效与否是对最高管理层力量的考验。在分权制企业中，高管层首先必须对"我们的事业是什么，我们的事业应该是什么"等问题进行深入思考。高管层必须负责整个企业的目标制定，并制定出实现这些目标相应的策略。换言之，高管层必须负责任地做好本职工作。如果管理得当，联邦结构就是所有组织结构中最有效的职能结构；如果高管层不能负责任地做好本职工作，那就会乱成一片。

高管层必须仔细地思考它自己所应该保留的决策权，因为有些决策必须涉及整个企业，关系到企业的健全与未来发展。并不是所有决策都必须讲究"面面俱到"。相反，大多数的决策制定应该以对特定自主单位有益为基础。

然而，这些关乎整体决策，只能由那些能够纵览全局并能为全局负责的人来制定。

比如在通用电气公司中，只有公司高管层才能决定放弃某项业务或开启新的业务。在通用汽车公司中，公司总部的高管负责设定价格范围，每个业务部门的汽车产品都必须遵守此价格范围，以便控制公司主要部门间的竞争。在西尔斯公司中，芝加哥总部决定产品的种类，诸如五金商品、家用器具、流行商品等，各分店必须照单分销。

换言之，位于企业中心的管理层必须保留关乎企业整体及未来长远发展的"最高决策权"，从而企业共同利益的核心管理层可以否决地方出于野心和骄傲做出的决策。

如果企业要保持其整体性，避免支离破碎，那么高管层必须特别在如下三个领域保留其"最高决策权"。

第一，最高管理层必须做出的，而且只能由最高管理层制定的决策有：企业应该进入哪些技术、市场与产品的领域；企业应该抛弃什么样的旧业务，开启什么样的新业务；企业必须拥有什么样的基本价值观、信仰与原则。

第二，高管层必须保留分配关键资本类资源的控制权。资本供应与资本投资是高管层必须承担的责任，不能把这项责任转交给联邦组织的自主单位。

第三，另一个关键资源是人。在按照联邦原则组建的企业中，人，尤其是管理者与关键专业人士，是整个企业的资源，而不是任何自主单位的资源。在分权原则的自主单位中，公司在人员及其重要人事任命的政策上，必须由高管层来做决策；当然，自主单位的管理者也需要积极参与其中。分权制企业的高管层需要一个强而有力的、受人尊重的资深管理者，他代表着整个企业的良知。

在分权结构的组织中，最高管理层必须是独立的，不能经营任何自主业务单位，无论其规模大小、重要性如何，都是如此。即便是在一个按照联邦设计原则组建的小型企业中，也至少需要一个人（最好更多，详见第50章与第51章）独立为整个企业的高管层的任务负责。

在传统的英国制度中，董事会的"常务董事"，也就是全职的高管成员，通常同时担任主要部门及下属公司的主管；结果可想而知，在这种制度中，既没有高管层，又没有分权原则。基本决策要么根本没有制定，要么就是有关部门主管"交换意见"的结果；这些主管只在乎各自部门，而非整个企业。⊖这可能就是经常报道的英国公司产生下述倾向的一种主要原因：它们按照一个部门过去的历史和规模来分配资金和其他资源，而不是按照未来的机会和需要进行分配。

联邦分权要求集中控制与共同衡量标准。事实上，无论联邦组织在哪个层面陷入困境（比如联邦结构的高层堆积了太多层级的总部行政管理人员），归根到底，其原因一定是总部的衡量标准不对，从而导致人事监督混乱。自主单位的管理者与高管层都必须知道每个单位所期望的是什么，"绩效"意味着什么，哪些领域的发展才是重要的发展。上司必须有信心，才能下放自主权给下属；这种信心来自这些无可争议的控制，而不是取决于不同观点。管理者必须知道目标是否正在实现，他才能依靠目标进行管理，这就要求清晰而可靠的衡量标准。

斯隆所谓的"集中控制"的必要性，可以用荷兰飞利浦公司的经验加以说明，它是世界上最大以及发展最快的跨国企业之一。1959~1972年，飞利浦公司全球销售量差不多增加了5倍：从13亿美元增加到60亿美元。然

⊖ 关于这一点，详见戴维·格兰尼克《四个发达国家的管理模式对比：法国、英国、美国与俄国》(*Managerial Comparisons of Four Developed Countries: France, Britain, United States and Russia,* MIT Press, 1972) 中提供的案例研究。

而，企业利润却消失了。飞利浦公司拥有一个强而有力的高管团队。飞利浦公司在许多重要领域的技术与产品方面处于领先地位，诸如家用设备、电子产品，甚至电灯泡等。飞利浦公司代表着极端的分权制，它在全球60个国家中拥有数百家子公司，每家子公司传统上都有各自的自治管理层。但实际上，它没有"集中控制"制度，比如缺乏中央规划与共同衡量标准；结果是支离破碎，而非实质分权，比如存货过量而没有控制，资本投资缺乏规划，以及员工冗赘等。飞利浦公司的销售规模只有通用电气公司的三分之二，但其资本投资与员工人数却和通用电气公司相等，而利润不及通用电气公司的五分之一。在经过多年的艰苦努力，建立集中控制制度，采用共同衡量标准，以及协调规划之后，飞利浦公司才在技术与市场营销方面取得成就，收获回报。直到那时，飞利浦公司的"自主单位的管理者们"才真正获得自主权，他们才可能为各自单位制订规划、设定目标并组织各自的工作。

这个实例从另一角度说明了联邦原则要求经营单位，即自主业务单位，必须承担重大责任。它们拥有最大程度的自主权，它们也必须承担最大限度的责任。

最重要的是，联邦分权组织的工作正是促使高管层有能力履行其职责。高管层必须知道自己麾下的自主单位在市场、产品、潜力、机会、问题等方面的哪些情况是每个自主单位的主管的责任。他必须问自己："什么是导致我自主单位绩效成败的根本因素？为了明确企业的发展方向，以及发现真正的机遇与问题，高管层必须知道什么？"在联邦分权结构中，自主单位的管理者不能满足于"提交报告"，而是必须认真细致地考虑高管层需要了解什么。他们必须承担教育高管层的责任。

联邦分权结构要求共同的愿景。虽然企业中的联邦单位享有"自主权"，但它不是"独立的"，也不应该是"独立的"。联邦单位的自主权只是实现整个企业的更好绩效的一种手段。联邦单位的管理者越是拥有宽广的地方自主权,他们就越是应该把自己视为更大共同体中的一员,即整个企业的一员。

规模要求

联邦分权原本是为解决规模问题而设计的:当企业发展超过中等规模时,职能结构就会退化。但联邦分权在规模上也有要求。当联邦单位发展壮大并导致其中各部门,也就是职能子单位(比如制造)超过了职能运作的规模时,整个自主单位就会变得笨重、迟钝甚至大得难以正常运行。联邦分权组织的"头脑",即自主单位的高管层,或许还在运作,但其"肢体",即各职能单位,会变得僵化而官僚,而且越来越自顾不暇,根本谈不上为企业的共同目标服务了。

杜邦公司一直致力于消解这个问题,一方面把发展庞大的自主单位一分为二;另一方面,正如前文已经提及的,在大型自治分权单位中设立小型自治分权单位。另一种是强生公司(J&J)的做法。强生公司是一家规模庞大的跨国卫生保健用品制造公司,产品从药棉直到避孕丸,样样具备。多年来,该公司一直努力把子单位的规模限制在250名员工之内,每个单位以分公司模式自行运作,拥有自己完整的管理层与董事会,每个单位直接向小型的位于中心的母公司的高管团队"汇报"。当全球销售额超过10亿美元、员工总数超过4万人时,强生公司不得不接受子单位的规模超出250名员工的事实;然而,它仍然坚持限制每个单位的规模,宁可分解子单位,也不容许它更加扩大。结果,在强生公司的每个分公司中,职能单位都保持相当小的规模。

然而,当自主单位发展到相当大的规模时,并不总是容易进行分解或细分,或者至少并不总是这样做。结果就出现了"职能王国"。

比如通用汽车公司的雪佛兰分部已经发展到很大的规模，如果按照独立公司的规模来看，雪佛兰分部可以在全球汽车制造公司中名列第三或第四位。它是分权自治的产品单位。然而，雪佛兰内部结构是按照职能加以组织的并具有高度的集中。为了消除雪佛兰分部中大型职能单位所产生的隔离状态，通用汽车公司经常把雪佛兰分部与其他较小分部职能单位之间的管理者进行互相调动。然而，在20世纪70年代初期，通用汽车公司把汽车的最后组装工作从雪佛兰分部中分离出来，转交给按"模拟分权原则"（见本章下文）组建的独立组装分部。通用汽车公司给出的理由是：需要把大型组装工作从"以努力为中心"恢复成为"以成果为中心"。通用汽车公司中的许多管理者，尤其是年轻管理者们，他们显然相信雪佛兰分部早就应该分工细化；比如有人负责大型卡车业务，有人负责"小型汽车"或"超小型汽车"业务，原有的雪佛兰分部应该负责"标准"轿车业务（参见第55章）。

在20世纪50年代，通用电气公司重组的设计者拉尔夫·科迪纳曾说：分权结构中的自主单位应该小到可以让"优秀之人，皆可上手"的程度。虽然这不是一个精确的定量术语，但它暗示着自主单位不应该超出"适当规模"，以确保企业能享受联邦分权带来的全部利益。这意味着（详见第54章），高管团队的几个人，或许是四五个，他们不用参考图表、记录或组织手册，也能点出单位中的关键人物，知道他们在哪里，知道他们的工作状况，知道他们如何实现绩效，知道他们从哪来及可能到哪去，等等。如果自主单位发展到了非常大的规模，联邦分权依然是可选择的最佳组织设计原则。然而，这只是体现出"较少的恶"，而非"最佳状态"。

规模大小的问题

然而，分权自主单位也需要具备一定的规模以支持管理所需。

规模多小才算"太小",这取决于业务。西尔斯公司或玛莎百货公司的商店虽然规模很小,但足以支持正常的管理。小商店只需一名经理与几位能够实际管理店面的部门主管即可。

在美国,大批量生产金属制造业是名副其实的自治生产单位,除非它们的年销售额达到2000万或3000万美元,否则它们很难支持正常的管理需求,以及工程、制造、市场营销等工作。当销售额明显下降时,这些单位就会深陷员工不足或员工配备不当的危险。

当这类规模小的单位按照自主单位加以组织时,它们的内部结构应该是团队设计而不是职能结构。在西尔斯公司中,除了最大商店之外,其他商店皆采用团队设计方式。

起决定性作用的标准不是规模大小,而是管理职务的范围与挑战。联邦单位总是应该拥有足够的范围,以便优秀人才发挥他的才能。联邦单位也应该有足够的挑战,以促进管理团队实现真正的管理——深入思考目标与规划,把人力资源组建成为有效团队,整合工作,有效衡量绩效等。联邦单位应该有足够的挑战,以促进管理团队在单位的所有重要阶段开展工作。联邦单位还应该有足够的挑战,以促使它真正地开发市场、生产产品或服务;尤其重要的是,真正做到培养人才。自治业务单位规模大小的真正标准不是"经济规模",而是"管理的范围和挑战,以及管理绩效"。

分权组织的自主单位不应该依赖总部行政服务人员,即不应该依赖企业总部提供的咨询与教导活动。

分权组织需要有效的"良知"工作。它需要为高管层提供有组织的思考与规划,在大型的、多元化的业务中尤为如此,也就是将在第51章中讨论的"秘书处"与"业务研究组"的话题。它需要强大的核心信息与统一控制以及衡量标准。它需要一些"共同操作的工作",比如资金的供应与管理、研究、法律顾问、公共关系、工会、政府,也许还有采购等。它也许还需要组织公司范围内的"社会研究与发展"（这在第 25 章中讨论过），以及在市场营销与人事管理等关键活动方面的创新。

然而，分权组织既不应该也不需要使用总部行政服务人员去"左右"分权单位的经营管理。这些分权单位应该足够强大，能够独立经营。如果它们不能自立，那么组织行政服务人员非但不能治愈它们的弱点，反倒加剧这种弱点。这些行政服务人员必然是把注意力集中于组织的职能领域，而不是企业的绩效与成果。因为身处总部，他们不可避免地拥有通向高管层的内部渠道。在分权制组织中，当这些行政服务人员很强大时，取悦他们甚至成为比企业绩效更加重要的事情。

联邦分权的先驱们深谙此理，因而都把组织的行政服务机构维持在小而精的程度上。但在 20 世纪 50 年代或 60 年代，许多采用联邦分权的业务单位组建了庞大的总部行政服务机构。

这些企业也可能是出于无奈。许多案例表明，在职能领域设立这些集中的行政服务机构是"政治上唯一可行"的做法。否则强大的传统职能结构将会成为联邦分权的阻碍，因为联邦分权会威胁到它们的权力与显赫地位。即使用"卓越之需"或者"崇尚专业主义"这类华丽的辞藻来掩饰这些庞大的行政机构存在的理由，这些机构通常就是一种必要的政治代价。然而，至少应该承认这一点。为了安抚势力强大的职能巨头而创建的行政服务机构，应该在他们退休之后逐渐废止，而不应该再配置新的行政服务人员。只有在旧有的项目与活动被取消之后，新的工作才能得到批准。经过数年的过渡阶段之后，这些为自主单位"服务"的行政人员所需的预算，可以被限制于"客户"，即自主单位的员工自愿"购买"的数额范围之内，而不能强制征收。

依赖总部行政服务机构，只会暴露出分权组织的弱点与危害，而不会显示其职能设计的优势与益处。

何为"业务单位"

当一家公司能够真正地组织成为一些"业务单位"时，联邦分权才适合应用。这是其基本限制。但何为"业务单位"呢？当然，理想的说法是：一个联邦单位本身就应该是一个完整的业务单位。

20世纪20年代初期，斯隆就是根据这种思路组织通用汽车公司的。每个自治分部负责各自的设计、工程、制造、市场以及销售工作。自治分部销售的汽车，除了必须遵守公司规定的价格范围，此外完全自治。通用汽车公司的汽车零配件部门可以把大部分产品出售给本公司其他各个分部，也可以直接对更大的外界市场销售，也经常把产品卖给通用汽车公司的竞争者们。就此意义而言，这些零配件部门也是"业务单位"，强生公司的自主单位也是根据这种思路组织的，每个自主单位都拥有自己的产品线、自己的研发部门、自己的市场与营销。

然而，真正的"业务单位"应该具备何种程度的现实性，才能使联邦分权有效运作呢？就最低限度而言，"业务单位"应该向公司贡献利润，但不仅仅是贡献利润，"业务单位"的盈亏应该直接成为公司的盈亏。事实上，公司的总利润应该是各业务单位的利润总和。各业务单位的利润不是根据会计账面处理过的利润，必须是真正的利润，是由市场的客观判断所决定的利润。

也许更为重要的是——自主权的真正试金石是——联邦单位必须拥有自己的市场。这市场可能只是一个地理区域，比如西尔斯公司与玛莎百货公司的商店，或者像美国的一些大型人寿保险公司互相之间划定的"区域公司"。但无论如何，联邦单位必须拥有各自独特的市场，在这个市场中，它是唯一的公司。在一些产业中，同一地理区域与同一生产线上可能不止一个市场，因而可能要为相似的产品建立两个不同的"业务单位"。

椅子的机构买主是医院、学校、饭馆、宾馆以及大型办公室等，它们就是有别于家庭用户的市场。这些机构可能购买非常相似甚至是相同的椅子，但使用不同的分配渠道，支付价格有所不同，购买方式也有所不同。一家中等规模的家具公司的成长在很大程度上正是因为把零售家具与团体购买家具区别开来，并建立两个不同的产品"业务单位"。

只要一个"业务单位"拥有全部的市场责任与成果的客观比较，而且它能够从其他自主单位或公司集中经营的制造中心获得产品，那么它也是一个自主"业务单位"。

无论是西尔斯公司的分店，还是玛莎百货公司的分店，它们都算不上真正的"业务单位"。它们自己不采购，甚至不决定自己经营什么产品，也不能自行定价。然而，每家商店在各自的地理区域内都实现自立，因为西尔斯公司与玛莎百货公司的所有分店都以同样的成本从总部采购部门统一进货，因而它们可以有意义地相互比较。在西尔斯公司系统中，分店经理享有自主权，并且可用绩效与成果加以衡量。

然而，如果没有真正的市场考验，我们就不能说有自主业务单位的存在。联邦分权也就无法运作。

通用电气公司曾经拥有一个大型自主业务单位，即设备销售部。它专门向电力公司销售并安装涡轮机、配电装置与变压器等。该部门在电站和输电线路的总体设计方面与每家电力公司紧密合作，然后从通用电气的各个制造厂以及其他厂商那里整合项目所需的设备，以确保客户满意。在1952年通用电气进行的"产品部门"重组中，赋予了诸如配电装置与变压器部门这类部门"业务单位的责任"，而将设备销售部门变成了一个"分销商"，但这种做法行不通。产品部门不能真正承担"业务单位"的责任，设备销售部虽是唯一的、真正的"业务单位"，但它已经不再拥有所需的权力了。这造成的是混乱，而不是明确性；是摩擦，而不是责任。即便设备销售部门远远超过了"优秀之人，皆可上手"的规模，最后，大部分的旧有结构仍不得不重新恢复。

迄今为止，我们所讨论的是联邦分权的运营工作，即现存的、已知的业务单位的经营。为创新工作而设立的分权单位则是以不同的方式加以构建和衡量的（参见第 6 章）。但就此类工作而言，在一定的条件下，比如当绩效与成果能够客观地予以衡量时，联邦分权是最有效的组织设计原则。"分权的创新单位"也应该是一个"业务单位"，或者应该有能力成为一个"业务单位"。

模拟分权

当一个联邦单位可以组织成为"业务单位"时，就没有任何组织设计原则可以与联邦分权原则相媲美。然而，我们已经知道许多大型公司并没有能力分成真正的"业务单位"，它们显然已经发展并超出了职能结构或团队结构的规模与复杂性的界限。

这些公司正逐渐地转向"模拟分权"，以求解决它们的组织问题。

模拟分权形成的结构单位不是"业务单位"，但在结构上设立得很像"业务单位"。这些单位拥有最大可能的自主权，拥有自己的管理层，至少拥有一个"模拟的"盈亏责任。它们使用内部决定的，而不是外部市场决定的"转移价格"彼此做买卖。或者，它们的"利润"根据内部成本分配来决定，然后通常状况下在成本基础上加些"标准费用"，比如成本的 20%。

化工产业与"材料"工业方面的公司就是很好的实例。

综合化工企业通常按照如下三条轴线或三种不同的逻辑来经营：研发逻辑、流程逻辑与市场逻辑。在研发方面，组织获得的信息是由知识定义的种类，比如"聚合物""黏结""表面现象"等。生产流程则取决于原材料。没有任何生产流程能够把硫酸转变成为石油化工产品，也没有任何生产流程能够把石油化工产品转变成为硫酸。最后是市场所特有的逻辑。人们既不购买"无机"化合物，也不购买"有机"化合物，而是购买黏结剂、胶水、涂料、试剂、清洁剂等。换言之，人们购买的是产品的用途，而不是化学公式或生产流程技术。大多数顾客因为各种目的，购买各种各样的化学产品。市场的逻辑就是产品"最终用途"的逻辑。

然而，无论是美国杜邦公司、孟山都公司，还是英国帝国化工集团（ICI）、法国的佩希内公司，抑或是德国巴登苯胺苏打公司（巴斯夫/BASF），这些大型化工企业都必须具备如下能力：运用各种化学学科与化工技术开发新产品的能力，运用各种原材料制造多样产品的能力，以及向各种各样的终端用户供应各自制造流程所需的化学制品。

这些能力同样适用于玻璃、钢铁、铝与纸等制造业，虽然它们的应用程度不及大型化工企业。这些"材料"公司都是第一次世界大战前的成功典范，在两次世界大战期间，它们仍然是领导者。在第二次世界大战之后，虽然这些行业的销售量比以前各个时期都增长得快，但结果越来越令人失望。越来越多的人意识到，这种变化的根源在于它们超出职能组织范围的过度增长，并且丧失了有效的沟通、弹性、快速决策以及执行决策的能力。

经常有人批评说，像美国铝业公司这样的大型材料公司，虽然它们制定的决策是正确的，但决策的制定拖延了9个月，此后又经历9个月的论证才付诸实施。这样的批评同样针对美国、英国或德国的其他巨型化工企业。很简单，这是因为决策制定在大型职能结构中所需的程式过于冗长，向上报批与向下落实反反复复。在这无数层级的讨论批准过程中，所需决策的问题与决策都可能被歪曲得面目全非。

模拟分权是一种可行的组织设计原则，可以用来解决大型材料企业的结构问题。

比如许多化工制造企业把业务分成三个单位加以组织，每个单位的组织都以模拟分权为基础，根据主要领域的研究与调查来组织和设立研发公司。一些化工企业，比如孟山都公司已经建立了独立的市场营销部与制造部，这些部门必须承担盈亏责任。

日本的钢铁公司通过独立的"贸易公司"在国内外销售产品。美国铝业公司与共和钢铁公司的生产都是根据区域制造单位加以组织的，每家制造单位都可算为一个盈亏中心。然而，市场营销是根据最终用途单位加以组织的，即铝与钢铁的主要工业买主，诸如汽车工业与建筑工业等。作为世界上最大的玻璃制造企业之一，康宁公司也是遵循模拟分权原则来组建制造单位与市场营销单位的。

模拟分权也同样适用于那些具有类似规模与复杂程度的单一产品企业。IBM公司就是其中的突出例子。

通常状况下，IBM公司只有一种主要产品：电脑。其中只有一种市场可以自治，那就是政府与国防的市场。IBM中的大部分业务，大约80%只向一个市场供应一种产品，也就是为企业提供电脑，包括美国本土企业和外国企业。然而，这种电脑业务的销售额可达数十亿美元，业务的复杂程度也很高，因而无法按照职能结构加以组织。从这些实际情况出发，IBM在模拟分权的基础上将数据处理业务（就是所谓的"电脑"）分成两个关键单位，各自皆为自主业务单位。一个是市场营销与服务单位，另一个是开发与制造单位。每个单位都被视为独立的盈亏中心。

最有趣的尝试当属20世纪60年代纽约一些大型商业银行的组织重组，它们试图在联邦分权原则不能生效的大型业务单位中推行模拟分权。

美国的花旗银行与大通银行都是纽约存款数额数一数二的大型银行，它们都曾按照模拟分权原则对组织结构进行改组。花旗银行分成五个自主单位，每个单位配设一位管理者：个人业务（个人的存款与借款）、商业服务

（中小型规模的业务单位）、企业服务（大型业务单位）、国际服务，以及信托服务（比如投资管理）。这五个自主单位各有自己的目标、计划和利润表。大通银行的重组虽然是独立进行的，但也大同小异。

这些银行的重组例子也清晰地暴露了模拟分权的一些重大问题。在这两家银行中，规模大的分行，诸如洛克菲勒中心分行与伦敦分行，都已经形成区域性金融业务中心。有时这些分行只是充当房东与设备管理者的角色，作为占用这家分行空间的五个"自治的银行"的代表而已。有时这些分行像个"银行家"。还有些时候，这些分行身兼"房东"与"银行家"两职。很显然，这种大型分行也是一种"业务单位"、一个"盈亏中心"。一个客户通常身兼多个身份，实际上也应该如此，他可能是个人业务、商业客户、信托客户，甚至是企业客户，那么应该由谁来协调这些不同的"银行"并对客户提供相应的服务呢？例如，一家小型企业的首脑希望：向其企业提供资金的银行，可以同时兼理其个人银行业务、处理其储蓄账户、担当其遗嘱的执行人和投资的管理人以及其公司养老金的受托人。他不愿意同四个不同的银行打交道。他应该算是谁的顾客呢？谁应该接受他的业务呢？

虽然模拟分权存在着诸多明显的困难与问题，但它在将来会被应用得更多。因为在经济与社会的发展领域，比如制造加工产业、私营服务机构以及政府服务机构，模拟分权的应用潜力是很大的。在这些领域中，职能组织与联邦分权组织都无法开展组织工作。所以，管理者有必要知道模拟分权的要求与局限性。

模拟分权的问题

以模拟分权为基础建立起来的组织可能会遭遇什么问题呢？

模拟分权不"符合"所有的组织设计规范。它也不容易聚焦于绩效。它很难满足每个人应该了解自己任务这一设计规范。它甚至不能满足管理者和专业人士应该了解组织整体工作的要求。

在模拟分权中，最不容易满足的是经济性、沟通与决策职权。这些弱点是模拟分权组织设计所固有的。因为模拟分权单位不是真正的"业务单位"，其成果不是真的取决于市场绩效，在很大程度上是组织内部管理决策的结果，是"转移价格"与"成本分配"决策的结果。

一家化工企业的制造单位通常也被视为一个业务单位，企业期望它能够从自己的投资中创造利润。当这家化工企业的销售单位从制造单位"采购"产品时，应该以什么价位支付呢？这里并不存在"市场价格"，因而不存在"目标基础"，就像通用汽车公司的汽车配件单位从公司外界所获得的产品价格那样。唯一可能的基础就是成本。唯一能够显示利润的办法就是在制造单位的成本上增加费用。然而，公司的销售单位并不能从外部获得它所销售的产品，或是除了从竞争者那里获得产品之外别无出路，或者是因为所需的数量太大无法依靠外部供货商，或者是由于品质至关重要（比如药品的"中间物"）。制造单位与销售单位两者的盈亏充其量只是真正成果的近似值。

故此，沟通所传递的更多是"噪声"，而不是"信息"。管理者把大量的时间与精力花费在为不同的自主单位划清界限上，花费在确定这些单位的互相合作上，花费在解决自主单位间的争端上，花费在厘清同一家企业的两个市场营销部门谁的优先级更高上，因为他们都希望在最短的时间内获得同一自主单位制造的同一类稀缺产品。这些微不足道的调整竟然成了最高管理层的决策和力量的较量，甚至成为荣誉与神圣原则的大事。

模拟分权对人的要求非常高，比如要求人的自律；要求人与人之间互相容忍；要求人能看淡自己的利益，包括愿意将工资报酬的利益交给上级裁决；要求人具有"良好的运动精神"与"愉快认输的心态"等。与联邦分权原则对人提出的高要求相比，这些要求要难得多，尤为重要的是更加容易引发不和。

我曾经听说，一家大型银行的一位非常资深的候选人未能晋升高职，原因是他所在的业务单位做得太好，银行却受到损失；"他把自己单位的绩效放在最优先的位置"。另有一位候选人也未能晋升，原因是"他把自己单位的绩效过分地屈从于其他单位的要求与需要，因而他自己的绩效表现不尽如人意"。我问："是否有相关的行为指导原则呢？是否有办法可以事先告诉大家，你认为什么是'过度关注'绩效，什么又是'过度合作'呢？"对于这些问题，大家都深感困惑，也承认这正是下属们的最大担忧。高级主管最后做出结论："你必须根据耳朵来分辨"，但他自己停下来并补充道，"但用谁的耳朵呢？"

就范围而言，模拟分权只限于经营方面的业务。它显然不适用于最高管理层的管理工作。如果创新工作不能根据联邦分权单位加以设立，那就应该采用职能结构或团队结构。

模拟分权的使用规则

主要规则是只能将模拟分权视为最后手段。无论有没有团队结构作为补充，只要职能结构能够正常运作，也就是说，只要规模尚小或属于中等规模，业务单位不宜采用模拟分权。超出这等规模时，要首先考虑采用联邦分权。

即便是在材料公司中，也应该优先考虑联邦分权。真正采用联邦分权原则来组织材料公司的业务单位的例子是位于俄亥俄州托雷多的欧文斯·伊利诺伊公司，这是一家大型玻璃瓶制造企业。第二次世界大战后，塑料瓶开始被广泛使用。该公司为了保持瓶子市场的领先地位，不得不进军塑料瓶行业。在长期的深思熟虑之后，该公司决定，玻璃瓶业务单位与塑料瓶业务单位都要建立，并把它们视为独立的自主"产品"业务单位，在同一市场针对相同客户互相竞争。

欧文斯·伊利诺斯公司的策略获得巨大成功。公司得以快速成长。15年后，即在20世纪70年代初，该公司改用模拟分权。它保留了这两个业务单位，但仅限于制造产品。无论是玻璃瓶还是塑料瓶，所有瓶子的销售都由新成立的营销单位负责。理由是，客户要求他们所需的全部瓶子得由同一货源供应。对客户而言，"玻璃"或"塑料"并无特别意义，他们要买的是"瓶子"而不是"材料"。

虽然模拟分权存在局限性、弱点，甚至存在风险，但当同一个大型业务单位的不同部门必须合作共事且必须承担各自的责任时，模拟分权可能是最佳的组织原则。当市场逻辑与技术逻辑、生产逻辑不一致时，模拟分权原则就会显得特别适用。

事实上，我们必须学习如何扩大模拟分权原则的适用范围。对庞大而且复杂的"集成电路"般的企业以及类似的非商业的服务机构来说，模拟分权是最有前途的组织方式。最突出的例子是大型运输公司，尤其是铁路与航空，也包括典型的政府机构。

就其定义而言，铁路或航空，并非纯粹的"地方性"企业。所以，迄今为止，这类运输企业只能按照职能结构加以组织，最多就是设立地区协调人员，以方便各职能间的协调，确保彼此间的联络。影响运输系统绩效的决策只能由总部制定。首要的决策是资本运用决策，比如决定飞机、火车、货车的配置。然而，直到目前，除了相对不太重要的任务外，运输企业不能实行分权化，而这些企业又显然已经大到职能组织结构无法良好运行的规模。

这实际上也意味着，对于某些业务单位，甚至是一些非商业的服务机构来说，我们并没有合适的组织原则。

在模拟分权中，我们至少知道该有何期待。所以，组织理论与组织实践的主要使命，就是为诸如铁路系统与大多数的政府机构这类庞大而过度集权化的职能结构，开发出一套合适的组织设计。这种组织设计应用于这些机构中，应该不会比应用在大型材料企业与大型商业银行中的模拟分权制差。这可能就必须运用一些模拟分权的原则了。

第47章 | CHAPTER 47
"以关系为中心"的设计：系统结构

美国国家航空航天局（NASA）——日本的系统设计与"跨国特色"——文化的多元性与价值观——系统结构的问题与困难——系统结构的要求——系统结构的重要性

在众多的组织设计原则中，只有法约尔的职能组织设计原则算得上始于理论分析。其他原则诸如团队结构、联邦分权、模拟分权等都是为应对临时的特殊挑战与需要而产生的。"系统结构"也是如此。它是为了解决一个极为独特的管理问题而发展成为组织设计原则，这个问题正是始于20世纪60年代美国的太空探索。

系统组织是团队设计原则的延伸。团队结构由个人组成，系统组织则由各种各样不同的组织组成。这些组织可能是政府机构与一些大小不一的私营企业；可能是大学与独立研究者；可能是一些与核心组织所承担的任务密切相关而接受其直接管控的组织；还有一些组织可能全部或部分地为核心组织所有，但拥有自主权；还有一些组织只与核心组织保持契约关系，但不受其控制或不可控制。系统设计根据任务需要而使用所有其他组织设计原则：职能组织与团队结构，联邦分权与模拟分权等。

系统结构的部分成员可能拥有特定任务，在系统组织存在的整个过程中不会改变。其他成员可能根据项目不同阶段的需要而从事不同任务。有些是永久成员。其他可能只是从事某项特定工作，在该项工作完成后，他们就与系统结构切断关系了。

在20世纪60年代，美国国家航空航天局（NASA）在美国航天规划组织中最早促使系统结构成为有形的组织设计原则"模型"。⊖直到最近，人们才真正意识到这种系统结构的存在，事实上它已经存在很长时间了。虽然大型系统结构是在庞大的政府计划中作为设计原则应运而生的，但实际上它最初是作为企业结构发展起来的，未来的主要应用可能也是在企业中。

虽然塞尔斯与钱德勒可能并没有意识到这一点，但在他们对国家航空航天局的研究著作中描述了日本使用了百余年的系统。日本大型企业和它的供货商、经销商之间的关系同国家航空航天局和它的供货商、承包商与合作伙伴之间的关系极为相似。日本大型企业有时对其供货商拥有所有权，但更多时候并不拥有所有权，或者只是拥有极小的所有权。不过，供货商被整合到"系统"中。同样，日本大型企业通常会依赖一些既独立又完整的贸易公司。由大型企业整合成的工业集团（Zaibatsu 大财团）的关系也可以与国家航空航天局因为自己的需要而发展出来的关系相提并论。

日益清楚的情况表明，跨国企业将会发展出与系统结构非常相似的东西。许多跨国公司解决问题的方法确实体现出系统管理的理念，虽然未必是

⊖ 我们目前所知唯一的系统管理描述是NASA的研究：1961~1968年担任NASA局长的詹姆斯·韦伯的《太空时代管理》（*Space Age Management*, McGraw-Hill, 1968）以及伦纳德·塞尔斯与玛格丽特·钱德勒合著的《管理大系统》（*Managing Large Systems*, Harper & Row, 1971）。

有意为之。跨国企业的典型问题正是系统结构的典型问题。

举个例子,那就是大通—曼哈顿银行发展出来的全球银行系统组织结构。与传统方法不同,大通银行决定不完全依靠或不主要依赖拥有全部所有权的国外分行;相反,它通过购入业已建成的、中等规模的当地银行的少量股权来拓展全球业务。这些当地银行既不属于大通银行,也不受它控制。这些当地银行的高管层通常也不是由大通银行委派。但这些当地银行都是"大通银行系统"的组成部分。它们被整合到全球金融机构与银行服务的行列之中;与此同时,它们深深地扎根于各自的社会中。它们既是独立的,又是完整的。

另一个例子是跨国广告公司。公司的总部可能在纽约,而在英国或德国的分支机构是全资子公司。这种组织结构乍看起来很像是联邦分权。然而,因为跨国顾客的业务需求,这些联邦自主企业必须在同一系统结构关系中工作。为了服务总部设于美国本土之外的顾客,比如位于伦敦与鹿特丹的联合利华、瑞士的雀巢公司、东京的索尼公司等,企业发展的全部责任必须由顾客所在地的分公司,即由英国、瑞士或日本的分公司来承担。然而,无论顾客的下属机构在哪里,广告公司都必须与每一个下属机构建立联系。所以,有必要建立起由一个客户主管组成的网络,设计出各地自治的分权业务结构,而在工作中又互相紧密配合。广告公司在全世界的所有设施,无论是市场研究、媒体调研还是媒体采购,都必须经由这些主管,无论他们在世界的哪个角落。虽然广告活动有可能是全球性的,但它必须在当地加以调整,以便适合为不同国家生产和销售的产品,适合当地市场的特殊需要与具体要求,适合当地习惯、品位以及消费者的偏好,适合每个市场可用的媒体并具有成效。

一家全球性的会计师事务所,法律上与其客户间庞大的跨国伙伴关系,也是一个真正的系统结构。

这些组织的共同之处是:它们必须把多元化的文化与价值观整合到一个

统一的行动中。系统中的每个组成部分都必须按照各自的方式开展工作，必须根据各自的逻辑与各自能够接受的行为规范有效工作，否则毫无成效可言。系统所有组成部分都必须朝着共同的目标努力，每个组成部分必须接受、理解并执行各自的角色。要做到这一点，所有人以及各团体之间必须建立起直接的、弹性的、量身定制的密切关系。在这种关系中，个人纽带与相互信任的桥梁才能在差异极大的行为方式、观点以及彼此认为的"适当性"与"合宜性"中构建起来。

比如美国国家航空航天局就面临大型政府机构中存在的不同价值观与文化的问题。一些单位是由一些习惯于美国军队方式的人所组织起来的；而另一些单位是由德国出生、接受德国训练的航天科学家组建并运作的，诸如维尔纳·冯·布劳恩及其助理与帮助者组建的单位，他们习惯运用德国传统方式管理。在合作企业中，有的非常庞大，比如泛美航空公司（Pan Am）；有的非常小，只是几个"合伙人"组成的"团队"，算不上是"承包商"。他们并非根据预设的规范制造并交付任何部件，而是负责计划、设计以及操作整个太空计划的"神经系统"。例如，位于肯尼迪角的庞大的发射系统。其他"团队成员"都是各大学中的科学家，他们工作于各自的实验室中。

无须多做解释，跨国企业也面对类似的文化不同与价值观差异的问题（可详见第 59 章）。如果有人论及日本大型企业的"多元文化"，乍听上去颇感意外。然而，日本的确曾经有过被日本人称为"双重经济"的经济现象，现在很大程度上依然存在：一方面是由作坊、批发商与零售商组成的"前现代经济"，另一方面是由制造商、银行与市场营销企业组成的"现代经济"，前者大多是小型经济体，后者大多是大型企业。这两种经济现象代表着非常不同的组织结构，组织方式与经营方式也大相径庭，对目标与绩效的定义也非常不同。这种系统结构的设计使得日本能够维持这两种经济长达一个世纪的并存与合作；这种设计还使得日本避免了或者至少减缓了传统社会因为"现代化"冲击而引发的社会分裂，而这种分裂现象在其他非西方国家中都曾发生过。大型现代化的日本企业还有第二个"文化"问题：无论是在原材料、机械的供应，还是在科学技术的供应，无论作为市场，还是作为投资者与合作伙伴，日本都必须与国际经济和全球商业建立紧密关系并整合在一起。日本的贸易公司与"合资企业"是文化的桥梁，系统结构的设计也是如此。

系统结构的问题与困难

系统设计很难"符合"所有的组织设计规范。系统设计既缺乏明确性，又缺少稳定性。人们既不容易了解各自的工作，也不容易了解整体的工作以及相互关系。沟通是个持续的问题，而且找不到一个长久的解决方案，始终无法清晰地知道决策从哪里来，事实上也无法清楚知道基本决策究竟是什么。系统设计的灵活性非常大，而对新思想的接受能力几乎有些太强了。但在通常状况下，系统结构并不培养并考验人才胜任高层管理职务。

当国家航空航天局首次运作时，主导此项工作的科学家们相信，通过控制就可以让这个系统运作，当然，尤其是以电脑为基础的信息的控制。然而，他们很快就省悟了。塞尔斯和钱德勒的著作中经常论到的一个主题是：面对面的人际关系的重要性，经常开会的重要性，把人引入决策过程的重要性，甚至是与他们各自工作毫不相关的事情的决策过程，也是如此。国家航空航天局的主要主管们把他们三分之二的时间都用在会议上，而乍看起来，大多数会议所讨论的问题与他们各自的任务并无直接关系。

人际关系是使系统结构免于破裂的唯一事情。系统结构必须不断地调解系统中出现的不同成员间的冲突，不断地裁决人们关于方向、预算、人事、优先顺序等方面出现的争执。最重要的人物，无论他们的工作职责或者承担的任务是什么,他们的大部分时间都花在维持系统运作上。就维持内部凝聚力所付出的努力与产出的比例而言,没有任何其他组织结构比系统结构更差的了。

同时,促进系统结构工作的要求也是极其严格的。

一是要求目标绝对明确。目标本身很可能改变,甚至变化迅速,但在任何时候目标都必须明确。系统中的每个成员的工作目标都必须以组织的整体目标为基础,并且直接相关。换言之,只有透彻思考"我们的事业是什么,以及我们的事业应该是什么",并认真对待,追求卓越绩效,系统结构才能发挥作用。它还要求必须从基本使命与目的出发,小心谨慎地制定出经营性目标与策略。

"在1970年实现人类登月"就是一种能使系统结构运作的明确目标。"建设一个经济强大的日本"也是一种明确的目标。跨国企业也必须制定明确目标,以求引导企业各单位的行为朝着共同目标发展——这正是跨国企业面临的主要问题之一。

二是要求承担全面的沟通责任。系统结构中的每个成员,尤其是每个管理团队中的每个成员,必须确保他们已经充分理解组织的使命、目标与策略,必须确保每个成员的疑虑、问题与想法都被听到、被聆听、被尊重、被认真考虑、被理解以及被解决。塞尔斯和钱德勒曾这样描述到:

"有个结论很清楚——与那些更为传统的制造流程相比,这些工程(如国家航空航天局的计划)对沟通的要求格外重要。一个新确定的问题或发现所造成的影响,或者探索一个难以解释的困难的根源,都要求许多来自不同组织的人员几乎在同一时刻参与其中。"⊖

一家跨国制造公司曾经处理过这个问题,其报告也同样强调持续沟通的

⊖ 见塞尔斯和钱德勒的《管理大系统》(*Managing Large Systems*, 1971)第8页。

极端重要性。

荷兰的飞利浦公司就是在联邦分权的基础上进行改组的。然而，基于飞利浦公司在地理、技术、产品等方面的多元化，该公司的高管层在很大程度上是由多个紧密衔接的团队组成的一个"系统"——一个由 10 人组成的管理董事会、13 个全球性的产品集团，以及 60 个国家的高管集团。在飞利浦公司中，"管理"意味着不间断地沟通、咨询与协商。飞利浦公司中的大多数关键人物都是荷兰人，他们都是从公司晋升上来的。但他们各自的关注点、职务以及环境等方面的差异形成很强的文化多样性，因而他们只有维持持续不断的关系才能达成共同的愿景、共同的努力与有效的决策。

三是要求团队中的每个成员、每个管理单位，都承担超出各自工作任务的责任。实际上，每个成员都必须承担高层管理的责任。为了获得成果，每个成员都必须拥有"高度负责的自治、创新的机会甚至是改变计划的机会"[一]。与此同时，每个成员必须努力了解整个系统中正在进行的事情。

"比其他任何事情更重要的是，身处一个大规模工作计划中的高管，无论是逐一了解还是全局纵览，必须能够看到并理解基于最终成果设计出来的工作的整体性。每个人都必须看到并理解各自工作的演化与改变，与工作相关的部门与人员和整个工作及其要求的关系。这不仅要求主管必须清楚自己在组织中的位置与责任，或者说他必须对整个组织'了如指掌'；而且要求主管必须在自己的工作中，能见树木，又能见森林，有全局框架，又有特定工作，并能处理两者之间的关系。"[二]

难怪系统结构，就其整体而言，还算不上是取得了成功。每一个实现成功登月发射的国家航空航天局（它拥有几乎毫无限制的预算支持）都意味着有数十个系统结构运行完全失败，或者凭借着无须对预算负责的优势才得以

[一] 见塞尔斯和钱德勒的《管理大系统》（*Managing Large Systems,* 1971）第 6 页。
[二] 见詹姆斯·韦伯的《太空时代管理》（*Space Age Management,* 1968）第 135~137 页。

勉强运行。这样的失败率可不是私营企业能扛得住的（例如，"协和"客机及欧洲与美国的各种"武器系统"）。20世纪60年代，有人信誓旦旦地保证用系统管理来解决重大的社会问题，几乎可以肯定将会彻底失败。当我们从外太空（那里根本就没有选民）转向地球上城市及其各种问题，转向经济发展，甚至转向公共交通，这些看似纯技术的问题，我们所遭遇的社会与政治的复杂性几乎会使系统结构中不稳定的凝聚力瞬间崩溃。

然而，日本人已经维持大而复杂的系统结构长达一个世纪了。他们既没有规避困难，也没有另辟蹊径。事实上，日本系统结构中存在着所有显而易见的低效现象，比如高管层把无尽的时间花在会议与建立人际关系以及沟通上，照我们现在的理解，这是系统结构本身固有的特点。然而，日本的经验也表明，这种系统结构可以运转，也确实具有高度的生产力。

然而，这种系统结构需要清晰的目标，整个结构需要高度自律，高管层必须承担起关系与沟通的个人责任。

对大多数管理者来说，系统结构不是个人直接关注的事情，但就跨国企业中的任何管理者而言，如果他想要有效地发挥其职能，那么他就必须学习了解系统结构。系统结构永远不会成为组织的首选形式，因为它极其困难。然而，它是一种重要的组织结构，是组织设计者必须知道、掌握的组织结构，但当可以应用其他更简单、更容易的组织结构来开展工作时，我们就不必使用系统结构，有所了解就可以了。

第48章 | CHAPTER 48

组织结构总结

"理想的组织"还是"实用主义"——验证假设的必要——简单性的必要——聚焦"关键成果"与"关键活动"——检测：人的绩效

"理想的组织"还是"实用主义"

组织设计应该从"理想的组织"开始，还是应该从"实用主义"出发？是应该首先考虑"原则"，还是应该优先考虑"适合"组织的特定需要、异常情况以及组织的习惯与传统？这是组织理论家们长年争论的话题。

我们讨论了组织的构建单元、设计规范以及设计原则之后得出的结论是此类争论没有意义。"理想的组织"与"实用主义"，这两种方法都需要，而且必须平行应用。组织设计必须根植于"理想的组织"，即必须以"概念框架"为基础，必须谨慎地界定并描述好组织的结构原则。反过来，这项工作必须根植于企业的使命与目的、企业的目标、企业的战略、企业的优先顺序以及企业的关键活动。然而，没有一种通用的组织设计原则，甚至也没有所谓的最好的组织设计原则。每一种原则都有严格的要求及严重的局限性。每一种原则只能适用于有限范围内，没有一种组织设计原则能够同时囊括多项工作，诸如经营工作、高层管理工作以及创新工作等。

所以，在设计组织时，必须尽可能地探究现实的一切复杂性，必须对现实性充分了解。所有做出的假设，尤其是在"理想的组织设计"基础上所做的假设，都必须经过验证并加以确定。在企业内部，这些假设总是显得非常在理。这种认识通常状况下是潜意识的——但人们会更加强烈地坚信不疑。只要有人假定组织设计意味着一种基本原则或两种基本原则（比如职能原则与联邦结构原则）的组合，那么人们就会认为这是制定理想组织合乎逻辑的第一步。当然，每个人都明白，在现实中根本没有所谓的理想的组织。现实总是要求人们不断地做出让步、妥协以及对例外情形宽容。然而，除了一些真正的"例外"，即除了一些不常见的、只限于某些纯粹的即时即地发生的情况之外，人们总是希望尽可能地靠近理想。

没有人能够再这样做出假定。关于组织现实的基本假设必须与组织的概念思考同时进行检测验证。否则人们就可能得出一种"概念上纯正的"理想组织，这样做既不恰当，又显得愚不可及。

有两个例子可以说明这个问题，这两个实例出于同样重大的组织任务。

在20世纪50年代初的通用电气公司组织中，每个人都"显然"知道：任何负有"产品责任"的单位就是名副其实的"制造业"单位。然而，正如前文提到的那样，还有不少单位并不直接制造任何产品，它们的建立是为了开发新的生产流程或新的生产线。这些单位有"顾客"，也有"收入"，通常与政府签订了研发协议，它们拥有"绩效责任"。但它们不是"制造业"单位，而是"创新组织"。如果把它们遵照典型的制造业职能设计原则加以建立，那会让它们窒息而亡。只要对这种理想的组织设计进行检验，大家就可以一目了然。然而，事实并非如此浅显易懂。

通用电气公司的另一项假设是：产品事业部的总经理是一名负责运营的经理，就像通用汽车公司的汽车制造事业部的主管那样，通用电气公司是根据通用汽车公司的组织设计模式如法炮制的。通用汽车公司的所有部门都很相似。虽然通用汽车公司拥有多个市场，但实际上它是产品单一的企业。然而，通用电气公司是世界上最多元化的公司之一，其工艺技术、生产流程、产品以及市场都很多元化。在独立的、差异的与大型的产业中，通用电气公司的大多数产品事业遥遥领先。所以，通用电气公司的总经理事实上就是最高管理层，而不是运营经理（参见第 51 章）。再次强调，如果对上述假设进行检验，道理便一目了然。然而，通用电气公司没有进行验证便设立了总经理，而这些总经理们并没有从事最高管理层工作所需的团队，而那些具有自主权的业务单位在数量与范围上太小，不足以支持他们所需的高层管理团队。通用电气公司不停地重组它认定的"最终"组织结构，这与斯隆为通用汽车公司制定的组织设计的稳定性形成鲜明对比，这在很大程度上是因它未能对那些貌似合理的假设进行检验。○

通过"理想的组织结构"，即通过"概念模式"，来设计组织的方法算不上"纸上谈兵"。它显然非常具有实践性。然而，通过明确界定假设及利用组织现实对其进行检验的实用主义方法，也不算是"胡乱对付"或"东拼西凑"。这种做法在存在多种备选概念模型的情况下，是理论可行的。组织设计必须经得起概念与实验的双重验证，否则就是错误的组织设计。

○ 这些评论读起来像是在批评通用电气公司的工作，我必须指出，本人与通用电气公司的这项工作密切相关。那些当前看来再明显不过的事，在 20 世纪 50 年代初却是尚待学习之事。

简单性的必要

能够完成工作的最简单的组织结构就是最佳的组织结构。所谓"好的"组织结构，就是不会制造问题的组织结构。结构越简单，组织出错的可能性就越小。

既没有完美的组织设计原则，也不存在通用的组织设计原则。所有组织设计原则都有局限性。即便是最简单的企业，比如只有一种主要产品与只拥有一个市场的中小型企业，也必须至少使用两种组织设计原则：职能设计原则与团队设计原则。对高管层的管理工作以及企业创新工作来说，团队设计原则可作为职能组织工作的补充。

为了获得简单性或对称性，从而超越组织设计原则的固有限度强行应用，那就是自找麻烦。

在知识工作或真正的创新工作这些需要采用团队结构的任务中使用职能结构可以让组织结构显得"干净利落"，但也会导致组织毫无绩效。相反，把团队结构用在一成不变的、大型的职能工作的结构单位中，只会造成混乱。这类工作可以在团队结构中完成，事实上也应该如此，只是工作本身必须加以明确而且专业化。在并不正式的业务单位中应用联邦分权，只会造成混乱。考虑到其条件限制，这种组织应该采用模拟分权。

有些设计原则可能比其他设计原则更困难而且更容易产生问题，但没有任何组织设计原则是毫无困难和问题的。没有任何组织设计原则是根本上"以人为中心"而"不以任务为中心"的，没有任何组织设计原则堪称"更具有创造性的""更自由的"或"更民主的"。组织设计原则是工具，"工具"本身并无好坏之分；工具只可能有"应用得当"还是"应用不当"之说，仅此而已。为了获得最大可能的"简单性"与最大程度的"适当性"，组织设计必须明确地从生产关键成果所需的关键活动开始。必须以尽可能简单的设计来构想和定位这些工作。最重要的是，组织的设计师必须牢记他所设计的组织结构的目的。

组织是达到目的的手段，不是目的本身。可靠的结构是组织健康的先决条件，而不是组织健康本身。检测企业是否健康，不是看组织结构是否漂亮、明确与完美，而是看企业员工的绩效。

彼得·德鲁克全集

序号	书名	要点提示
1	工业人的未来 The Future of Industrial Man	工业社会三部曲之一，帮助读者理解工业社会的基本单元——企业及其管理的全貌
2	公司的概念 Concept of the Corporation	工业社会三部曲之一，揭示组织如何运行，它所面临的挑战、问题和遵循的基本原理
3	新社会 The New Society: The Anatomy of Industrial Order	工业社会三部曲之一，堪称一部预言，书中揭示的趋势在短短十几年就变成了现实，体现了德鲁克在管理、社会、政治、历史和心理方面的高度智慧
4	管理的实践 The Practice of Management	德鲁克因为这本书开创了管理"学科"，奠定了现代管理学之父的地位
5	已经发生的未来 Landmarks of Tomorrow: A Report on the New "Post-Modern" World	论述了"后现代"新世界的思想转变，阐述了世界面临的四个现实性挑战，关注人类存在的精神实质
6	为成果而管理 Managing for Results	探讨企业为创造经济绩效和经济成果，必须完成的经济任务
7	卓有成效的管理者 The Effective Executive	彼得·德鲁克最为畅销的一本书，谈个人管理，包含了目标管理与时间管理等决定个人是否能卓有成效的关键问题
8 ☆	不连续的时代 The Age of Discontinuity	应对社会巨变的行动纲领，德鲁克洞察未来的巅峰之作
9 ☆	面向未来的管理者 Preparing Tomorrow's Business Leaders Today	德鲁克编辑的文集，探讨商业系统和商学院五十年的结构变化，以及成为未来的商业领袖需要做哪些准备
10 ☆	技术与管理 Technology, Management and Society	从技术及其历史说起，探讨从事工作之人的问题，旨在启发人们如何努力使自己变得卓有成效
11 ☆	人与商业 Men, Ideas, and Politics	侧重商业与社会，把握根本性的商业变革、思想与行为之间的关系，在结构复杂的组织中发挥领导力
12	管理：使命、责任、实践（实践篇） Management:Tasks,Responsibilities,Practices	
13	管理：使命、责任、实践（使命篇） Management:Tasks,Responsibilities,Practices	为管理者提供一套指引管理者实践的条理化"认知体系"
14	管理：使命、责任、实践（责任篇） Management:Tasks,Responsibilities,Practices	
15	养老金革命 The Pension Fund Revolution	探讨人口老龄化社会下，养老金革命给美国经济带来的影响
16	人与绩效：德鲁克论管理精华 People and Performance: The Best of Peter Drucker on Management	广义文化背景中，管理复杂而又不断变化的维度与任务，提出了诸多开创性意见
17 ☆	认识管理 An Introductory View of Management	德鲁克写给步入管理殿堂者的通识入门书
18	德鲁克经典管理案例解析（纪念版） Management Cases(Revised Edition)	提出管理中10个经典场景，将管理原理应用于实践

彼得·德鲁克全集

序号	书名	要点提示
19	旁观者：管理大师德鲁克回忆录 Adventures of a Bystander	德鲁克回忆录
20	动荡时代的管理 Managing in Turbulent Times	在动荡的商业环境中，高管理层、中级管理层和一线主管应该做什么
21☆	迈向经济新纪元 Toward the Next Economics and Other Essays	社会动态变化及其对企业等组织机构的影响
22☆	时代变局中的管理者 The Changing World of the Executive	管理者的角色内涵的变化、他们的任务和使命、面临的问题和机遇以及他们的发展趋势
23	最后的完美世界 The Last of All Possible Worlds	德鲁克生平仅著两部小说之一
24	行善的诱惑 The Temptation to Do Good	德鲁克生平仅著两部小说之一
25	创新与企业家精神 Innovation and Entrepreneurship:Practice and Principles	探讨创新的原则，使创新成为提升绩效的利器
26	管理前沿 The Frontiers of Management	德鲁克对未来企业成功经营策略和方法的预测
27	管理新现实 The New Realities	理解世界政治、政府、经济、信息技术和商业的必读之作
28	非营利组织的管理 Managing the Non-Profit Organization	探讨非营利组织如何实现社会价值
29	管理未来 Managing for the Future:The 1990s and Beyond	解决经理人身边的经济、人、管理、组织等企业内外的具体问题
30☆	生态愿景 The Ecological Vision	对个人与社会关系的探讨，对经济、技术、艺术的审视等
31☆	知识社会 Post-Capitalist Society	探索与分析我们如何从一个基于资本、土地和劳动力的社会，转向一个以知识作为主要资源、以组织作为核心结构的社会
32	巨变时代的管理 Managing in a Time of Great Change	德鲁克探讨变革时代的管理与管理者、组织面临的变革与挑战、世界区域经济的力量和趋势分析、政府及社会管理的洞见
33	德鲁克看中国与日本：德鲁克对话"日本商业圣手"中内功 Drucker on Asia	明确指出了自由市场和自由企业，中日两国等所面临的挑战，个人、企业的应对方法
34	德鲁克论管理 Peter Drucker on the Profession of Management	德鲁克发表于《哈佛商业评论》的文章精心编纂，聚焦管理问题的"答案之书"
35	21世纪的管理挑战 Management Challenges for the 21st Century	德鲁克从6大方面深刻分析管理者和知识工作者个人正面临的挑战
36	德鲁克管理思想精要 The Essential Drucker	从德鲁克60年管理工作经历和作品中精心挑选、编写而成，德鲁克管理思想的精髓
37	下一个社会的管理 Managing in the Next Society	探讨管理者如何利用这些人口因素与信息革命的巨变，知识工作者的崛起等变化，将之转变成企业的机会
38	功能社会：德鲁克自选集 A Functioning society	汇集了德鲁克在社区、社会和政治结构领域的观点
39☆	德鲁克演讲实录 The Drucker Lectures	德鲁克60年经典演讲集锦，感悟大师思想的发展历程
40	管理（原书修订版） Management(Revised Edition)	融入了德鲁克于1974~2005年间有关管理的著述
41	卓有成效管理者的实践（纪念版） The Effective Executive in Action	一本教你做正确的事，继而实现卓有成效的日志笔记本式作品

注：序号有标记的书是新增引进翻译出版的作品

欧洲管理经典 全套精装

欧洲最有影响的管理大师
（奥）弗雷德蒙德·马利克 著

超越极限
如何通过正确的管理方式和良好的自我管理超越个人极限，敢于去尝试一些看似不可能完成的事。

转变：应对复杂新世界的思维方式
在这个巨变的时代，不学会转变，错将是你的常态，这个世界将会残酷惩罚不转变的人。

管理成就生活（原书第2版）
写给那些希望做好管理的人、希望过上高品质的生活的人。不管处在什么职位，人人都要讲管理，出效率，过好生活。

管理：技艺之精髓
帮助管理者和普通员工更加专业、更有成效地完成其职业生涯中各种极具挑战性的任务。

战略：应对复杂新世界的导航仪
制定和实施战略的系统工具，有效帮助组织明确发展方向。

公司策略与公司治理：如何进行自我管理
公司治理的工具箱，帮助企业创建自我管理的良好生态系统。

正确的公司治理:发挥公司监事会的效率应对复杂情况
基于30年的实践与研究，指导企业避免短期行为，打造后劲十足的健康企业。

读者交流QQ群：84565875